结果加重犯结构研究

郭　莉　著

中国人民公安大学出版社
·北　京·

图书在版编目（CIP）数据

结果加重犯结构研究/郭莉著 . —北京：中国人民公安大学出版社，2013.4

ISBN 978-7-5653-1135-2

Ⅰ.①结… Ⅱ.①郭… Ⅲ.①刑事犯罪—研究 Ⅳ.①D914.04

中国版本图书馆 CIP 数据核字（2012）第 293310 号

结果加重犯结构研究

郭 莉 著

出版发行：中国人民公安大学出版社
地　　址：北京市西城区木樨地南里
邮政编码：100038
经　　销：新华书店
印　　刷：北京泰锐印刷有限责任公司

版　　次：2013 年 4 月第 1 版
印　　次：2013 年 4 月第 1 次
印　　张：8.125
开　　本：880 毫米 ×1230 毫米　1/32
字　　数：219 千字

书　　号：ISBN 978-7-5653-1135-2
定　　价：30.00 元

网　　址：www.cppsup.com.cn　www.porclub.com.cn
电子邮箱：zbs@cppsup.com　zbs@cppsu.edu.cn

营销中心电话：010-83903254
读者服务部电话（门市）：010-83903257
警官读者俱乐部电话（网购、邮购）：010-83903253
法律图书分社电话：010-83905745

序

张小虎*

在当代以行为刑法为核心的规范刑法学的理论框架下，行为与结果仍是犯罪评价的核心要素，而以加重结果之评价为核心的结果加重犯，更是诸多犯罪形态中颇具典型而又独特的一种类型，备受各国刑法立法与刑法理论所关注。关于结果加重犯的研究，中外已有不少颇有见地的论著，不过在结果加重犯的理论构成与立法模式等方面，尚有许多问题须予澄清。诸如，结果加重犯加重结果的表现形态，基本行为与加重结果的关系，普通犯罪的责任形式与加重结果的主观心态，加重结果的性质，结果加重犯之未遂犯存否问题，结果加重犯与情节加重犯、结合犯、转化犯、想象竞合犯、吸收犯、牵连犯等犯罪形态的界分，结果加重犯的处罚，结果加重犯立法的合理选择，等等。其实，结果加重犯的构成系贯穿结果加重犯整体研究的核心议题，而郭莉博士的研究正以结果加重犯的结构为主题。

郭莉博士的这部论著是在其同名博士学位论文的基础上修订著成。论著从结果加重犯的渊源、本质、客观结构、主观结构、我国立法五个方面，对结果加重犯的结构问题作了深入的探讨。具体而论，这部论著表现出如下特点：（1）主题集中：论著集中围绕结果加重犯的结构而展开，这使论著有了较大的空间得以纵深开拓，充分显示出专题研究所应有的具体与深入。（2）资料翔实：论著

---

* 中国人民大学法学院教授，博士生导师，中国犯罪学会副会长。

广泛地搜集了中外相关研究的理论成果，较好地把握了同类研究的思想前沿，在重要知识的比较与分析中将主题研究向前推进。(3)密切实际：论著不仅从刑法理论上对结果加重犯结构的应然作了深入剖析，而且在研究中密切关联立法与司法实际，避免了过于空泛的结论。总体而论，著作的研究方法得当，结构合理，条理清晰，逻辑严谨；背景知识阐释充分，兼顾中外相关制度、形式与实质；分析入理深入，观点明确；行文流畅，语言准确，写作规范。

郭莉博士攻读博士学位期间，刻苦学习，广泛地阅读了专业书籍，发表了多篇学术论文，参编多部著作，取得了较为丰硕的学术成果。在其博士学位论文即将付梓之际，郭莉博士约我为其论著作序。作为她的博士生导师，我为其所取得的优异成绩感到由衷的欣慰，并谨就其结果加重犯结构的研究成果予以推荐。尽管理论争议依然存在，或许论著中也有不少瑕疵，但是我相信郭莉博士的这部论著对于推进我国刑法相关理念与制度的建设具有重要意义。

2012年12月10日

于北京西郊寓所

目 录

引　言

一般认为，结果加重犯（Erfolgsqualifizierte Delikte）[①] 是大陆法系的产物，是因基本犯罪产生法定重结果而加重刑罚的一类犯罪。在我国刑事立法上，尽管总则部分并没有关于结果加重犯的专门规定，但在分则中却不乏其例，如故意伤害致人死亡、抢劫致人死亡、强奸致人死亡等。从国外刑事立法来看，许多大陆法系国家都有结果加重犯的规定，如德国早在 1871 年的《帝国刑法典》中便有结果加重犯的立法，后经 1906 年、1953 年、1975 年几次修正，在现行的《德国刑法典》第 18 条中确立了“对犯罪特别结果之加重处罚”，即结果加重犯的规定。日本刑法总则中本无结果加重犯的立法，但在 1974 年的改正刑法草案中专设第 22 条规定了结果加重犯。受德国刑法的影响，奥地利、韩国以及我国台湾、澳门地区等均设立了结果加重犯的一般规定。

与立法相适应的是各国关于结果加重犯理论研究的勃兴。从国外的情况看，自 20 世纪 50 年代中期以后至 70 年代末期的 20 余年间，结果加重犯可谓是热门的话题，80 年代以后的研究相对稀少，但也有几部专著问世，近些年在国内的刑法学术界，有关结果加重犯的研究也未曾间断，截止到目前大致有博士论文 3 篇、硕士论文 20 余篇和上百篇期刊，检讨结果加重犯存在的疑问。不过，遗憾

---

① 又称加重结果犯，两种用语的强调点各有不同，虽然“加重结果犯”的提法更能表明该种犯罪的“结果犯”属性，但从此犯罪系“因发生法定结果而加重刑罚”的角度考虑，本书仍选用“结果加重犯”的称谓。

的是当前国内外刑法理论在有关结果加重犯的概念、本质、范围、构成要件、与其他犯罪形态的界限等诸多问题上均未达成一致。仅就结果加重犯的类型看，学界就存在关于故意、过失的不同组合，甚至还有学者认可对加重结果没有任何罪过的偶然结果加重犯类型。另外，关于结果加重犯的客观要件，目前理论界流行的观点是德国帝国法院时期提出，1971 年联邦最高法院创立的危险实现理论，即要求结果加重犯的基本犯罪与加重结果之间必须具有“直接性”，以此来正当化结果加重犯的加重处罚效果。此外，关于结果加重犯的未遂、共犯、责任等都存在理论分歧。而造成这些分歧的原因正是结果加重犯的构造不够明朗，因此对结果加重犯的成立结构进行研究，有助于廓清上述理论争议，推动结果加重犯理论研究的发展。同时，结果加重犯还是一种凝聚了故意、过失等问题点的犯罪类型，即包含了关于预见的可能性、结合犯、未遂、过失的共犯等论点。而且还与因果关系及责任主义密切相关，可以说是犯罪论的缩影。① 因此，厘清结果加重犯的相关争议，也有助于对整个犯罪论体系的认知。

不仅如此，结果加重犯还是一个立法现实，对其研究也具有实践价值。我国司法实践中存在不少结果加重犯的判例，但由于对结果加重犯概念理解的模糊导致其中一些判决仍有值得推敲之处。例如，有判决认为：“被告人主观上具有伤害他人身体的故意，而没有剥夺其生命的故意，其行为已构成故意伤害罪，致人死亡，后果严重……构成故意伤害（致死）罪。”② 以出现死亡结果径行作成故意伤害（致死）的判决，对重结果的责任要素不予考虑，说理

---

① ［日］川端博：《现代刑法理论的现状与课题》，成文堂 2005 年版，第 200 页。转引自李立众、吴学斌主编：《刑法新思潮》，北京大学出版社 2008 年版，第 157 页。

② 国家法官学院、中国人民大学法学院：《中国审判案例要览》（1999 年刑事审判案例卷），中国人民大学出版社 2000 年版，第 155 页。

部分较为薄弱。此外，在行为人殴打他人致人死亡，已构成故意伤害罪，但被害人死亡的主要原因是其生前患有特殊疾病的场合，我国有不少法院是以故意伤害（致死）罪定罪，同时又援用《刑法》第63条第2款，在法定刑以下判处刑罚。① 其实此种情形，法院完全可以以行为人未预见死亡结果的发生因此无过失为由拒绝适用《刑法》第234条第2款的规定，直接以普通的故意伤害罪定罪处刑即可，而无须大费周章地援引第63条第2款的规定。由此可见，澄清结果加重犯的概念、结构，并对结果加重犯的范围进行合理的划定，对于解决司法实际中出现的相关问题无疑具有一定的理论指导价值。

由以上所述可知，本书希望从刑法学理上关于结果加重犯结构的分析切入此项理论的研究。因此，本书探索的重点就是结果加重犯在成立结构上应当具备何种要件。而要先予说明的是，由于本书的研究对象结果加重犯以德国立法及理论的影响最大，目前针对相关问题发表过的讨论也必引用德国学说，因此德国有关论著便成为本书的主要参考。同时除了国外学说的介绍与讨论外，国内实务也累积了相当丰富的案例，根据立法方式及案例具体事实的不同，就结果加重犯的客观要件上，实务采取条件说或者相当因果关系理论，在主观要件部分，往往忽视行为人的罪过责任。由于基础背景不同，国外的学说理论未必能够直接套用在我国的现行规定之上，从而本书也尝试探讨国内实务见解的特色与得失，以及国外学说理论是否有引进适用于我国法上实益与必要的课题。在研究脉络上，本书首先从结果加重犯的发展历史出发，接着论及刑法学理对结果

---

① 如福建省龙海市人民检察院诉杨逸章故意伤害案，载最高人民法院网，http://www.court.gov.cn/qwfb/cpws/cpwsjc/201002/t20100223_1652.htm，访问日期：2010/4/13；石家庄市人民检察院诉王海生故意伤害案，载最高人民法院网，http://www.court.gov.cn/qwfb/cpws/cpwsjc/201002/t20100223_1654.htm，访问日期：2010/4/13。

加重犯的探讨，最后以此映照我国现行规范，并尝试对结果加重犯的规定做一总体性的梳理。具体而言，全书共计五章，主要分三个方面观察结果加重犯：

第一，历史发展上的观察。系结果加重犯在法制上的起源、沿革变迁及立法比较的研究。外国法上主要以德国法结果加重犯的发展史为论述的重点，附带介绍其他国家结果加重犯的发展情况，同时为能对我国的相关立法先有一综览，也对我国结果加重犯的法制与现状进行介绍。其中这部分的讨论重点是结果加重犯与“重罪谋杀罪”的比较。从结果加重犯的起源看，一般认为其系大陆法系中的概念，来源于中世纪教会法上的“自陷禁区理论”（Versari in re llicita，简称 Versari 理论）。然而，同样来源于这个理论且与之性质相类似的其实还有英美法系中的“重罪谋杀罪原则”（Felony Murder Rule）。本书拟通过该原则的介绍明确英美法系国家在对待此类问题上的态度，并将结果加重犯模式与重罪谋杀罪模式进行比对研究，得出本书的结论。

第二，基础理论的观察。综合而论，结果加重犯在理论上的争议主要有四个方面：（1）结果加重犯的规定究竟应否存在于刑法规范之中，在刑事政策上加重刑罚的理由何在？此为其加重刑罚性与刑事立法政策的考量。（2）结果加重犯的本质如何？其在规范上的地位及保护目的为何？此为其规范本质的问题。（3）结果加重犯客观上的结构如何？此即结果加重犯基本犯与重结果的关系问题。（4）结果加重犯中行为人对加重结果是否需要具有主观要素？此即加重结果的责任要素问题。以上四个争议问题，本书分章论述之。

从结果加重犯概念产生伊始，其存在的正当性就一直饱受质疑。在近一个世纪的大陆法系刑法理论史上，结果加重犯遭受过许多重要学者的批评，尽管如此，大陆法系国家却大多都有结果加重犯的立法，在司法实务中的适用似乎也没有引起太大争议，因此，本书的另一研究要点在于解释结果加重犯的加重根据，并重新审视其存在的本质及价值意义。

结果加重犯的结构在内容上包括两个部分——基本犯罪和加重结果，而传统上的争议在于：其一，客观上基本犯罪与加重结果间有何关系？是与普通的结果犯无异还是需要有更为严格的要求，从早期学界将此视为因果关系的范畴，一直到晚近逐渐认识到，事实上属于归责关系的问题，就结果加重犯基本犯罪与加重结果间的关连性为讨论对象，在德国实务上发展出以“直接关联性”作为限制结果加重犯的要件，认为加重结果的发生必须直接为基本犯行为所导致。其二，行为人主观上是否需要有对重结果的罪责？从早期不要求任何要件，使得重结果的发生类似于客观加重处罚条件，到总则中规定以预见可能性或过失为要件，再到目前德国刑法中大部分的结果加重犯明文要求行为人对重结果的发生至少具有“轻率”，可谓历经流转变迁。本书的研究则从上述两个争议出发，在客观方面考察基本犯罪与加重结果之间所应具备何种关联；主观方面则探讨加重结果的责任要素，以期能够对结果加重犯的成立范围做一个相对合理的划定，防止刑罚的严厉与不公。

第三，刑法规范上的观察。在国外，刑法总则中一般定有对结果加重犯加以限制的条文，如《德国刑法典》第 18 条规定，以行为人对加重结果的发生至少有过失为限，始适用结果加重犯的加重刑罚，并且分则中的立法一般也比较明确。而我国刑法总则并无结果加重犯的规定，分则立法也往往采用“致人重伤（死亡）……”“造成严重后果……”“情节严重”等与其他犯罪类型不易区分的方式，因此，我国刑法上结果加重犯的范围也就具有相当大的解释空间。本书以前述几章讨论的结论为基础，来对应实定法上的规定，划分结果加重犯与其他犯罪形态的界限，并逐一检讨在我国刑法上哪些犯罪有成立结果加重犯的可能，最后对我国刑法中有关结果加重犯的立法例进行总结。

第一章 结果加重犯的历史沿革与立法比较

刑法理论发展至今，历经了各种不同的阶段，对犯罪的成立要件有不同的诠释，而这些理论上的演进，也影响了对结果加重犯的认识，如在早期的结果责任时代，犯罪的成立不需要具备责任要件，刑法对犯罪人的处罚完全是依照其所造成的后果进行，即以重的结果作为加重处罚的依据。其后，随着责任主义的引入，刑法便要求将行为人的主观责任贯彻到犯罪的处断之中，“自陷禁区理论”随即萌生，该理论把适用重的刑罚仅仅限缩在行为人实施非法行为之上，对行为产生重结果的心态也以推定的方式予以肯认，因此相对结果责任来说，可谓是一种进步。不过，Versari 理论并没有完全符合责任主义，所以后来有关结果加重犯的认定便进一步要求行为人具备主观的故意或者过失。与上述学说的衍变相适应，结果加重犯在法制上也经历了从忽视罪过向明示罪过的变迁。

此外，尽管结果加重犯是大陆法系的产物，但其处理的问题即行为人在犯罪过程中出现额外重结果的应当如何处罚，却带有普遍性，对此，英美法系采取了重罪谋杀罪原则。结果加重犯与重罪谋杀罪原则虽然属于不同的刑法理论体系，但彼此之间却有一定的类似性，因此，本书特地引介了英美法系与大陆法系刑法学界与实务界所提出的有价值的观点与解决问题的方法，并对两种制度进行比较，以作为我国刑法结果加重犯研究的借鉴。在具体论述上，本章分为三个部分：结果加重犯的起源及历史沿革、英美法系重罪谋杀罪原则引介以及结果加重犯与重罪谋杀原则的比较研究。

第一节　结果加重犯的起源及历史沿革

结果加重犯的意义为何，不同的阶段有不同的看法，其中最明显的便是关于其性质的说明，产生了不一致的现象，在早期的结果责任时代，一般是将结果加重犯解读为加重刑罚的情形，后来随着责任主义的兴起，又将其理解为结果责任与意思责任的中间形态，而近代以来的看法则是认为结果加重犯的定义必须加入罪责的要件。为了更好地了解这些变化并有助于后续问题的研究，这里有必要对结果加重犯的起源、历史沿革及法制变迁做一梳理。同时鉴于德国刑法在大陆法系中的重要地位，外国法上便主要以德国结果加重犯的发展史为叙述的重点。[①] 在国内的部分，则是从我国古代法制关于结果责任的规定如何演化为结果加重犯的立法，以及结果加重犯在现行法制上的规定，按照时代顺序进行简要的阐述，以期能够比较完整地呈现结果加重犯的法制及认识现状。

一、结果加重犯的起源

根据德国学者宾丁（Binding）的考证，结果加重犯的起源可以追溯至罗马法或日耳曼部落法时代，不过只有极少数人持相同见解，一般认为，结果加重犯的概念源自教会法上的“自陷禁区理论”，[②] 且已基本成定论。此原则的含义是指从事不正行为之人，

---

① 当然，在介绍其发展时，无可避免地会涉及结果加重犯的其他理论，而与后面的论述有所重叠，如1851年普鲁士普通法的立法，便深受费尔巴哈“故意所生过失”理论（culpa dolo determinata）的影响，而“故意所生过失”的理论在结果加重犯加重结果的责任部分亦会讨论，因此有关这一部分可以进行前后的参照。

② 其他译法有“违法肇因者理论”、“不容许状态理论”、“在一种不允许的事物上停留”等，本理论的全称为“versanti in re illicita imputantur ominia, quae sequuntur ex delicto”。

对因此发生的一切结果负责。它的由来系1191年起至1198年成立的伯纳德·帕皮恩斯（Bernadus Papiens）布告："关于偶然的行为，偶然杀人者，必须注意区别行为人是否已尽力为合法行为且已尽相当之注意。于前者，行为人本身不必归责，而应归咎于偶然或者命运。除此之外的情形，亦即未努力为合法行为，或是未尽应尽之注意，行为人本身必须归责。"同时，该布告所针对的仅仅是圣职者，如果圣职人员从事任何不被允许的行为，并由此惹起恶果（伤害、死亡等），便已经烙印其作为圣职人员的不适格性。譬如，修道士对妇女咽部的肿瘤进行手术时，因轻视行为基准导致妇女失血而死的，若该手术是基于利欲进行，则直接被认为是不正行为，即使是基于博爱的精神实施，但手术时怠为必要的注意，也会被认为是不正行为，而否定其从事圣职的适格性。之所以做这样的规定，是因为当时从事圣职者被认为是居于神与民众之间，倘若其实施不法行为，将导致民众心目中神之恩惠变为恶害，引起民众之反感，也对民众具有危险，因此对圣职人员的任何不法行为（包括偶然行为）都不允许，均应令其负责，以确保圣职之纯洁无垢。此后该原则被所谓的注释学派引入世俗法，并向刑法上结果责任的方向演进。[1]

不过，自陷禁区原则在世俗法上的内容究竟为何，学者们的意见并不一致。早期学者达姆（Dahm）认为，这个原则对于凡是为故意行为之人，不问与结果间是否存在因果关系，均认定成立故意责任的机能。[2] 瓦尔贝格（Wahlberg）对此也有相同的理解，认为

---

① 叶静屏：《加重结果犯》，"国立"台湾大学法律研究所1997年硕士学位论文，第17页。吴秋宏：《加重结果犯之未遂》，中国文化大学法律研究所1997年硕士学位论文，第63~64页。

② Dahm, Das Strafrecht Italiens im ausgehenden Mittelalter, 1931, S. 259f。转引自林怡秋：《加重结果犯中基本行为与加重结果间关系之研究》，"国立"成功大学法律研究所2008年硕士学位论文，第5页。

可以将此原则比喻成行为人经由自己已实行的犯罪活动而在外在关系中“放置下生生不息的卵”，对其“孵化”必须要有心理准备。[①] 即既不考虑行为人对后果的主观罪过也不在乎行为与结果间的因果关系，只要故意实施不法行为，就必须对随之发生的一切结果承担责任。与之相对，现代学说则认为应当将其理解为结果责任与意思责任的中间形态，行为人因从事法律所允许的行为而生之结果，仅在其具有过失时始可归责。还有学者强调此原则并非单纯的结果责任或偶然责任问题，行为人从事法律所不允许的行为时存在发生一定结果的危险，并且该危险状况预设了固有义务的违反，即以危险责任来理解此一原则。[②]

无论对自陷禁区原则作何种理解，不可否认的是与结果责任相比该原则可谓刑法发展上的一项进步，这是因为就该原则的反面解释，若行为人行为合法，虽因其行为造成行为人所不希望的结果，行为人也不需要对此结果负责，只有行为人为非法行为时，由此产生的后果才有可能归其负责。而在结果责任的思维下，只要行为人的行为造成了刑罚规范禁止的结果，不论行为人的行为是否合法，皆须对该结果的发生负担一定的刑罚。基于此，可以说此原则已经不同于结果责任时期不问结果是否有责而一律处罚的观点，在结果责任占据主要刑事责任判断的时代，该原则的目的及功能在于限制罪责的成立，而非扩张责任，因此被学者评价为“有其正义的核

---

① Wahlberg, Bemerkungen über Handlung und Zufall im Sinne des Reichsstrafrechts, ZStW2(1882), S. 211。转引自林怡秋：《加重结果犯中基本行为与加重结果间关系之研究》，“国立”成功大学法律研究所 2008 年硕士学位论文，第 5 页。

② 俞青松：《加重结果犯之研究》，“国立”政治大学法律研究所 1980 年硕士学位论文，第 37 页。

心”。[①]

二、结果加重犯的法制沿革

结果加重犯在法制上的萌芽，最早是在罗马法与教会法时代，即前述自陷禁区理论产生的时代，作为结果加重犯的前身，在18~19世纪，Versari理论一直被作为一种刑罚加重的事由规定在立法上。不过，由于该理论并不需要检视行为人对行为所产生的重结果在主观上能否预见，而是完全从客观的方面加以判定，因此行为人主观面的讨论长期被忽略。这种状况一直持续到18世纪末的普鲁士普通法（ALR）时期，1794年的《普鲁士普通法》第27条规定：行为依一般或行为人特别知悉的事物自然性质，必然导致违法结果发生时，推定行为有故意。此条文便蕴含有故意推定的含义。不过由于此故意系推定得来，与真正的故意或意图不尽相同，因此立法者在处罚时对这种推定的故意予以适当的减轻，同时对其内涵的界定也要求行为人至少有预见。虽然此概念的界限形式还有许多不甚清楚的地方，但无论如此，行为人对加重结果的主观要件部分已经开始被立法所重视。[②]

至19世纪初，由于刑法受到费尔巴哈的影响，对结果加重犯主观要件的探讨又有了新的变化。费尔巴哈认为，在结果加重犯的形态中，行为人对重结果既然不能为故意，且必须对此结果有预见，则称其为故意就有不妥，因而对结果加重犯的主观面要求，提出所谓“故意所生过失”的见解，同时将主观要件分为“知”（Wissen）和“欲”（Wollen）两个部分。他指出行为人对重结果

---

① Baumann, Kleine Streitschriften zur Strafrechtsreform, 1965, S. 150。转引自林怡秋：《加重结果犯中基本行为与加重结果间关系之研究》，“国立”成功大学法律研究所2008年硕士学位论文，第6页。

② 柯耀程：《变动中的刑法思想》，中国政法大学出版社2003年版，第114页。

虽有预见，但并无实现的意图，也就是说无“欲”的内涵，因此不能将结果视为具有“欲”之结果。尽管费氏将加重结果认定为一种过失，并否定故意推定的说法，但有学者认为其所主张的内容与故意推定并无二致。此外，由费氏主持制定的 1813 年巴伐利亚刑法典，也未对结果加重犯做出异于普鲁士普通法的规定。在诠释上，仍将故意与意图等同，并且对于故意推定的规定也依然存在。①

待至 1851 年的普鲁士刑法典，对结果加重犯仍未有明确的规定，同时受因果条件论的影响，学界的关注点有了较大的改观，对出现重结果的，不能直接以故意的责任加以规范，而应侧重于结果原因的探讨，并在加重结果的认定上采客观的条件理论，至于行为人对结果能否预见，在判断结果加重犯时，不甚重要。此种看法也一直延续到 1871 年的帝国刑法典，当时的立法，由于仍受因果关系等价理论或相当因果关系的影响，认为加重结果与基本行为之间，只需具有因果关系或相当因果关系即为已足，而对主观要件的部分较少地论及。由此，刑法对结果加重犯的判定又返回到不注重主观要件的道路上。

这种现象到 1902 年终于结束，当时，国际刑事法学会就结果加重犯作出了决议，认为：“行为人在其可预期或能预期的范围外，不得以其自己行为之结果为理由，而受处罚。”挪威刑法于同年跟进，率先依此见解而作修正。② 不过，此项决议并不是就结果加重犯改弦易辙采过失主义的呼吁，而只是限制“无过失”加重结果可罚性的主张。因为其内容仅及于行为人对加重结果发生的预见可能性，而未及于注意义务的违反。反过来说，就加重结果的发生，行为人是否违反注意义务在所不论，只是排除欠缺预见可能性的结果

① 柯耀程：《变动中的刑法思想》，中国政法大学出版社 2003 年版，第 115 页。

② 杨建华：《刑法总则之比较与检讨》，自版 1988 年，第 109 页。

加重犯的处罚，并非贯彻过失主义。从当时的思想背景看，此项决议所谓的“就加重结果发生的预见可能性”，其实就是指基本行为和加重结果间的相当因果关系。因为该时期的因果关系理论系以条件说为通说，而学者们认为若贯彻条件说，则采无过失主义的结果加重犯的可罚性便会无限扩张，对于行为人过于严苛，结论往往令人难以接受，于是尝试以较严格的因果关系的认定来限制过于宽松的结果加重犯可罚性范围。并且在克里斯（Kries）的倡导下，以相当因果关系说来否定一部分结果加重犯的可罚性成为主流。

要求行为人主观上至少有过失的主张，到了1953年的德国刑法典，正式被确立，而且在其第56条对结果加重犯做了原则性的规定。该刑法典对于此前仅从客观因果关系的成立来推导结果加重犯的方式加以驳斥，并明文肯定结果加重犯的主观要件要求，作出“至少有过失”的规定。从此，有关结果加重犯的统一性规定即告完成。这种统一性的规定到1975年德国修正刑法典仍予以维持，只是在个别犯罪类型中将过失形态限缩为轻率。其后，受德国刑法的影响，奥地利、韩国以及我国台湾、澳门地区等均设立结果加重犯的一般规定。日本刑法总则中本无结果加重犯的立法，但在1974年改正刑法草案中专设第22条规定了结果加重犯。现行《俄罗斯刑法典》第27条也以“具有两种罪过形式时实施犯罪的责任”，确立了结果加重犯的体例。① 至此，可以说结果加重犯的法制发展即告一段落。

---

① 《俄罗斯刑法典》第27条规定：“如果由于实施故意犯罪造成了依法应该处以更重刑罚的严重后果，而这种后果又不包括在犯罪人的故意之中，则只有在犯罪人预见到这种后果发生的可能性却没有足够根据地轻信可以防止这种后果发生，或者犯罪人应该预见或可以预见这种后果可能发生却未预见时，才应对这种后果承担刑事责任。在总体上，这种犯罪是故意犯罪。”见《俄罗斯联邦刑法典》，黄道秀译，中国法制出版社2004年版，第9页。

三、结果加重犯在我国立法上的发展

从上述结果加重犯的起源与法制沿革看，结果加重犯虽为现代刑法犯罪类型中的一种特殊犯罪形式，但在某种程度上也可称为是古代刑法结果责任的遗物。在我国古代法制中，虽然其刑法系统与近代西方刑法在理论和概念上有诸多不同，但不论在中西方皆可发现以行为结果来论以责任的犯罪处罚方式，即结果责任。在我国旧律中，也时常可见此种现象，这里，就以最普遍的故意伤害罪在我国古代刑法中的规定做一法制史上的回顾。[①] 对于伤害人之身体的，唐律规定："诸斗殴人者，笞四十……若血从耳目出及内损吐血者，各加二等；诸斗殴人折齿、毁缺耳鼻、眇一目及折手足指，眇谓亏损其明而犹见物，若破骨及汤火伤人者，徒一年；折二齿二指以上及髡发者，徒一年半；折人肋、眇其两目、堕人胎，徒二年，堕胎者谓辜内子死，乃坐，若辜外死者，从本殴伤法。诸斗殴折跌人肢体、击瞎其一目者，徒三年；折支者、折骨跌体者、骨差跌失其常处辜内平复者，各减二等，即损二事以上及因旧患令至笃疾，若断舌及毁败人阴阳者流三千里。"

宋刑统赋解斗讼律规定："拳手殴人者，笞四十；伤及他物殴人者，杖六十；伤者杖八十；若拳手殴人内损吐血者，亦杖八十；又若用蛇蝎蜂螫害人者，同斗殴法；又诸两相斗殴后下手理直者，减二等；又故殴人者，加一等；又贼盗律，若以物置人耳鼻及孔窍中有所妨碍者，杖八十；其故屏去人饮食衣服之类可以救伤者，以斗杀伤论之。"

元典章刑部四断例："又刑部六诸殴故殴无伤，二十七；奉手伤人，三十七；他物伤人，四十七；刀刃伤人，五十七；折指、折牙、眇目、毁缺耳鼻、破骨、汤火伤及秃鬓，各决七十七；刀伤他

---

① 以下各代法制上的规定见《大清刑律草案》第 301 条沿革部分的说明。

物、折眇两目、堕胎、秽物污人头面，各决八十七；折跌支体、瞎一目，各决九十七；损二事以上、因患致笃疾、断舌毁拜阴阳，各决一百七。”

明律规定：“凡斗殴以手足他物殴人，不成伤者笞二十；成伤及以他物殴人者，不成伤者，笞三十；成伤者笞四十……拔发方寸以上，笞五十；若血从耳目中出及内损吐血者，杖八十；以秽物污人头面者罪亦如之，折人一齿及手足一指、眇人一目、抉毁人耳鼻若破人骨及用汤火铜铁汁伤人者，杖一百；以秽物灌入人口鼻内者罪亦如之，折二齿二指以上及髡发者，杖六十徒一年；折人肋、眇人两目、堕人胎及刃伤人者，杖八十徒二年；折跌人肢体及瞎人一目者，杖一百徒三年；瞎人两目、折人两肢、损人二事以上及因旧患令致笃疾，若断人舌及毁败人阴阳者，并杖一百流三千里，仍将犯人财产一半断付被伤笃疾之人养赡。”清律与明律规定基本相同，只是在个别内容上有所增减修改。

由这些条文规定，我们可以发现其具有一个共通的特色，即都是根据不同的伤害结果来配置不同的法定刑，我国旧律中的此种规定，无疑是具有浓厚的结果责任主义色彩，行为人所负责任的轻重，全因犯罪所发生的结果来直接决定，因此，也可以说是结果加重犯规定的肇始。

此后，我国刑法继受西方法律，也引进了结果加重犯的概念。1912 年颁行的暂行新刑律中，其总则部分虽无结果加重犯的明文立法，但在分则中有加重处罚的规定，判例上也多以因果关系解决。① 同时受 1902 年国际刑法学会决议的影响，到 1928 年中华民国刑法颁行以后，结果加重犯便正式在总则中予以规定，该法第 29 条规定：“犯罪因发生一定之结果而加重其刑者，若犯人不能预见其发生时，不得从重处断。”在刑法分则中，对于结果加重犯的加重处罚，则有两种规定方式，一是直接在条文中明定结果加重犯

① 杨建华：《刑法总则之比较与检讨》，自版 1988 年，第 114 页。

的刑度；二是规定比照其他重罪之刑处断之。1935 年中华民国刑法继续保留了旧法对结果加重犯的规定，只不过将其调整规定到第 17 条，稍稍修正为："因犯罪致发生一定之结果，而有加重其刑之规定者，如行为人不能预见其发生，不适用之。"并将旧法对结果加重犯辗转引用其他重罪进行处罚的方式加以抛弃，而统一规定为直接在分则条文中明定加重的刑度。目前，我国台湾地区适用的就是该规定。

新中国成立后，由于整个刑法的体貌发生了变化，结果加重犯的立法也做了相应的调整。1979 年的刑法总则并无结果加重犯的明确规定，不过其在分则中仍然保留有相关立法例，如第 134 条故意伤害（致人死亡）罪，第 139 条强奸（致人重伤、死亡）罪，第 143 条非法拘禁（致人重伤、死亡）罪，第 179 条暴力干涉婚姻（引起被害人死亡）罪、第 182 条虐待（引起被害人重伤、死亡）罪等。同时学界对结果加重犯也有比较普遍的讨论。经 1997 年修订后的现行刑法同样如此，即不在总则部分做原则性的规定，而只在分则中分别立法。

第二节　英美法系重罪谋杀罪原则引介

与大陆法系中的结果加重犯具有相同起源，同样是要解决行为人在实施一个基本犯罪的过程中又额外发生法定的重结果，刑法应当如何处罚的问题时，英美法系国家采取了所谓的"重罪谋杀罪原则"。从字面意义看，重罪谋杀罪是用来指涉某一类型的谋杀罪，其最初的形式并没有任何限制，即只要死亡结果是重罪行为所引起，行为人均要负谋杀罪的责任，用公式表示就是：重罪 + 死

亡 = 谋杀。[①] 譬如，抢劫犯罪过程中发生死亡结果的，对行为人论以谋杀罪。可见，重罪谋杀罪是英美法系认定谋杀罪的另一条途径，使得没有预谋杀人犯意的行为人也要承担谋杀罪的责任，进而适用更为严厉的刑罚。

重罪谋杀罪在英美法系是一个争论激烈，到目前为止尚未妥善解决的问题。[②] 同时有许多学说及判例去探讨与本罪名相关的问题，如主观要件、因果关系、共犯的处罚、存在根据等。本节的内容是要对重罪谋杀罪的起源、发展做一概括性的梳理，并就相关的重要问题进行介绍与说明。

一、英国重罪谋杀罪原则的产生与发展

在英国，关于重罪谋杀罪原则的起源十分模糊，不过大部分学者都认为该原则是来自 17 世纪学说上的意见而非法院的判决。[③] 最早谈论该原则的可能是爱德华·科克（Edward Coke），其在 1644 年版的著作中提到："违法行为导致死亡的，即为谋杀。"此后，1762 年迈克尔·福斯特（Michael Foster）在其著述《论杀人罪》中正式将违法行为限制在重罪领域。接着洛德·霍尔特（Lord Holt）对该原则做了更进一步的说明。至 1769 年，布拉克斯通（Blackstone）总结了以往的论述，并在《英国法评释》一书中提出了普通法上重罪谋杀罪原则的最初版本：假如行为人意图实施重

---

① James J. Tomkovicz, The Endurance of the Felony - Murder Rule: A Study of the Forces that Shape Our Criminal Law, 51 Wash. & Lee L. Rev. 1429 - 1430 (1994).

② 不过这里需要说明的是，英国已经废除该项原则，美国除少部分州以外，大部分州至今仍予保留。

③ 参见 George P. Fletcher, Reflections on Felony - Murder, 12 Sw. U. L. Rev. 413 - 421(1980)。

罪，即使是非预谋的致人死亡，也构成谋杀。[①] 与学说上的积极讨论相反，重罪谋杀罪原则起初在英国的司法实务中并未获得法院重视，没有法院实际采纳该原则。[②] 直到18世纪末期，一些法官开始认为在共同实施重罪的过程中产生死亡结果的，对没有实施致死行为的共谋犯也自动适用谋杀罪，不过大多数法官还是要求被追究谋杀罪的共谋犯实际参与致人死亡的行为或者对该致死行为起到帮助作用。[③] 至19世纪时该原则才在英国法院中获得了普遍的适用。[④]

从上述重罪谋杀罪的产生脉络可以看出，重罪谋杀罪的原本含义是指在故意实施重罪的过程中，一旦发生死亡结果，则无论行为人对此结果有无故意，也不管死亡结果是否由该行为人造成，均构成谋杀罪。其适用结果就是让没有杀人预谋恶意的行为人也要承担谋杀罪的责任，因此，与普通的谋杀罪不同，该原则对行为人而言无疑是比较严苛的制度。尽管如此，科克和布拉克斯通都没有说明提出该原则的理由。早期曾有学者认为重罪谋杀罪原则反映了一种观念，即被告由于实施了重罪，因此被假定为坏人，以至于法院不

---

① 参见 Rudolf J. Gerber, The Felony Murder Rule: Conundrum Without Principle, 31 Arzi. St. L. J. 763 – 765(1999)。

② 有学者认为在1535年的洛德·戴克斯（Lord Dacres）案和1558年的赫伯特（Herbert）案中，英国法院适用了重罪谋杀罪原则，但是现在的普遍看法是在这两个案例中仅仅可以捕捉到一些有关重罪谋杀罪的观念，还没有应用重罪谋杀罪的规则。关于 Lord Dacres 案和 Herbert 案以及更进一步的说明，参见 Leonard Birdsong, Felony Murder: A Historical Perspective by Which to Understand Today's Modern Felony Murder Rule Statutes, 32 T. Marshall L. Rev. 1,6,13(2006)。

③ Guyora Binder, The Origins of American Felony Murder Rules, 57 Stan. L. Rev. 98(2004).

④ Rudolf J. Gerber, The Felony Murder Rule: Conundrum Without Principle, 31 Arzi. St. L. J. 763(1999).

必去考虑死亡结果是不是他故意造成的，便可对其适用谋杀罪。[①]此外，也有学者提出该原则的存在可能是为了避免重罪既遂与未遂之间过大的刑差。依当时的普通法，所有的重罪既遂是被处以死刑，而重罪未遂仅被论以轻罪。因此，在重罪未遂的情形下，即使发生了死亡结果行为人仍然只被论以轻罪，这是不合理的，故创设重罪谋杀罪原则，让所有造成死亡结果的重罪犯都被论以谋杀罪，无法逃脱死刑的制裁。虽然在早期的英国法上重罪与谋杀罪都是被判处死刑的犯罪，法院是宣告行为人构成重罪还是对重罪实施中发生的死亡宣告谋杀罪，被告的命运都不会改变，但就司法的实际运作而言，由于当时刑事司法执行机构不足，死刑的执行主要集中在谋杀罪，譬如，在 1810 年 60% 的谋杀罪犯被实际执行死刑，而重罪犯的死刑执行率却只有 15%，因此，被告被论以重罪还是谋杀罪还是有实际上的意义。[②]

重罪谋杀罪原则于 19 世纪在英国发展到顶峰，并开始向限缩的方向发展。据学者考证，19 世纪中期，普通法上的重罪谋杀罪原则尽管仍旧受到学理上的支持，但已经引发争议，一些法官对陪审团的指示也暗示该原则不受欢迎，并请陪审团忽视它。在 1887 年的女王诉塞尔尼（Regina v. Serne）案中，法官指示陪审团重罪过程中的致人死亡，只有在重罪行为是“危险的，并有可能导致死亡”时才会判处重罪犯谋杀罪。[③] 至 20 世纪初，为了缓解该原则的严厉效果，并使普通法上的谋杀罪能够符合比例原则，英国法院进一步限制该原则的适用，总的来看，这种限制包括两个方面：

---

① John S. Huster, The California Courts Stray From the Felony in Felony Murder: What is “in Perpetration” of the Crime?, 28 U. S. F. L. Rev. 739, 745 (1994).

② Nelson E. Roth &Scott E. Sundby, The Felony - murder Rule: A Doctrine at Constitutional Crossroads, 70 Cornell L. Rev. 446, 450(1985).

③ Guyora Binder, The Origins of American Felony Murder Rules, 57 Stan. L. Rev. 100 - 101(2004).

第一，被告实施的重罪行为是暴力性的行为；第二，死亡是被告犯罪行为自然与可能的结果。[①] 然而，英国最终还是认识到上述限制并不足以弥补该原则的反逻辑性，并与1957年的《杀人罪法》中彻底废除了该原则。此后，法院在遇到类似的问题时，便直接依据因果关系的理论解决，重罪谋杀罪原则从此退出英国的司法实践。

二、美国重罪谋杀罪原则的发展

众所周知，美国的刑法由普通法和制定法组成。起初美国的大部分刑法都是继受英国而来，并经过美国化的修改，此即美国法上的普通法。后来为了适应社会的变迁，美国联邦国会及州议会又颁布了许多制定法，包括刑法典及附属于其他法律中的刑罚条款。美国的重罪谋杀罪也毫无例外地遵循了这一发展轨迹。19世纪，当重罪谋杀罪原则在英国发展到顶峰时，即由美国法院按照遵循先例的传统引入该原则，从此重罪谋杀罪成了普通法上的犯罪。[②] 此后，伴随着美国刑法的法典化历程，各州也都颁布法律并将重罪谋杀罪纳入其中，因此本罪也成为制定法上的犯罪。

与英国不同，重罪谋杀罪在美国有着大量的制定法基础，第一部有关重罪谋杀罪的立法是由伊利诺伊州于1827年通过，该法将谋杀罪定义为故意违法杀人、明知行为必然或可能导致死亡或严重的身体伤害仍予以实施，以及重罪谋杀。1829年，新泽西州颁布法律将在实施或意图实施鸡奸、强奸、纵火、抢劫、盗窃及其他任何破坏该州和平秩序且蕴含死亡危险的违法行为中发生死亡结果

---

① George Fletcher, Rethinking Criminal Law 284(2000).

② 虽然美国的大部分学者都认为美国的重罪谋杀罪是从英国继受而来，但也有少数学者表示反对，如宾德（Binder）教授就认为美国并未从英国继受重罪谋杀罪原则，因为在美国大革命时代以前根本就不存在普通法上的重罪谋杀罪，因此也不可能由英国传入美国。详细的讨论见 Guyora Binder, The Origins of American Felony Murder Rules, 57 Stan. L. Rev. 59 (2004)。

的，均归入谋杀罪的范畴。同年，纽约州也通过了极为严格的重罪谋杀立法，其将非预谋杀人，但在实施任何重罪过程中发生死亡的均论以谋杀罪。至19世纪末期，共有19个州进行了重罪谋杀的立法。进入20世纪以后，美国大部分州都制定了重罪谋杀的立法，不过这些立法的规定方式却不尽相同，如有的州立法要求实施的重罪隐含有杀人的恶意时才可论以谋杀罪，有的州要求实施的重罪是危险的重罪或立法列举的重罪才可论以谋杀罪，也有些州未对重罪做任何的限定。① 与此同时，在整个20世纪及21世纪初期，美国有关重罪谋杀罪的司法判决也十分多样。总体看，无论是立法制定还是司法适用重罪谋杀罪在美国比在英国都更为广泛。

由于是继受英国普通法的传统，因此在美国最初的重罪谋杀罪原则是指在实施重罪过程中发生死亡结果的，不管重罪犯对此结果有无可受谴责的主观心态，也不管该死亡结果是否由行为人本人所造成，均对重罪犯处以谋杀罪。在早期美国只有少数的犯罪属于重罪，所以适用时并未引起法院的特别关注，之后随着各州刑事立法的颁布，重罪的范围不断扩大，重罪谋杀罪的适用机会也越来越多，便逐渐引起学界及实务的注意，由此也引发出诸种批评，② 并最终导致有部分州将其废止，如密歇根州最高法院在1980年的人民诉亚伦（People v. Aaron）一案中指出，尽管重罪犯实施的行为产生了“坏的结果”，但并不等于是“希望的结果”，重罪谋杀罪原则是让没有杀人恶意的行为人承担谋杀罪的责任，其出现系学者的误解，因此应当废除这种建立在错误基础之上并牺牲掉刑法基本

---

① Leonard Birdsong, Felony Murder: A Historical Perspective by Which to Understand Today's Modern Felony Murder Rule Statutes, 32 T. Marshall L. Rev. 16 - 20(2006).

② 这些批评主要集中在：第一，重罪谋杀罪原则将刑事责任与道德可谴责性相分离；第二，该原则无法达到预防的目的；第三，该原则本身的限制条件使其窒碍难行；第四，该原则导致死刑范围扩张；第五，在证明标准上甚至低于民事侵权案件。

原则的理论。[①] 而作为各州刑事立法典范的《模范刑法典》最初也是主张将该原则废除，但考虑到这将面临政治上的压力最终以修正的形式予以保留。依照《模范刑法典》的规定，如果正犯或共犯在实施抢劫罪、强奸罪、强制猥亵罪、纵火罪、侵入住宅罪、绑架罪或加重脱逃罪的过程中或犯罪后的逃跑过程中致人死亡的，便可推定行为人具有构成谋杀罪所需要的轻率要件，如果行为人能够反证自己并不存在对他人生命的严重漠视，即不具备轻率要件，则不能对行为人适用谋杀罪。[②]

现在，美国的绝大多数州都还保留有重罪谋杀罪原则，法院也在司法实务中实际应用，由于原初意义上的重罪谋杀罪原则几乎不设任何限制，导致构成重罪谋杀罪的情形大量增多，因此不断受到来自学界与实务界的质疑，目前除了极少数州依旧不做变通地维持对该原则的忠诚以外，[③] 大部分保留该原则的州都已经开始向限制其适用范围的方向发展，并借此来缓和该原则可能产生的严酷刑罚。大体而言，各州所采取的限制方式主要有：将重罪谋杀罪的适用限制在立法所列举的重罪上；要求行为人实施的重罪从抽象意义上考量，是对他人生命含有固有危险的犯罪；被告实施的重罪行为包含致人死亡的可预见风险；重罪行为必须独立于杀人行为；杀人行为必须发生在实施重罪的过程之中；严格限制重罪发生的时间以

① 409 Mich. 672, 229 N. W. 2d 304 (1980).

② Model Penal Code §210.2(1)(a)-(b) & §1.12(5) (Official Draft and Revised Comments 1985).

③ 如亚利桑那州，该州将任何人包括未参与重罪的人，在实施或意图实施立法上重罪的过程中发生死亡结果的，即使该死亡纯属意外，均论以一级谋杀罪，并判处死刑。

及要求重罪行为与死亡结果之间存在近因关系，等等。① 从当前的实际情况看，拒绝机械式地适用重罪谋杀罪原则已经成为美国学界与司法界的共识，正如有学者指出的那样，通过限制的方式，重罪谋杀罪原则得以延续它的寿命。②

第三节 结果加重犯与重罪谋杀罪原则比较研究

如前所述，结果加重犯在大陆法系国家是一个普遍的立法现实，在学界也十分受到重视，而重罪谋杀罪原则尽管在英国已经过时，但美国的绝大多数州都还予以保留，司法实践中也加以适用，两者虽然属于不同的刑法理论体系，但从渊源上看，可能都是来自中世纪教会法中的“自陷禁区理论”，更何况两者在适用的范围上有部分重叠，结果加重犯主要是用来解决行为人在实施某一犯罪的过程中，发生超出该犯罪所能涵容的重结果，对此刑法应当如何处罚的问题。而如果该重结果是死亡，在英美法系国家可能运用到的就是重罪谋杀罪原则，并且毫无例外的是，两者都对实施犯罪的行为人加重处罚。

不过，结果加重犯与重罪谋杀罪的差别是对在实施某种犯罪过程中发生重结果的，规定了不同的加重处罚方式，即两大法系各自设计了两种不同的处理模式。因此本节的目的即在于透过比较法上的研究，将大陆法系与英美法系就解决类似问题所提出的观点及处理方法进行对比参照，找出其中的联系与区别，进而选择一种在刑

---

① Michael C. Gregerson, Recent Decisions of the Minnesota Supreme Court: Case Note: Criminal Law – Dangerous, Not Deadly: Possession of A Firearm Distinguished From Use Under the Felony – Murder Rule – State v. Anderson, 31 Wm. Mitchell L. Rev. 615(2004).

② Tomkovicz, The Endurance of the Felony – Murder Rule: A Study of the Forces that Shape Our Criminal Law, 51 Wash. & Lee L. Rev. 1469(1994).

法学理及实务操作上都更为妥当的模式。

一、结果加重犯模式评价

结果加重犯的概念，尽管有争议，但基本上是指行为人实施故意或过失的犯罪行为却发生超出该犯罪构成要件的加重结果，如重伤或死亡，刑法规定加重刑罚的犯罪。就主观要件而言，结果加重犯的基本行为可能出于过失，加重结果也可能是故意所致，不过，理论上经常论及的结果加重犯是属于故意与过失的犯罪，也因此这种类型的结果加重犯被称为“纯正的结果加重犯”。在德国，学理对故意与过失类型的结果犯犯罪形态，依据性质的不同，分为“本质上故意与过失组合”或称为“非结果加重之故意与过失组合”，以及“非本质上故意与过失组合”。所谓“本质上故意与过失组合”主要是指故意行为本身不具有刑法可罚性，而是当两部分行为，即故意行为与过失行为组合起来才达到刑法可罚性的标准，譬如：《德国刑法典》第 315 条 c 第 3 项第 1 款危害公路交通安全的规定即是如此。① 而结果加重犯是属于“非本质上故意与过失组合”，在本质上之故意与过失组合下，某些特别的结果是刑罚成立的事由，但在结果加重犯中，故意所从事的基本犯罪已经具备可罚性，过失所造成的加重结果只是加重刑罚的事由，两者完全不同，不可混淆。

从上述定义不难看出，结果加重犯所处理的情形在没有结果加

---

① 该款规定：“……犯第 1 款之罪过失造成危险的，或过失为上述行为，且过失造成危险的，处 2 年以下自由刑或罚金刑。”即是将前后两个行为结合方才构成犯罪。见《德国刑法典》，徐久生、庄敬华译，中国方正出版社 2004 年版，第 155 页。此种类型下故意行为与过失所具有的特征是行为中的故意部分，虽然不具刑罚的可罚性，但至少已经呈现出违反秩序法、违反惩戒法或其他较轻程度的违法性，由于这类行为本身只具有行政不法，原则上刑法是不处罚这种具备较轻违法性的行为，但是，如果同时又在过失的情形下造成了危险结果，则应构成刑事性的违法。

重犯立法时同样有办法解决，即适用想象竞合或是数罪并罚的规则。然而，立法者特地挑选出若干犯罪不计麻烦的设置为结果加重犯，对于发生了重结果可能构成其他犯罪的，依然按照基本犯罪的性质定罪，排除其他犯罪的成立，其中道理何在？对此，有学者认为现行法上所有加重结果犯的个别构成要件规定，并非出于理性的考量，而是历史的偶然所形成的立法习惯或立法模仿。① 这种理论“天真得无以复加”、“是最不幸的理论之一”，是“让刑事实务界用来偷懒的躺椅”。② 但是，如果我们从“存在即是合理”的观点出发，结果加重犯的模式也许并非全无实益。

首先，从实务上运作的情况看，必须先有客观可见的犯罪事实或是对于法益的客观危险出现，并加以确定之后，才能进一步地判断行为人的主观要件。例如，洛克辛（Roxin）即认为，借由归责所构架的构成要件行为，如杀人、伤害或毁损等，是属于客观的，有了这些构成要件行为才有主观构成要件中的故意加入，只有透过客观客体的确定，才能确定故意的内涵是什么。③ 以伤害致死为例来说明，必须先确定行为人实施的行为造成对生命法益的危险，而且该危险在具体案件中实现，造成了被害人的死亡，之后再进一步确定行为人主观是杀人故意还是伤害故意抑或只有过失，而分别成立故意杀人罪、伤害致死罪或是过失致死罪。可见，结果加重犯的立法模式符合主观要件的判定流程和主观要件证明客观化的趋势。

其次，更重要的是，结果加重犯的立法可以减轻法官证明的负担并发挥“选择确定”法则（Wahlfeststellung）的作用。在刑事实

---

① 郑逸哲：《法学三段论法下的刑法与刑法基本句型（二）刑法进阶》，瑞兴图书股份有限公司 2006 年版，第 488 页。

② 参见许玉秀：《主观与客观之间——主观理论与客观归责》，法律出版社 2008 年版，第 322 页。

③ ［德］洛克辛：《客观归责理论》，许玉秀译，载《政大法学评论》1994 年第 50 期，第 22 页、第 24 ~ 25 页。

务上，许多无法证明行为人具有杀人故意的案件中，若可证明行为人具有伤害故意，法官便可依照选择确定的法理，认定行为人构成伤害致死罪。在具体案例中，倘若法官在客观上可以认定行为人实施伤害行为时已展露出轻视被害人生命的恶性，如以特别残忍的手段殴打被害人，其行为在一般的情况下有造成被害人死亡的危险，但法官却在穷尽调查之能事后仍然无法证明行为人有杀人的恶意，而只能证明其有伤害的故意时，便可依伤害致死罪对行为人论罪科刑。故伤害致死罪等结果加重犯的规定至少为实务提供了一个相对恰当的另外选择，亦有减轻实务上对主观要件证明负担的功能，能够达成虽不令人十分满意，但也可以接受的对实质正义与程序正义的追求。① 除此之外，此种立法模式在刑事政策的一般预防上，也有其不可抹灭的价值与实效。② 这些也许就是结果加重犯在屡遭学界无情批判之后仍然能够为大陆法系国家的立法所坚持的部分理由。

二、重罪谋杀罪模式评价

以今天的眼光来考察，传统意义上的重罪谋杀罪原则明显与现代刑法的基本理论相抵触。譬如，让行为人对其并未预见同时也无预见可能性的意外死亡负责无疑与刑事责任的承担必须具备主观罪过的责任主义相违背。又如，将没有实施致死行为事前也没有参与谋划的共犯也论以谋杀罪反映了古老团体责任的残留。③ 美国大法官法兰克福特（Frankfurter）很久以前就曾说过：“检验社会文明

① 赵彦清:《结果加重犯的归责基础》，台湾政大法研所 1998 年硕士学位论文，第 149～150 页。

② 具体阐释见本书第二章第二节结果加重犯的加重根据部分。

③ 上述情形在英美法上均有实际的判例存在，如在 People v. Stamp 一案中，上诉法院就认为不需要考虑被告对死亡结果的可预见性，便可适用重罪谋杀罪。关于此案的更详细的说明见 2 Cal. App. 3d 203, 82 Cal. Rptr. 598 (1969)。

程度的重要标尺之一就是该社会对待罪犯的方式，特别是如何对待那些激起民愤的罪犯。”[①] 尽管传统的重罪谋杀罪原则减轻了检察官的举证责任并在某种程度上也有利于加强犯罪的预防功能，但它却牺牲掉了许多刑法的最根本的价值。正因为如此，英国已经将重罪谋杀罪原则全部放弃，而美国也走上了修正的道路，修正的方向就是限制重罪谋杀罪原则的适用范围。

从当前有些立法机关的立法及法院作出的判例可知，对重罪谋杀罪原则所做的限制之一就是要求重罪犯实施重罪时存在侵害他人生命的固有危险。譬如，《加利福尼亚州刑法典》第189条规定：“在实施放火、强奸、侵入私宅、恶意重伤、绑架、倾覆火车等犯罪既遂或未遂的过程中发生死亡结果的，属于谋杀罪。”[②] 上述被立法者列入可适用重罪谋杀罪原则范围的犯罪其共有的特征就是使用或威胁使用暴力，或者说呈现出侵害他人生命的风险。此外，法院也开始积极利用解释权将该原则限制到那些对生命具有本质危险的重罪上。[③] 将重罪谋杀罪原则的适用限制到重罪行为内含致死性的固有危险上，应当说是比较正确的做法。因为唯有处罚那些本质上有危险的重罪，对论以刑罚最为严酷的谋杀罪的重罪犯而言才有可能是公平的。而且，采用固有危险重罪的方式还可以借此推定行为人的主观要件，一般而言，实施了存在侵害他人生命本质危险的重罪行为，对于理智正常的普通人来说，很难认为其没有预见的可能性。换言之，在此种情形下，就不能说重罪谋杀罪原则是不重视重罪犯主观上是否具备可受谴责的心态，从而是与责任主义相抵触的理论。

另外，由于重罪谋杀罪原则是让没有谋杀恶意的行为人承担谋

---

① 参见 Note，Felony Murder：A Tort Law Reconceptualization，99 Harv. L. Rev. 1935（1986）。

② 参见 CAL. PENAL CODE §189（west 1998）。

③ 例如，加利福尼亚州法院、明尼苏达州法院等均是如此。

杀罪的责任，因此如果行为人自始便具备谋杀罪的主观心态，即有意的杀人、有意的造成他人身体严重伤害、对他人生命所形成的风险极度漠视，便可直接依据谋杀罪论处，而没有引用重罪谋杀罪原则的必要。同样的，如果重罪犯在实施重罪的过程中发生犯意的转换，亦即起初并无意杀人，但随后产生杀人犯意，并且具备前述足以构成谋杀罪的三种主观心态，似乎也无须适用重罪谋杀罪原则。同时根据责任主义的限制，也可以将预想不到的偶然的死亡结果排除在该原则的范围之外。经由上述的排除过程，重罪谋杀罪原则在主观方面所能适用的场合就只剩下在实施重罪过程中发生的疏忽致死，也即重罪过程中的疏忽致死行为才是重罪谋杀罪原则的主要适用目标。[①] 那么接下来的问题就是法院为何不同时宣告成立重罪和疏失致死罪，而是要借助重罪谋杀罪原则让行为人承担谋杀罪的责任？

其中可能的理由就在于重罪犯除了应承担重罪和疏忽致死罪的罪责之外，还有增加的罪责，以至于仅仅宣告重罪和疏失致死罪还不足以充分评价行为人的责任，而必须提升至同时宣告谋杀罪的等级才足够。在重罪谋杀罪的场合，正是行为人犯重罪的目的加重了其疏忽致死的责任。因为侵害他人的罪责程度往往取决于一个人这样做的理由，如为了抵制强奸而杀人是正当的，因强奸报复杀人就不被允许。因此好的动机能够使侵害行为的罪责减轻而坏的动机却可以加剧该罪责。而重罪谋杀罪原则就是对因实施了重罪而具有坏的动机的行为人加重其疏忽杀人的责任。[②] 除此之外，该原则还有利于增强道德责任与刑事责任的联系，可以达到预防死亡结果发生

---

① 蔡慧芳：《英美法上重罪谋杀罪原则的介绍与评析》，载《刑事法学之理想与探索——甘添贵教授六秩祝寿论文集》（第二卷　刑法各论），元照出版有限公司 2002 年版，第 100 页。

② Guyora Binder, The Culpability of Felony Murder, 83 Notre Dame. L. Rev. 968(2008).

的目的，并在诉讼上起到降低伪证率、提供明确审判标准、遣责剥夺他人生命的行为并提供一个清晰的犯罪定义的作用。[①] 正因为如此，重罪谋杀罪原则才在美国的立法及司法实践中得以保留。

三、两种立法模式之比较

结果加重犯在大陆法系已有数百年的发展史，尽管迄今为止有关其概念的争论仍旧持续，但基本上结果加重犯是指行为人实施某一特定的犯罪行为（基本犯罪），发生了超出该犯罪行为所预期的加重结果，法律规定加重刑罚的一种犯罪类型。而如前所述，经过修正的重罪谋杀罪指的是行为人在实施包含有致死风险的重罪过程中发生死亡结果，并且对该死亡结果存在疏忽心态的，以谋杀罪论处。结果加重犯与重罪谋杀罪虽然来自不同的刑法法系，但彼此之间却有一些类似性，可以进行立法的比较，同时此种比较也有利于我们从另一侧面去透视结果加重犯的成立要件和立法价值。

首先，大陆法系上的结果加重犯与英美法系上的重罪谋杀罪可能有着相同的历史起源。一般认为，结果加重犯的概念肇始于中世纪宗教法上的自陷禁区理论，该理论原系一种剥夺圣职者资格的理论，其内容是不法行为者对因其行为所生的一切结果，均应负责。而在英美法系国家，学者及法院也普遍认为重罪谋杀罪原则是来源于该理论，即行为人一旦参与了违法行为，就要为那些假定没有他的参与就不会发生的所有损害结果负责。[②] 由于该理论是以基本行为是否合法决定后续结果的归责，从而使得罪责与结果脱节，也因此，早期的结果加重犯与最初意义上的重罪谋杀罪均不要求行为人

① David Crump, Reconsidering the Felony Murder Rule in light of Modern Criticisms: Doesn't the Conclusion Depend Upon the Particular Rule At Issue? 32 Harv. &Pub. Pol'y1162(2009).

② Martin R. Gardner, The Mens Rea Enigma: Observations on the Role of Motive in the Criminal Law Past and Present, Utah L. Rev. 635,706 –708(1993).

与加重结果之间具备主观上的关联。其次，结果加重犯与重罪谋杀罪所面临的问题相似，从广义上都可以看做是为了解决行为人在实施某一犯罪的过程中，发生了基本犯罪构成要件以外的重结果，刑法应当如何处理的问题。只不过，在适用重罪谋杀罪原则的场合，该问题的范围更为限缩。最后，在对上述问题的处理上，两者都采取了加重刑罚的方式，即实施基本犯罪的行为人因加重结果的发生而承担更重的刑责。

然而，结果加重犯与重罪谋杀罪毕竟是两个不同的概念，因此两者也有很多不一致的地方，主要表现在以下几个方面：第一，重罪谋杀罪原则是令重罪犯对发生在重罪实施过程中的死亡结果负责，其针对的加重结果仅限于死亡结果；而结果加重犯所针对的重结果范围更加广泛，可以是死亡结果也可以是重伤结果，甚至包括财产损失。① 第二，重罪谋杀罪原则的适用前提是行为人故意实施重罪，而且对死亡结果的发生存在疏忽，简单表示就是适用于故意 + 疏失的行为；而结果加重犯的情形，行为人既可以基于故意也可以基于过失实施基本犯罪，同时对重结果的发生虽以过失居多却也不排除故意。第三，两者的根本区别在于处理模式的不同。重罪谋杀罪原则是由重罪通向谋杀罪，行为人最终负重罪和谋杀罪的责任；而结果加重犯是由刑法特别规定了加重的法定刑，对实施基本犯罪却发生过限重结果的行为人行径按该加重法定刑处罚即可。

经过以上比较可知，结果加重犯与重罪谋杀罪原则本质上都是对超出基本犯罪的重结果加重刑罚，只不过结果加重犯是规定了独立的法定刑，而重罪谋杀罪原则是将行为人按谋杀罪处罚。那么，两种处理模式究竟何者更为合理可行？尽管我们可以承认，由于重罪行为的性质使得其后发生的疏忽致死与一般意义上的过失杀人有

---

① 一般而言，大陆法系国家所规定的结果加重犯的重结果范围仅限于人身损害，不过，也有对造成财产损失规定加重法定刑的立法例，而在我国这样的规定就更为普遍。

所不同，但这也只能说，在立法技术上可以考虑加重处罚重罪行为或是重罪之后的疏忽致死行为，而绝非是将此疏忽致死行为等同于谋杀行为。因为无论如何，疏忽致死与恶意谋杀都是两种性质完全不同的犯罪，不能为了要加重处罚就让没有谋杀恶意的行为人与有意的杀人、有意造成他人重伤或极度轻率地致人死亡承担相同的罪名，借由重罪谋杀罪原则另外成立谋杀罪在某种程度上已然违反根据主观心态的可归责程度而确定相应刑罚的比例原则，[①] 特别是在美国某些州还保留着对谋杀罪判处死刑的情况下，以最严厉的刑罚来对待并非是最严重的罪行，更反衬出重罪谋杀罪原则的不合理。也因此，大陆法系所采取的加重处罚基本犯罪的结果加重犯模式相对而言是更为妥当的做法。

① Rudolf J. Gerber, The Felony Murder Rule: Conundrum Without Principle, 31 Arzi. St. L. J. 778 -779(1999).

第二章　结果加重犯的本质与加重根据

行为人实施某一犯罪，出现比原犯罪预期结果更重的结果，刑法规定加重处罚的，即为结果加重犯形态。此为学界对结果加重犯的通常界定。不过，这样的定义却是相当的模糊，因为除了该当基本犯罪、发生更重结果和法律规定重罚之外我们并不能从中读出更多的东西，相反却会有因为发生重结果法律就加重刑罚而有结果归责的嫌疑。事实上，从结果加重犯产生伊始，围绕其概念的纷争就未曾停歇，直到今天其定义、结构仍是相当的含混，尤其是结果加重犯究竟是怎样一种犯罪类型，与刑法上其他犯罪形态如想象竞合犯、结合犯等有何不同，即其本质问题更是未能有清晰的回应，进而使得结果加重犯的探讨愈见复杂艰辛，理论上也出现废弃结果加重犯的主张。

从认识的应然过程看，人们对事物的认识，一般而言，都要经过由感性认识到理性认识的演进，其中感性认识是对事物表象的认识，是认识的初级阶段，而理性认识则是对事物本质的认识，是认识的高级阶段，认识要想深刻、透彻就不能仅仅停留在感性阶段而必须上升到理性阶段，结果加重犯的研究同样如此，理论上若想厘清结果加重犯就不能不触及其本质，同时结果加重犯的本质又牵动到许多相关问题，譬如：结果加重犯的量刑、结果加重犯的共犯、未遂等，因此，我们有必要对这一问题进行专门的梳理。

此外，与结果加重犯本质密切相关的另一问题就是结果加重犯的加重根据，亦即刑法为什么要对结果加重犯这一犯罪类型单独配置法定刑，而且是更重的法定刑，其道理何在？从当前研究看，学界对结果加重犯弃置通常的竞合规则（包括想象竞合和实质竞合的规则）不用，而是独立规定加重法定刑有着很大的分歧。此理论纷争也直接影响到结果加重犯的存在价值，即结果加重犯类型是符合罪责原则的合理设定还是立法者的恣意妄为，如果结果加重犯从根本上即是立法者的错误，那么探讨与其相关的其他问题也就变得毫无意义。而此问题的澄清必须以结果加重犯的本质研究作为前提，因此这里要先从剖析结果加重犯的本质入手。

第一节　结果加重犯本质探究

所谓“本质”，是指事物本身所固有的，决定事物性质、面貌和发展的根本属性。[①] 而结果加重犯的本质，就是结果加重犯独有的，区别于其他犯罪类型的属性，这一属性必须通过解构结果加重犯的结构才能获得。依通行的观点，结果加重犯是用来指称实施某一特定犯罪行为（基本犯罪），而发生超出该犯罪行为所预期的重结果，从而加重刑罚的一类犯罪。由此，结果加重犯的结构就应当包括基本犯罪和加重结果两个部分刑法意义的分析，事实上，有关结果加重犯本质的学说也基本都是围绕着这两个部分展开的。从理论的沿革来看，结果加重犯的本质主要有单一形态论、复合形态论和危险性理论三种学说，以下将对这三种学说进行简单的介绍与评议，并在此基础上提出本书对结果加重犯本质的看法。

一、单一形态论

单一形态论，又称“客观的（加重）处罚条件说”，该理论认为结果加重犯是刑法法定的一种特殊犯罪类型，是由基本犯罪和加重结果构成的统一整体，加重结果本身没有独立存在的价值，只能

① 《现代汉语词典》，商务印书馆 2005 年版，第 65 页。

依附于基本犯罪而成立，其发生仅是刑罚被加重的原因，若加重结果发生，则成立结果加重犯；若加重结果不发生，只成立基本犯罪。可见，此理论是将自基本犯所发生的重结果（加重结果）理解为一种“加重处罚之条件”（eine Bedingung der erhöhten Strafbarkeit）。由于加重处罚的条件并不在行为人主观认识的范围内，而仅仅是刑罚权发动的根据，因此结果加重犯的成立只需满足基本犯罪的构成要件即为已足。这种观点曾被早期的德国和日本刑法学界及实务部门普遍接受，如有学者认为：“重结果只是客观的处罚条件，因此结果加重犯的成立与否似乎是依存着基本犯而定，而重结果之发生（处罚条件的发生）只不过是单纯的刑罚权发生的要件而已。”①

单一形态论的特点是将加重结果视为“客观的处罚条件”（Objektive Bedingungen der Strafbarkeit）之一种。所谓客观的处罚条件，是德、日刑法学上的概念，一般系指犯罪虽已成立，但必待其他事由（即非行为本身要素所存在之一定的事实或事由）赋予条件始发生刑罚而可加以处罚之情形。例如，《德国刑法典》第283条规定的破产犯罪，只有在行为人“停止支付，或就其财产宣告破产程序或宣告破产的申请因缺乏破产人财产而被驳回时”始可处罚。同样的，《日本刑法典》第197条第2款规定的事前受贿罪，即将成为公务员者只要收受了财物，即成立事前受贿罪，只不过在其就任之前特别保留处罚而已。依此意义，单一形态论认为，结果加重犯是以发生重结果为由，加重基本犯的法定刑，即系客观的处罚之一条件或加重条件，而非以行为者的行为为中心所构成的犯罪构成要素。同时依德、日刑法学说的通常见解，客观处罚条件属于刑事政策的内容，独立于作为犯罪成立条件的构成要件符合

---

①［日］香川达夫：《结果加重犯之本质》，庆应通信1978年版，第63页。转引自龚癸艺：《结果加重犯的立法限制》，载《军法专刊》1996年第12期，第13页。

性、违法性和有责性，不是故意、过失的认识对象。[1] 因此，行为人对此重结果的发生不必有意思的要件，如德国学者瑞特勒（Rittler）就曾指出此种条件："系存在于行为外侧之犯罪要素，而不以行为者责任所及为必要。"[2]

除此之外，在因果关系的判断上，该理论也只重视基本犯罪与基本结果之间是否存在因果关系，而无须考证基本犯罪与加重结果之间有无刑法意义上的因果关系。关于结果加重犯的未遂，单一形态论认为，既然结果加重犯的成立仅需符合基本犯罪的构成要件，那么判断结果加重犯的既遂、未遂就应当以基本犯罪为准，即基本犯罪既遂，结果加重犯既遂；基本犯罪未遂，结果加重犯未遂。而在此观念下，有关结果加重犯的共犯问题也很容易被理解，只要数人基于共同的犯罪故意实施了基本的犯罪行为，且作为加重处罚条件的加重结果也已经出现，则所有的基本犯罪共犯人均应对该加重结果负责，所有的基本犯罪共犯人同时也是结果加重犯的共犯人。

单一形态论是对结果加重犯本质所做的最初思考。该理论将结果加重犯之重结果的发生解释为客观的处罚条件，基本上即是以结果加重犯是单纯的一罪作为探讨的出发点，且其将思考的重心放置在基本犯罪上，可以说是把握住了结果加重犯的实质所在。但是，单一形态论却存在一些重大问题。首先，其最大的弊病就是无法与"责任主义"相协调。责任主义，即"无责任即无刑罚"（Keine Strafe ohne Schuld），要求只有在确认行为人具有刑法上的可责难性而具有罪责（辨认控制能力以及故意、过失与期待可能性等）时，才能够引起国家刑罚权的行使，进而追究行为人的责任。责任主义旨在排除仅以客观法益侵害结果作为科刑基础的结果责任，现在不

---

① ［日］大谷实：《刑法讲义总论》（新版第2版），黎宏译，中国人民大学出版社2008年版，第458页。

② 参见陈朴生、洪福增：《刑法总则》，五南图书出版公司1982年版，第114~115页。

仅仅是刑法中的原则，也已经上升到依法治国的高度。而单一形态论所理解的结果加重犯，只要行为人实施基本犯罪发生了重大结果，即便行为人对此重结果无预见及预见的可能，也可以构成，适用加重的刑罚，这当然就违反了责任主义。其次，按照单一形态论对没有故意、过失只是意外地造成重结果的行为人追究加重责任，也无法达到刑法预防犯罪的目的。这是因为实现预防功能的前提必须是行为人在行为时已经预见到结果即将发生或者有这种预见的可能性，为了避免承受刑罚（包括更重的刑罚）而作出不实施犯罪的意思决定即“反对动机”来规制行为。所以当行为人缺乏对结果的预见（故意）与预见可能（过失）时，预防的功能根本无从开启。最后，由于单一形态论将结果加重犯的加重结果理解为客观的加重处罚条件，只要重结果发生，结果加重犯即可成立，这无疑会导致结果加重犯的处罚范围无限制地扩大，将与行为人无关的事由引起的重结果也归责于行为人。总之，单一形态论没有找到结果加重犯的存在理由，当然也就不能回答结果加重犯的本质，因此必然会被新的理论所取代。

二、复合形态论

继单一形态论之后出现的主张就是复合形态论，复合形态论是从调和责任主义的角度来看待结果加重犯的刑法意义，它认为结果加重犯的本质是两个犯罪行为的复合，即综合基本犯罪之故意犯与加重结果之过失犯的犯罪。与单一形态论不同，复合形态论并不将结果加重犯的加重结果理解为加重处罚的条件，而是将之视为一种“加重犯罪之构成要件” （ein qualifzierendes Tatbest and smarkmale），要求行为人对重结果的发生必须具有预见或预见的可能才可构成结果加重犯。因此，尽管行为人实施了基本犯罪行为，也引起了重的结果，但只要行为人对此重的结果没有过失（当然也包括故意），就不能成立结果加重犯并对行为人追究更重的刑责。复合形态论由于配合了责任主义的潮流，因而赢得了一批刑法学者的支持，如德国的威尔兹尔、日本的团藤重光、福田平等均予以认同。

复合形态论根据组合的方式，又可进一步区分为结合犯论与复合犯论。前者认为，结果加重犯是以故意犯与过失犯两个犯罪形态的存在为前提，结果加重犯的本质就是基本罪的故意犯与重结果的过失犯结合而成，是结合犯的一种。例如，国外就有学者认为："结果加重犯是指只有具备对基本犯罪的故意与对重大结果的过失才能成立的故意与过失的结合形式（Vorsatz－Fahrlässigkeitskombination）。"① 在我国也有学者主张："结果加重犯属于结合犯的一种型态，因为结果加重犯也是结合两个或数个单一犯罪而构成的犯罪类型。"② 后者则认为，结果加重犯的基本犯罪与加重结果之间并非是一种简单的结合关系，而是一种特殊的复合，是涉及组合体内部结构和各个犯罪之间关系的复合形式。例如，有学者认为："结果加重犯的基本犯与重结果之间具有内在的、合乎规律的、不可分割的因果关系，亦即没有基本的犯罪行为就不会产生重的结果，不产生重的结果就不存在结果加重犯，只有在这种意义上的复合，才是结果加重犯所特有的复合。"③

既然复合形态论将结果加重犯看做是两个犯罪的组合，那么除了需要肯定基本犯罪行为与基本结果之间的因果关系之外，当然还需要判断基本犯与重结果之间是否具备刑法上的因果关系。同时，这种观点理解的结果加重犯必须要有加重结果的发生方可成立，因此倘若重结果未发生，结果加重犯便不成立，也就无所谓结果加重

---

① 参见［韩］李在祥：《韩国刑法总论》，［韩］韩相敦译，中国人民大学出版社2005年版，第176～177页。

② 黄荣坚：《刑法问题与利益思考》，中国人民大学出版社2009年版，第241页。

③ 霍庭：《论结果加重犯》，武汉大学1989年硕士学位论文，第24页。

犯的未遂，此时仅构成基本罪的故意犯。不过上述问题在承认过失犯未遂的场合，[①] 可以获得肯定的答案，由于重结果未发生仍有成立未遂的余地，因此结果加重犯的未遂就是加重结果未发生。至于结果加重犯的共犯，主张此理论的学者则有不同的意见。例如，有的学者从否定过失共犯的立场出发，认为结果加重犯不可能成立共犯。也有的学者认为应当肯定结果加重犯的共同正犯，而否定结果加重犯的狭义共犯（教唆犯与帮助犯）。还有主张无论是共同正犯还是狭义共犯均应承认的见解。[②]

从方法上看，复合形态论是想要通过分析结果加重犯的形式结构以解答结果加重犯的本质问题，复合形态论将加重结果理解为结果加重犯的构成要件要素，并且认为因为加重结果的发生，产生新的构成要素，从而结果加重犯在罪质上迥异于基本犯。更何况，复合形态论还满足了责任主义的需要，在行为人对重结果无预见及预见的可能时，即不负加重之责任。这些认识无疑都比单一形态论更进一步。不过，复合形态论虽然贯彻了责任主义，但这种贯彻却并不彻底。所谓责任主义，如前所述，是指刑罚的适用应当以罪责的存在为依据。责任主义有两点含义：第一，罪责是刑罚的前提，即刑罚是以罪责为前提，具有罪责的行为才得科处刑罚，行为人若不具有罪责，则不受刑罚的制裁。第二，刑罚必须与罪责相当，即刑法科处行为人的刑罚种类或刑罚幅度必须与行为人的罪责程度相当。[③] 根据复合形态论，结果加重犯的刑罚应当相当于故意犯与过

---

① 尽管大陆法系及我国刑法理论通说均认为过失犯无成立未遂犯的必要与可能，但学界仍有过失犯未遂的主张，如日本学者团藤重光、平野龙一、宫本英修等，我国台湾学者许玉秀也明确提出过失有未遂形态。具体讨论可见廖正豪：《过失犯论》，三民书局 1993 年版，第 139 页；许玉秀：《当代刑法思潮》，中国民主法制出版社 2005 年版，第 356 ~ 358 页。

② 详细讨论参见李邦友：《结果加重犯理论研究综述》，载《法学评论》1999 年第 2 期，第 62 ~ 64 页。

③ 林山田：《刑法通论》（上册），自版 2006 年，第 89 页。

失犯的法定刑之和，而事实上结果加重犯的刑罚却比故意与过失的结合形式还要重大，因此已经无法满足责任主义的第二个要求。另外，由于复合形态论认为结果加重犯的本质是基本犯罪的故意犯与加重结果的过失犯的综合，因此如果按照该理论来理解结果加重犯，就必然得出结果加重犯具有两个实行行为的结论。而结果加重犯只有一个构成行为却是刑法学界的共识。① 复合形态论对基本犯并无限制，即不管基本犯罪程度的轻重，只要重结果发生，行为人有罪责便肯定结果加重犯的成立，在一定程度上也有扩大其适用范围的倾向。

三、危险性理论

危险性理论是19世纪末期发展起来的关于结果加重犯本质的学说，最初由德国学者厄勒（Oehler）、W. 哈德威格（W. Hardwig）等提出，后经克里斯（Krise）和恩吉施（Engisch）等人的发展，目前已经成为德、日刑法学界的通说，在我国也占据主流地位。② 危险性理论认为，客观的加重处罚条件说没有在加重结果与基本犯罪之间建立关联，有不当扩大结果加重犯成立范围之虞。而复合形态论将结果加重犯视为两种犯罪形态的复合，导致与结果加重犯的一罪本质发生冲突。鉴于此，危险性理论主张应当从基本犯罪的视角发掘结果加重犯的面貌，并且提出结果加重犯的本质就在于基本犯罪本

---

① 也因此，结果加重犯才与想象竞合犯纠缠不清。米特迈尔（Mittermaier）甚至指出，结果加重犯所要解决的问题其实都可以用想象竞合的法例解决。参见许玉秀：《当代刑法思潮》，中国民主法制出版社2005年版，第697页。

② 持该理论的著作，如高铭暄、赵秉志主编：《犯罪总论比较研究》，北京大学出版社2008年版，第290页；张明楷：《刑法学》（第3版），法律出版社2007年版，第156页；卢宇蓉：《加重构成犯罪研究》，中国人民公安大学出版社2004年版，第155页，等等。赞同该说的论文更多，尤其是最近几年几乎呈现出一边倒的趋势。

身蕴含的发生重结果的固有、类型性危险，即在刑法所规定的犯罪中，总有一些犯罪由于其特定的行为方式或者手段产生加重结果的概率比较大，立法者将这些发生重结果盖然性较大的犯罪规定为结果加重犯，设置重刑以处罚犯罪人。因此，结果加重犯就是立法者就类型性地发生加重结果频率极高的故意犯，事先挑选出来作为特别形态而加以规定的犯罪类型。

危险性理论将结果加重犯的考察重点放置在基本犯罪上，认为具有高度盖然性地引起加重结果的犯罪，才可能被立法者预设为结果加重犯。因此，像伤害罪、放火罪、抢劫罪、强奸罪这一类的犯罪就会被赋予加重的刑罚，而盗窃罪、侵占罪、诈骗罪等就没有额外的加重处罚规定，但这并不是说盗窃罪等以和平手段实施的犯罪就不会产生重结果。譬如，盗窃犯将他人用于急救的钱款偷走，导致受害人因无钱医治而死亡。然而此种情形，刑法仅令被告承担盗窃罪的责任，并没有设置结果加重犯的规定，理由就在于这种危险性并非是盗窃犯罪所固有的。可见，基本犯罪发生重结果的固有危险性才是结果加重犯的立法根据。至于此固有危险的判断，则有不同的观点，如日本学者藤木英雄认为："结果加重犯的基本犯罪具有故意，而且该重结果须在基本行为所具有的'危险性射程'范围内和相当因果关系范围内所生者，才对行为人进行归责。"[①] 植松正教授则认为："与基础行为'无关之事实'并不对行为人进行归责。"[②] 我国也有学者尝试对固有危险性进行解释，如陈朴生教授认为："加重结果犯的本质，在于基本犯罪之内在危险，且此等

① ［日］藤木英雄：《刑法讲义》（总论），昭和五十年（公元 1975 年），第 93 页。转引自龚癸艺：《结果加重犯的立法限制》，载《军法专刊》1996 年第 12 期，第 13 页。

② ［日］植松正：《刑法概论》，昭和三十一年（公元 1956 年），第 152 页。转引自龚癸艺：《结果加重犯的立法限制》，载《军法专刊》1996 年第 12 期，第 13 页。

危险之范围，系与其本来侵害之客体与对象具有同一性及相当性，亦即以此为其界限。”①

与单一形态论与复合形态论相比，危险性理论注重从基本行为本身来认识结果加重犯，它认为结果加重犯的基本行为是一种内含发生加重结果类型化危险的行为，即实施了这种行为，就存在加重结果发生的内在危险性，刑法出于预防效果的考虑，将这类犯罪特别规定为结果加重犯。显然，危险性理论可以对结果加重犯的立法依据作出较好的回答。同时，采用危险性理论还便于划分结果加重犯与想象竞合犯的界限。虽然两者均为一行为数结果的犯罪，但结果加重犯的基本行为蕴含着发生加重结果的固有危险，而想象竞合犯却无此要求。尽管如此，危险性理论却在以下几个方面面临困难。首先，危险性理论只是强调基本犯罪的典型危险性，而对加重结果的主观要件并无要求，也即危险性理论并不排斥对加重结果既无故意又无过失的偶然的结果加重犯，如危险性理论的提出者哈德威格就不要求行为人对加重结果具有过失。② 从这点来看，此说恐难与责任主义相协调。对此，日本学者川畸一夫也指出：“这样危险性说的思想，乍一见，就是从结果责任主义的运用来理解结果加重犯本质的。实际上，它具有隐藏结果加重犯结果责任性格之虞。根本就没有尊重责任主义原则。”③ 其次，由于危险性理论认为结果加重犯的本质在于基本犯罪内含的产生重结果的固有危险，而既然基本行为对于重结果有着特别高的风险，那么在一般情况下，行

---

① 陈朴生：《加重结果犯之责任要素》，载《法令月刊》1977 年第 3 期，第 4 页。

② 参见张明楷：《严格限制结果加重犯的范围与刑罚》，载《法学研究》2005 年第 1 期，第 86 页。

③ ［日］川畸一夫：《结果加重犯》，载《现代刑法讲座》，东京成文堂 1979 年版，第 97 页。转引自于同志：《结果加重犯基本问题研究——王某某强奸案法律适用问题探讨》，载谢望原、赫兴旺主编：《中国刑法案例评论》（第 1 辑），中国法制出版社 2007 年版，第 45 页。

为人都可以预见到该重结果的发生，也即危险性理论比较容易解释对加重结果为故意的结果加重犯，相反却不易解释对加重结果为过失的结果加重犯，而后者却是结果加重犯的典型。譬如，日本的西原春夫教授认为，不一定非要强调行为者对重大结果必须有过失，因为原来的犯罪中已包含了足以产生重大结果的危险性，这对一般人来说，都是可以预见的，因此如对原来的犯罪行为人是故意的，那么可以仅就故意这一点追究行为人的加重责任。①

四、本书见解

从结果加重犯原初的定义来看，结果加重犯是指行为人实施基本犯罪，却发生超出基本犯罪范围的较重结果（加重结果），刑法对较重结果规定了加重处罚的犯罪形态。然而此重结果怎样产生，与基本犯罪关系如何，前述的单一形态论与复合形态论都未能作出有说服力的回答。相反，危险性理论认识到结果加重犯基本犯罪自身的危险性，并指出正是基于基本犯发生重结果的一定倾向，立法者才规定加重处罚。亦即，结果加重犯的构成要件除了基本犯罪与加重结果之外，基本犯罪与加重结果间还必须具备危险关系，基本犯罪行为本身内在包含产生加重结果的危险，且加重结果正是来自此危险的实现。按照危险性理论，基本犯罪与加重结果是不可分割的整体，加重结果依附在基本犯罪上，两者结合在一个构成要件内，属于不可分的一罪关系，因此不可以被拆分为两个部分。

应当说危险性理论一定意义上把握住了结果加重犯的要旨所在。在刑法所规定的各种犯罪类型中，的确有一些犯罪一旦实施就更容易产生重的结果，譬如，采用暴力手段实施的犯罪。结果加重犯的基本实行行为正是一种对加重结果的发生具有类型化危险的行为，且结果加重犯的重点系于基本犯罪之上，加重结果只是附加于基本犯罪而组成构成要件意义上的整体，这一点在德国现行刑法第

① 何勤华：《20世纪日本法学》，商务印书馆2003年版，第332页。

11 条中也有体现。《德国刑法典》第 11 条第 2 项规定：“本法所称之故意也包括，故意实施行为，但过失地引起了特别的结果的情况。”① 可见，德国刑法典也将结果加重犯的重心落在基本犯罪上，注重基本犯罪的性质，进而把结果加重犯视为故意犯罪。由于基本犯罪蕴含发生加重结果的类型性危险，使得立法者可以事先选择这些犯罪作为结果加重犯，提高法定刑以预防基本犯罪的实施，因此危险性理论可以为结果加重犯的立法机理提供恰当的说明。此外，采用危险性说也的确能够将结果加重犯与想象竞合犯区分开来，两者的区别点就在于基本犯罪行为是否在经验上蕴含着发生特定重结果的高度危险性。

虽然危险性理论对结果加重犯的本质有一个正确的切入，不过，它所做的说明却还不够彻底。因为即使是实施一个内含发生加重结果的高度、本然危险性的行为也并不意味着该加重结果就必然发生，即有发生重结果的可能性并非确定性。例如，故意伤害罪是结果加重犯，但并不是所有的故意伤害行为都会发生死亡的结果。事实上，在基本犯罪实施过程中产生加重结果的比率甚至非常低。例如，据美国一项统计资料显示，在美国每千件抢劫案中只有 3 ~ 4 起最终会发生死亡结果。不过，这是以有报案者来做的统计，如果再加上没有报案的犯罪黑数部分，抢劫罪与死亡之间的关系系数还不到 0.2% 。② 与此同时，结果加重犯所要规范的已不仅仅是实施基本犯罪时所显示出来的风险性，而是比此风险更进一步的危

① 《德国刑法典》，徐久生、庄敬华译，中国方正出版社 2004 年版，第 8 页。

② Jay Livingston, Crime and Criminology158(2th ed. 1996).

险。[1] 具体来说，大多数被立法者选择采取结果加重犯模式的犯罪，如故意伤害罪、抢劫罪、强奸罪等，共同具有的特征是行为人在实施基本犯罪时必须使用暴力或以暴力相威胁，也即必须呈现出使受害人人身、财产受损的本质危险。因此，倘若行为人所制造的只是基本犯罪固有的危险，那么有关这部分的危险其实已经被基本犯罪的法定刑评价过。一般而言，立法者在决定各种犯罪的法定刑时已经考虑过该种犯罪的罪质与罪责，从而在经验上对生命与身体具有风险性的犯罪，如抢劫罪的法定刑已经比采用和平手段实施的盗窃罪的法定刑为重。因此，仅仅是实施一个有发生重结果潜在危险性的行为还不足以成立结果加重犯，适用刑法所特别规定的加重法定刑。

据以上所述可知，对结果加重犯而言，首先，仅有基本犯罪产生重结果的固有风险还不够，还必须是行为人已经制造出了进一步的具体、现实的危险。换言之，任何一种犯罪，即使是内含有发生死亡、重伤等严重结果的犯罪也可以以“安全的”方式实施，即以不危及他人生命、身体的方式实施，譬如，抢劫犯可以不携带致命性的武器抢劫，或者纵火犯在点火之前可以留神一下周边的情况（是否有人等）。而如果实施基本犯罪的行为人没有这样做，相反却是采用了一种危险的方式实施基本行为，便有可能进入结果加重犯的规范范围。可见，从根本上讲结果加重犯是以危险的方式实施风险性的犯罪。其次，这种危险的产生是来自义务的违反。由于基本犯罪包含有发生加重结果的内在、类型性危险，因此对实施基本

① 关于“风险”与“危险”这两个概念，尽管理论上经常互通使用，但细究起来含义并不相同。“风险”（risk）一词比起“危险”（danger）而言，更加强调“不确定性”（uncertainty）。因此，以“风险”一词来表述结果加重犯基本犯罪内含的发生加重结果的倾向性更为准确。相关讨论见蔡慧芳：《从危险理论论不能安全驾驶罪》，“国立”台湾大学法律研究所2000年博士学位论文，第82~84页。

犯罪的行为人来说，就有可能意识到重结果的发生，当然也就有义务去避免重结果实际发生。以故意伤害罪为例，如果行为人只是想要使被害人受伤，而不是杀害被害人，那么他就应该在实施伤害行为的当时充分注意如何才能避免死亡结果现实化，如果他没有履行这一注意义务导致被害人死亡的，就应该负更重的责任。对此，大塚仁教授也认为，虽说是犯罪人，但在论及犯罪的成否时，仍然可以向他提出这种注意义务的要求。① 最后，行为人对重结果的发生主观上存在罪责，即以危险的方式实施基本犯罪时，行为人对于重结果有实际上的认识（故意）或有认识的可能性（过失）。一般情况下，以危险的方式实施内含重结果本质风险的基本犯罪，对于一个具有通常智识的人来说都会认识到自己创造出的危险，以及预见到自然发展下的结果。若行为人没有意识到其是以危险的方式实施基本犯罪，且此种无认识已经偏离一般人的注意义务，则有可能构成过失。但如果行为人已经做过适当的努力来避免制造危险，出乎意料的是危险仍然发生，此时就不应当再令行为人负结果加重犯的责任。举例而言，行为人意图伤害而非杀死他人，在伤害过程中也特别注意了用力的部位与力度，一般情形下均不会致人死亡，但由于对方恰巧是一个罹患严重冠心病者，轻微的碰撞、刺激都有可能导致急性心力衰竭而死亡，在行为人的不知情真的导致对方死亡的场合，因行为人已经尽到适当的照顾义务来避免危险发生，因此不可以认为行为人是采用危险的方式实施故意伤害犯罪，从而也就没有理由对行为人论以故意伤害致死罪。

综上，结果加重犯的本质，一言以蔽之，就是以危险的方式实施风险性的犯罪。其中，“风险性”指的是基本犯罪本身蕴含的发生加重结果的固有、类型化风险，譬如，故意伤害、抢劫等犯罪在经验上存在的发生重伤、死亡的可能。值得一提的是，此风险性的

---

① ［日］大塚仁：《犯罪论的基本问题》，冯军译，中国政法大学出版社1993年版，第254页。

确认，是采用抽象的判断方法，即在刑法规定的所有犯罪中那些根据犯罪性质有产生重结果倾向的犯罪就是有风险性的犯罪，只有具有风险性的犯罪才可能被立法者规定为结果加重犯，这也正是结果加重犯的立法依据。除此之外，该风险性的犯罪还必须是以危险的方式实施，因为只有以危险的方式实施，风险才有可能会被实现，行为人的主观心态才能得到比较合理的说明，同时也能符合责任主义的要求。至于行为人是否以危险的方式实施，则必须经过个案的具体判断，包括行为人使用的工具、方法、作用的对象等，在当时的具体环境下是不是有危险的存在并据此划出行为人所制造的危险范围，唯有在此危险范围内发生的实害结果，才能让行为人负责，这与责任主义是相协调的。

第二节　结果加重犯刑罚加重缘由考察

结果加重犯的构成，从形式上分析，可以简单地概括为三个方面：基本犯罪、加重结果与加重法定刑。因此，行为人虽然实施了基本犯罪，在此过程中也出现了额外的重结果，但如果没有对该重结果规定加重的刑罚，也就无所谓结果加重犯。在刑罚体系中，刑法对个别犯罪的法定刑设置，一般是采用“单型”的方式规范，①倘若一行为导致更重结果的发生，在人们的法律情感上，似乎当然要比只产生原行为结果的情形处以更重的刑罚。然而，刑法上的处罚，却不能为处罚而处罚，行为可罚性的确定，必须遵循一定的法理，否则便会造成规范内部的矛盾及适用上的恣意，结果加重犯的场合同样如此，如刑法欲对实施基本犯罪过程中的重结果加重处罚，就必须能够在法理上作出缘何加重的清晰说明，而这种说明也关乎结果加重犯的存废争议，从目前看，理论上就同时存在着结果

① 所谓“单型”的方式，简单地讲就是刑法专门针对某一行为产生的某一后果，单独配备法定刑。

加重犯的肯定论和否定论两种观点。

一、肯定论

（一）早期见解

早期的结果加重犯，是站在结果责任的立场被加以理解的，而有关其刑罚加重的理由，在理论上主要有污点理论、邪恶的心理论以及自陷禁区理论三种：第一，污点理论（Theory of tainting）。结果加重犯概念的产生及加重刑罚理由有学者认为可能是与中世纪的污点理论有关。所谓污点理论指的是先前行为的错误一旦污染（taint）了行为人，后续相关犯罪行为就均具有可责性。[①] 在结果加重犯的情形中，行为人因为实施了基本犯罪而有了污点，由于污点必须被清除，因此不论行为人主观心理状态如何，都要为随后发生的重结果负责。譬如，在中世纪人们普遍认为，如果某个人造成了他人的死亡，该杀人行为事实上就搅乱了道德秩序，侵犯了人类普遍的道德感。因此，法律必须作出一些回应，以便使行为人为他所做的杀人行为赎罪，并借此将污点洗去。可以看出，污点理论的提出绕过了罪责应与结果相联系的刑法基本原则，使得刑法可以处罚那些没有罪责地造成死亡结果的行为，因为不论杀人行为是否有过错，应否归责，污点本身是实际存在的事实。[②]

第二，邪恶的心理论（Theory of evil mind）。邪恶的心理论最早源于17世纪或18世纪的欧陆犯罪学。当时，责任主义的观念尚未完全建立，司法实际中法官所重视的只是不法行为所造成的伤害，而不在意行为人主观上是否具有犯意。邪恶的心理论认为，行为人一旦做了坏的事情，即使其后发生的结果其并未预见到，也不能抱怨要为此结果负责，因为行为人在选择做坏的事情时就已经表

---

① ［美］道格拉斯·N. 胡萨克：《刑法哲学》，谢望原等译，中国人民公安大学出版社2004年版，第70页。

② George P. Fletcher, Rethinking Criminal Law343(2000).

明行为人有邪恶的心。该理论与当时盛行的报应主义刑罚观也有关系。当时的报应主义主张对行为人判处的刑罚应当与行为所造成的结果相适应，而无须考虑行为人的主观面。结果加重犯的部分基础便是建立在此理论之上。照此观点，结果加重犯的行为人由于已经实施了基本犯罪，已经显露出了邪恶的心，因此，要对随后发生的所有结果负责。①

第三，自陷禁区理论。中世纪教会法中的自陷禁区理论是学者们较多主张的结果加重犯的渊源与根据之一。根据该理论，实施合法行为的人即使造成违法的结果，也不必为该违法结果负责；反之，如果行为人的行为不被允许，则必须对一切结果负责。行为人如果实施了不被允许的行为，便犹如踏入禁区一般，必须对禁区范围内发生的所有后果负责。② 换言之，一旦被告跨过责任的最低门槛，就不需要再区分他责任的高低，在结果加重犯的场合，一旦行为人越过了实施基本犯罪这个门槛，他就必须为此基本犯罪行为产生的加重结果负责。而本原则也正是大陆法系国家在判断因果关系时所主张的条件理论的根源所在。

通过以上介绍可知，前述三种理论均是从结果责任的角度来诠释结果加重犯的刑罚加重理由，而结果责任也的确能够对该问题作出符合其自身法理的说明。对结果责任来讲，只要出现犯罪性的结果，不管行为人对该结果有无故意、过失，均可被刑事处罚。在结果加重犯的情形，行为产生了重结果，且行为与重结果之间具备条件关系，责任即已成立，可以对行为人加重处罚。不过，由于结果责任根本不考虑行为人的主观意思仅凭结果就追究被告人的刑事责

---

① 参见蔡慧芳：《英美法上重罪谋杀罪原则的介绍与评析》，载《刑事法学之理想与探索——甘添贵教授六秩祝寿论文集》（第二卷　刑法各论），元照出版有限公司2002年版，第62页。

② 许玉秀：《主观与客观之间——主观理论与客观归责》，法律出版社2008年版，第321页。

任，这种观点被认为是没有尊重人的尊严，而将人物化的体现，因此，集中遭到了后世学者的批评，此后伴随责任主义的兴起，结果责任被彻底放弃，其对结果加重犯加重事由所做的说明也就失去了立论的根基。

（二）近期见解

随着责任主义在刑法领域占据支配地位，结果加重犯的定义已不像从前，现代意义上的结果加重犯除了要求行为与结果之间具备因果关系以外，还必须是行为人对加重结果存在故意或者过失的主观心态，并且目前已有不少立法例对此加以特别规定，如《德国刑法典》第 18 条明文规定："本法对行为的特别后果较重处罚，只有当正犯或共犯对特别后果的产生至少具有过失时，始可适用。"[①] 我国台湾地区"刑法"第 17 条也规定，对于结果加重犯，如果行为人不能预见加重结果的发生，不适用之。

与此相应，有关结果加重犯的刑罚加重理由也围绕着这一原则展开，而尽可能地取得与其一致的说明。譬如，近期就有不少学者在讨论结果加重犯时常常以"避免罪刑失衡"作为正当化其加重处罚的理由。此一论点以我国《刑法》第 234 条第 2 款的故意伤害致死来说，假设实证法上没有结果加重犯的规定（《刑法》第 234 条第 2 款对故意伤害他人身体致人死亡的，规定处 10 年以上有期徒刑、无期徒刑或者死刑），那么刑法上对于故意伤害过程中过失致使被害人死亡的，其处理的方式应当是以一个故意伤害罪和一个过失致人死亡罪依照想象竞合的原则从一重处断。而《刑法》第 234 条第 1 款对故意伤害罪规定的法定刑是 3 年以下有期徒刑、拘役或者管制，《刑法》第 233 条过失致人死亡罪的法定刑为 3 年以上 7 年以下有期徒刑，情节较轻的，处 3 年以下有期徒刑，两者按想象竞合从一重处罚，应当在过失致人死亡的刑罚幅度内裁量，

---

① 《德国刑法典》，徐久生、庄敬华译，中国方正出版社 2004 年版，第 10 页。

即最高判处7年有期徒刑，最低可判处6个月的有期徒刑。如果是在故意重伤致人死亡的情况下（《刑法》第234条第2款对故意伤害罪规定的法定刑为3年以上10年以下有期徒刑），与过失致人死亡罪按想象竞合处理，所判处的最高刑期是10年有期徒刑，最低刑是3年有期徒刑。对于这样的结果，有学者认为仍有评价不足之嫌，因为过失致人死亡罪的刑度显然只限于过失致死行为与结果，而无法涵盖故意伤害的部分；同样的，故意伤害罪的刑度也只包括伤害行为与伤害结果，而不及于过失致死的部分，反之，透过《刑法》第234条第2款结果加重犯的规定，便可囊括故意伤害他人以及过失致人于死这两个部分的刑责。因此，“加重结果犯之规范目的，实可谓系维持刑罚与责任之平衡关系”[①]。

除此之外，理论上为结果加重犯寻找到的理由还有预防的功效。预防理论如今被认为是制定刑罚的基本依据之一，即刑罚的制定应当考虑是否能够达成预防犯罪的效果。具体到结果加重犯的情形，该理论认为正是由于犯罪预防的考量促使结果加重犯采用加重的法定刑。[②] 而此种解释也的确与责任主义相连贯，众所周知，刑罚的预防功能要想发挥效用，前提必须是行为人在行为之时就已经认识到犯罪结果即将发生或者有这种认识的可能，为了害怕适用刑罚，而决定不去实施犯罪。刑法规定结果加重犯的类型即是如此，假如罪犯在事前被告知如果其实施基本犯罪时，由于故意或过失导致加重结果产生且符合相关限制条件，就要负加重的责任，那么他就会更加小心谨慎，以避免重结果的发生。因此，此项措施有利于促使罪犯在实施犯罪时尽可能地履行其注意义务，或者干脆不去实施基本犯罪。而这正是预防功能的体现。

---

① 黄常仁：《刑法总论》，汉兴出版公司2001年版，第121～122页。

② 王佳：《结果加重犯基本问题探析》，中国政法大学2005年硕士学位论文，第23页。

二、废除论

尽管结果加重犯已经在积极地向责任主义靠拢，但其过重的法定刑仍然引起学者们的非议，认为结果加重犯的法律效果难以与责任主义相符，且违反宪法层次的“逾越禁止原则”及“平等原则”，特别是德国学者C. 洛伦岑（C. Lorenzen）在1981年专门著述《关于结果加重犯的法律性质及合宪性问题》一文，以德国宪法上人类尊严的不可侵犯性、公平原理及由法治主义所推导出来的比例原则等宪法上的原则为基准，对结果加重犯的法定刑进行考察，最终得出结论认为在很多情况下结果加重犯的法定刑都具有违宪性，因此应当悉数废除。[①] 此外，德国学者米特迈尔（Mittermaier）、亚瑟·考夫曼（Arthur Kaufmann）、拉德布鲁赫（Radbruch）、A. 米里克（A. Miricke）等也都有过类似的主张。在我国，也有学者提出应当全面废除结果加重犯，如台湾的黄荣坚教授即认为：“结果加重犯原本就是一个违宪的概念，结果加重犯的立法是恣意的立法并与平等原则有违。”[②] 张明楷教授虽然没有明确提出废除结果加重犯，但也指出，结果加重犯的加重法定刑，是结果责任在各国刑法中的残余，并主张应严格限制结果加重犯的成立范围及其处罚。[③]

废除论的理由，总体来看主要包括以下方面：第一，违背罪责原则。与肯定论相反，废除论认为结果加重犯违背了罪责原则，尤其是罪责原则中的“罪刑均衡”原则。根据洛伦岑对德国刑法结

---

① 李立众、吴学斌主编：《刑法新思潮》，北京大学出版社2008年版，第154～155页。

② 黄荣坚：《刑法问题与利益思考》，中国人民大学出版社2009年版，第304页。

③ 张明楷：《严格限制结果加重犯的范围与刑罚》，载《法学研究》2005年第1期，第87页。

果加重犯法定刑的比较可知，在加重结果为过失的情况下，德国刑法中相关结果加重犯的法定刑上限已经与故意实现重结果的犯罪的法定刑相近，甚至超过该重结果的故意犯；而在加重结果为故意的情形下，部分结果加重犯的法定刑却与过失实现加重结果的法定刑相同。[①] 此种情况在其他规定结果加重犯的国家刑法中也有反映，譬如，我国《刑法》第 263 条对抢劫（过失）致人重伤的，适用 10 年以上有期徒刑、无期徒刑或者死刑的量刑幅度，而同法第 234 条故意重伤罪的法定刑却是 3 年以上 10 年以下有期徒刑；再者，依照我国刑法学界通说，行为人在抢劫过程中不管是故意还是过失造成重伤或者死亡的，均适用 10 年以上有期徒刑、无期徒刑或者死刑的量刑档，这无疑与“刑法以处罚故意为原则，以处罚过失为例外”以及“故意犯的刑事责任大于过失犯的刑事责任”等机理相违背。

第二，违背比例原则。比例原则原本是公法上的概念，刑法中尽管没有明文规定，但符合比例原则作为法治国的当然之意，已经得到了实务和理论界的一致认可。根据比例原则，只有在民、行手段不能充分保证效果的情况下，才允许适用刑罚，同样，如果刑罚的效果通过比较轻缓的措施能够获得时，就不允许适用严厉的措施，否则，这种做法就超过了必要限度，不符合比例原则。[②] 结果加重犯的立法正是如此，本来刑法对此种情形已有相应的解决办法，即通过竞合规则处理，而立法者却偏偏将竞合规则弃置不用，另外规定结果加重犯赋予严苛刑罚，从而导致刑罚的过剩。仍以上述我国《刑法》中的第 234 条第 2 款的故意伤害致死罪为例来说明，如前分析，如果刑法没有规定结果加重犯，故意伤害致人死亡

---

① 参见李邦友：《结果加重犯基本理论研究》，武汉大学出版社 2001 年版，第 104～106 页。

② 王世洲：《刑法的辅助原则与谦抑原则的概念》，载《河北法学》2008 年第 10 期，第 8 页。

的，依想象竞合处理最高可判处的刑罚为10年有期徒刑，即使是作为实质竞合的数罪并罚，最高也止于15年的有期徒刑。而结果加重犯对故意伤害致人死亡规定的刑罚是10年以上有期徒刑、无期徒刑或者死刑，不但增加了新的刑种，甚至新的刑种还包括死刑，这就已经与可以适用较低刑罚就不能适用较高刑罚的比例原则相抵触。

至于肯定论提出的以想象竞合论处会有遗漏的理由，废除论认为这是没有厘清想象竞合的法律效果所致。在处理想象竞合问题时，由于重罪的法定刑本来就是立法者在只考虑该罪不法内涵的情形下作出的，并没有涵盖其他犯罪的不法要素，因此，法律适用者在从一重处断时仍然必须斟酌轻罪的不法事实。基于此，在前述伤害致死的例子中，如果要论以想象竞合的话，正确的做法应当是法官在过失致人死亡罪（重罪）的法定刑幅度内，考虑所有的不法事实（包括故意伤害他人）来裁量刑罚，并没有遗漏。而之所以以故意伤害罪及过失致人死亡罪的想象竞合论处后仍有刑罚太轻的感觉，则是因为想象竞合从一重处断的规则，亦即想象竞合犯从一重处断规则本身就有评价不足之虞，只要我们检讨并提出适当的想象竞合量刑规则，[①] 应该就可以从根本上解决前述评价不足的问题，而不需要分则中的结果加重犯。[②]

第三，违背公平原则。按废除论，结果加重犯是违背了责任主

---

① 事实上，学界已有不少针对想象竞合从一重处断规则的质疑，而认为该规则没有体现想象竞合的罪质，进而提出的改善建议主要有：数罪并罚（如庄劲：《想象的数罪还是实质的数罪——论想象竞合应当数罪并罚》，载《现代法学》2006年第2期，第107~115页）；从一重重处（如何荣功、黄丽：《论想象竞合犯的处罚原则及其适用》，载《武汉大学学报》2005年第3期，第403~406页）；个别化处断（如蒋兰香：《想象竞合犯处罚原则的重构》，载《中南林学院学报》2003年第3期，第49~52页）等。

② 蔡圣伟：《刑法问题研究》（一），元照出版公司2008年版，第439~441页。

义的立法，因为，一个故意（或过失）的行为，仅仅由于对重结果的过失，就要承受远超过基本犯罪的处罚，此种刑罚甚至比故意基本行为加上过失加重结果的法定刑还要高，其法律效果，显然难以与罪责原则相符。然而不仅如此，结果加重犯还与法理上最基本的公平原则相抵。依前所述，对于结果加重犯处理的情形，刑法本来都可以论以想象竞合，但是立法者却特意挑选了一些犯罪将其规定为结果加重犯，施以严苛的刑罚，这种做法在理论上并不能找出足够充分的理由。即使我们将结果加重犯理解为结合犯的一种，从而套用有关结合犯刑罚加重的理由也还是行不通。因为依照理论上的通说，刑法加重处罚结合犯的依据是所谓的恶性重大，但恶性重大这个概念却只是一个纯粹学理的推测而无实证上可靠的论据证实。更何况结果加重犯的立法只是分则的个别立法，即刑法对结果加重犯的规定，并不是全面性地取代想象竞合，而是选择性地取代，如果恶性重大是形成结果加重犯的标准，那就应该说明，什么条件下的想象竞合是所谓的恶性重大而必须加重。否则，对一般想象竞合的犯罪不需要加重刑罚，独独对某一些特定犯罪的想象竞合必须大幅度地加重其刑罚，从宪法上的公平原则来看，已然违宪。①

三、本书见解

假如我们认真分析，上述肯定论与废除论争论的焦点其实可以归结为一个问题，即结果加重犯有无违背罪责原则。因为如果结果加重犯的犯罪类型没有违背罪责原则，特别是罪责原则中的实质罪责主义（刑罚与责任相当），那么有关结果加重犯的刑罚就是合理的，不会违反比例原则。同样的，如果结果加重犯之立法符合罪责原则，那么刑法的选择性取代即有正当理由，与没有适用结果加重

① 黄荣坚：《基础刑法学》（上），中国人民大学出版社 2009 年版，第 261 ~262 页。

犯而适用想象竞合的情形相比，也不存在不公平的现象。如此一来，真正需要我们回答的就是结果加重犯的立法是否已经抵触刑法的基本原则——罪责原则。

基本上，笔者赞同肯定论的主张，认为结果加重犯的立法并没有抵触刑法上的罪责原则，其中的理由就在于结果加重犯不仅有基本犯罪与加重结果犯罪的罪责，还有增加的罪责，以至于仅仅同时宣告基本犯罪与加重结果犯罪并适用竞合规则（无论是想象竞合还是实质竞合）是不够的，而必须提升到另外规定加重刑罚的高度。此一增加的罪责主要体现在两个方面：一方面是结果加重犯之基本犯罪。当我们逐一检视刑法上结果加重犯的规定，可以看出立法者规定结果加重犯类型所着重强调的是基本犯罪，同时行为人被加重谴责的重点也是在基本犯罪的实施上。以实证法的规定来说明，我国《刑法》第234条第2款对故意伤害致人死亡的判处10年以上有期徒刑、无期徒刑或者死刑；第238条第2款对非法拘禁致人死亡的判处10年以上有期徒刑；第257条第2款对暴力干涉婚姻自由罪致使被害人死亡的判处2年以上7年以下有期徒刑。同样是过失导致死亡的重结果，刑法却赋予了不同的法定刑，道理应当就在基本行为的差异上，因为基本行为的刑度不同，代表不法程度不同，即使发生同样的重结果，其加重后的不法程度仍不相同，因此法定刑也有所不同。法条上如此规定并不纯粹只是偶然，而是在强调立法规制结果加重犯的重心，在相同加重结果的情形，法律仍赋予不同的法定刑，其归责的重点及规范的保护目的，应该是基本犯罪的实施，亦即基本犯罪之生命或重大身体法益的保护。而由于结果加重犯的基本犯罪内含有产生加重结果的高度、固有危险，与一般基本犯罪相比，其所制造出的危险程度更高，因此对此种基本犯罪的处罚要比一般基本犯罪为重。譬如，在故意伤害致人死亡犯罪中，由于伤害犯罪的实施已经伴随有死亡危险，此种伤害与一般的伤害相比在犯罪图谱上更倾向于故意杀人罪，因此，此种伤害行为的罪责当然要比普通伤害行为的罪责重，对此伤害行为就应当处罚得比没有伴随有此种危险的伤害行为严厉。

增加罪责的另一方面体现于加重结果之犯罪。结果加重犯中加重结果的过失犯罪与普通过失犯罪相比，在罪责程度上也有提升，对此，可以从以下两种情况的对比中找到答案。第一种情况是护士为病人注射药剂，在本应注射 A 类药剂但却错拿 B 类药剂予以注射因而导致病人休克死亡的案例，尽管护士并没有认识到自己的行为对他人生命可能产生的危险性，但对于拿错药物一事，却违反了用药时“三读五对”的标准程序，护士如果稍微用心应该就能够预见并避免死亡结果的发生，因此，其行为构成《刑法》第 233 条的过失致人死亡罪。第二种情况是行为人在实施抢劫犯罪时，因下手过重而杀死了被害人。由于此风险并不被行为人所认识，但以当时的客观环境及行为人的主观认知能力对此应有预见的可能，所以该行为人的行为可以构成《刑法》第 263 条抢劫罪的结果加重犯。将这两种情况进行比较，不难发现第一种情况属于通常的社会活动，第二种情况却是行为人先前已经从事了某种犯罪行为，而且是暴力性犯罪的抢劫罪。由于在实施抢劫犯罪时其手段行为已经附带有致人死亡的典型、内在危险，因此第二种情况下行为人对死亡结果的预见可能性比第一种情况即从事一般日常生产、生活活动时的预见可能性更高，违反上述注意义务引起重结果发生的人的过失就可以被认为是比通常过失更重的过失，故抢劫致死罪下的过失致死应比一般过失致死获得更重的处罚。讨论至此，也就可以想通为什么立法上要对结果加重犯涉及的情形独立规定加重的法定刑，既然结果加重犯之基本犯罪与加重结果两部分的罪责均比一般情形下的基本犯罪和重结果犯罪更重，那么，如果司法实践仍旧适用从一重处断或者限制加重原则来处罚，反倒会有罪刑不相当的疑虑。

不过，以上论述均是以典型的结果加重犯类型即故意加过失型为对象展开的，那么其他类型是否同样如此。由于理论上普遍不承认过失加故意型的结果加重犯，因此，这里仅就故意加故意型及过失加过失型进行说明。首先，对故意加故意型的结果加重犯，其基本犯罪蕴含发生重结果的高度、内在危险从而罪责程度比一般的基本犯罪高，至于加重结果的部分，因是故意犯罪故处刑上可以与加重结果之犯罪相当，两者加权衡量，对此一类型结果加重犯的处罚可以超过普通的基本犯罪也可以超过加重结果之故意犯。而就目前看，我国立法上的相关规定还没有出现明显失衡，与罪责主义相违的情况。举例而言，抢劫故意杀人的依《刑法》第 263 条可以判处 10 年以上有期徒刑、无期徒刑或者死刑，而抢劫罪的法定刑是 3 年以上 10 年以下有期徒刑，故意杀人罪的法定刑是死刑、无期徒刑或者 10 年以上有期徒刑，在抢劫过程中故意杀人的，对抢劫而言多出了杀人部分，对杀人而言又多出抢劫部分，因此其处罚当然可以超过抢劫罪或故意杀人罪。其次，对过失加过失型的结果加重犯，同样由于基本犯罪特有的风险性，故其过失基本犯罪的处罚应比普通过失犯罪为重，而加重结果的部分因是重过失，处罚也应比一般过失犯罪更重，两者的不法内涵相加，便可知过失加过失型的结果加重犯在处罚上也不应当再适用想象竞合或者数罪并罚，而需要配备更重法定刑。

另外，关于结果加重犯刑罚加重的理由，必须承认的还有预防方面的考量。预防理论是通过事前宣告刑罚使行为人形成反对动机进而避免犯罪，与此对照，结果加重犯的设置也能起到此项作用，故上述肯定论对结果加重犯加重法定刑具有预防功能的论据，本书予以支持。不过，由于预防理论包括一般预防和特殊预防，结果加重犯的立法究竟是起到一般预防的功效还是特殊预防的功效还是两者兼而有之，则不无探讨的余地。对此，有学者认为结果加重犯的立法是为了“吓阻潜在的犯罪人，这是一般预防的考虑”。①

从理论上讲，结果加重犯的法定刑当然能够警诫与防止社会一般人实施此类犯罪，即发挥一般预防的功用，但是如果我们从实证的角度看待该问题，结论就颇令人怀疑。根据统计资料显示，在美

---

① 林东茂:《刑法综览》，一品文化出版社 2007 年版，第 1 ~ 66 页。

国所有伤害犯罪中仅有0.5%会发生死亡结果，[①] 以及前文列举的有关抢劫犯罪与重结果（死亡）之间非常低的关联系数，都表明即使立法者维持结果加重犯的模式，而利用其发挥一般预防作用的空间也不会太大。由此可见，结果加重犯的立法就预防功能来说，应当是侧重特殊预防功能的发挥。这种特殊预防的功能又包括两个部分：一是预防基本犯罪，特别是预防以危险的方式实施基本犯罪。立法者规定结果加重犯并专门设置加重法定刑，就是想以此种处置方式阻止行为人实施基本犯罪，尤其是不要选择危险的方式实施基本犯罪。否则，一旦危险地实施了基本犯罪并在此过程中发生法定重结果的，就有可能论以该基本犯的结果加重犯。二是预防重结果。通过对结果加重犯独立规定法定刑，立法者实际是在警告行为人，若发生加重结果，就不可以以没有注意或其他理由开脱罪责。因此如果行为人固执己见决意实施基本犯罪，那也最好在实施基本犯罪时，尽量履行注意义务不让加重结果实际发生。此两方面即是结果加重犯特殊预防功能的体现。总之，立法者对结果加重犯加重处罚既不违背罪责原则，又有预防犯罪的功效，应当认为合理可行。更何况从现实状况看，结果加重犯的立法在大陆法系各国可以称得上具有普遍性，除少数国家外，[②] 绝大多数国家的刑法都规定了结果加重犯这一犯罪类型。既然立法上如此不遗余力地加以保留，学者就应当去反思其存在的理由，而不是简单地加以否定。

---

① Joshua Dressler, Understanding Criminal Law 480(5th ed. 2009).

② 譬如，瑞典刑法即无结果加重犯的规定。

第三章 结果加重犯客观结构研究

从结果加重犯的概念产生伊始，有关结果加重犯的争议即已十分热烈。早期的讨论主要是集中在结果加重犯与刑法基本原则责任主义的关系上，由于学界最初对结果加重犯的理解是停留在“客观的处罚条件”的层面，使得只要是实施基本犯罪发生了重大结果，即便对此重结果无预见及预见的可能，也成立结果加重犯，适用刑法赋予的加重刑罚，这对行为人而言，是极为苛刻的，所以，结果加重犯的立法是否符合刑法上之罪责原则，一向是学者们讨论的重点。此后，在1902年国际刑法学会作成决议，要求追究结果加重犯责任的前提应当是行为人能够预见加重结果的发生，这一决议得到了许多国家的认同，自此，结果加重犯与责任主义的紧张局面得以适当缓和。与此同时，从事物本质思考结果加重犯的事理结构，以建立结果加重犯的归责基础，则成为了学界讨论的另一个重点。

目前，有关结果加重犯归责理论的分析，主要分为两个部分：一是结果加重犯的客观不法构成要件。这部分内容主要包括结果加重犯的基本犯罪行为与普通犯罪相比，在犯罪形态、行为的实施方式上有无特殊限制，作为结果加重犯构成要素的加重结果有何要求，以及基本犯罪与加重结果之间是否应当具备因果关系，具备何种因果关系，其因果关系与一般结果犯罪有无不同，基本犯罪与重结果间是否还需要其他关联关系，等等。二是结果加重犯的主观构成要件。这部分内容又包括行为人对基本犯罪的主观心态是故意还是过失，行为人对加重结果是以能预见还是有过失为必要，加重结果的罪过形式是否仅限于过失，此过失是一般过失抑或是重过失等。事实上，以上问题在学界一直存在分歧，并无定论，但无论如何倘若缺少这两项条件，加重结果便无法归属于基本犯罪的行为人。本书同样是从这两个方面来诠释结果加重犯，按照惯例首先介绍的是结果加重犯的客观结构。

第一节　结果加重犯客观构成要素分析

与一般犯罪相同，结果加重犯的客观构成要素包括基本行为、基本结果（基本犯是结果犯时）、基本行为与基本结果间之关系等内容，与一般犯罪又不相同，除以上内容外，结果加重犯的客观要素中还包括加重结果，以及随之产生的基本行为与加重结果间关系问题。仅从形式上观察，结果加重犯是由基本犯罪、基本结果与加重结果三个部分组成，也因此，学界常常有以想象竞合或实质竞合取代结果加重犯的主张。不过，从立法者对此种犯罪形态的处罚没有采纳吸收或并罚规则而是依据加重原则，在原来的法定刑之外另行加重刑罚的做法看，立法者对结果加重犯中客观要素的理解应当不同于想象竞合与实质竞合。那么，在接受立法者价值判断的前提下，就特别需要对结果加重犯中的这些客观要素进行分析，以找到其作为一种独立犯罪形态的依据。而这正是本节所要探讨的内容。

一、基本行为的性质限定

结果加重犯，即行为人实施基本犯罪又发生重的结果，刑法赋予更重刑罚的犯罪。根据上文对结果加重犯本质及加重根据的分析，结果加重犯中的基本行为必须内含发生加重结果的高度危险性，方可正当化其加重处罚的法律效果，可见基本行为是决定结果加重犯根本属性的部分。并且通过对实定法规定的考察，也可得知刑法谴责的重点及规范的保护目的应该是在基本犯罪行为的实施上。正因为如此，本书有必要对结果加重犯的基本行为进行比较深入的剖析，而对于该问题，理论上一般是从以下几个方面展开讨论的。

（一）基本犯的犯罪类型

基本犯的犯罪类型，即基本犯是结果犯，还是也包括行为犯、危险犯的问题。根据我国刑法理论对犯罪既遂类型的划分，一般分为结果犯、行为犯、危险犯与举动犯四种。[①] 其中，结果犯是以结果的发生作为既遂标志的犯罪类型。对于结果犯可以导致重结果进而成立结果加重犯，理论上并无异议，而根据举动犯的定义，行为人只要一实施构成要件所描述的行为即可成立犯罪，似乎也完全可以归入行为犯的范畴。所以，剩下的问题就是基本犯可否为行为犯与危险犯。对此，我国刑法理论大多数是肯定了危险犯、行为犯可以作为基本犯，但是学界也有不同的观点，譬如有学者认为，从一般法理解释，较重结果相对另一较轻结果，才可称为重结果，如果基本犯构成不是结果犯，无论出现什么样的结果，仅仅是一个结果，结果的轻重无从比较，这种情形只能构成结果犯而非结果加重犯。[②] 亦即排除了行为犯与危险犯作为基本犯的可能。也有学者从结果加重犯的基本结果与加重结果不应当是同质结果的观点出发，认为结果加重犯的基本犯不可以是危险犯。[③] 还有学者虽然承认危险犯可以构成基本犯，但又认为具体到我国目前的立法状况，则不存在基本犯为危险犯的立法例，并指出理论上支持基本犯可以是危险犯的佐证主要是我国刑法第二章危害公共安全罪中的一些犯罪，但如果承认这种情况下的实害犯为危险犯的结果加重犯，不啻承认

---

① 高铭暄、马克昌主编：《刑法学》（第 3 版），北京大学出版社、高等教育出版社 2007 年版，第 161 ~ 162 页。

② 参见马克昌主编：《犯罪通论》，武汉大学出版社 2003 年版，第 654 页。

③ 徐德华：《犯罪结果研究》，西南政法大学 2009 年博士学位论文，第 102 页。

所有的结果犯都是其未遂犯的结果加重犯，而且结果加重犯的加重结果存在特定性、单一性等特征，而我国危害公共安全罪中实害犯的结果都是包括人身、财产损害在内的综合性结果，因此我国并不存在危险犯构成的结果加重犯。[①] 此外，还有学者认为，由于行为犯是只要实施一定的行为就够了，并不以发生一定的结果为必要，因此与结果加重犯的本质不符，自不发生结果加重犯的问题，从而将行为犯从基本犯的类型中加以排除。[②]

上述问题的探讨，与刑法学理对犯罪类型的划分有关。[③] 事实上，从结果包括实害结果和危险结果的角度看，结果犯可以包括实害犯与危险犯中的具体危险犯，而危险犯中的抽象危险犯，由于是一经实施，即被认为有危险而构成犯罪，因此应当属于行为犯的领域。应该说，在以上几种犯罪类型中实害犯构成基本犯是结果加重犯的最典型形式，譬如，伤害致死罪的基本犯故意伤害即为实害犯。而结果犯中的具体危险犯，笔者认为也没有不可作为基本犯的有效理由，这是因为结果加重犯的本质是以危险的方式实施风险性的犯罪，而具体危险犯同样可以包含产生重结果的危险，并且可以

---

① 高铭暄、赵秉志主编：《犯罪总论比较研究》，北京大学出版社 2008 年版，第 292～293 页。

② 马克昌：《结果加重犯比较研究》，载《武汉大学学报》1993 年第 6 期，第 118 页；金泽刚：《结果加重犯的结构及其未遂形态问题》，载《上海交通大学学报》2001 年第 2 期，第 60 页。

③ 除了结果犯、行为犯、危险犯与举动犯的分类外，学界对犯罪类型的划分主要有以下几种：行为犯、结果犯和结果加重犯（见高铭暄：《刑法总则要义》，天津人民出版社 1988 年版，第 166 页）；结果犯、行为犯和危险犯（见苏惠渔主编：《刑法学》，法律出版社 2001 年版，第 176 页）；阴谋犯、行为犯、危险犯和结果犯（见何秉松：《犯罪构成系统论》，中国法制出版社 1995 年版，第 334 页）；阴谋犯、行为犯、危险犯、结果犯和情节犯（见姜伟：《犯罪形态通论》，法律出版社 1994 年版，第 112 页）；行为犯与结果犯（见王志祥、贾政：《行为犯、结果犯二分法之提倡》，载《河北大学学报》2006 年第 2 期，第 79～81 页）。

以危险的方式实施，由于具体危险也是一种结果，因此当产生实害结果时可以认为是比基本结果即具体危险更重的结果。况且，在我国刑法中也有不少基本犯是危险犯的立法，如《刑法》第123条的暴力危及飞行安全罪规定“对飞行中的航空器上的人员使用暴力，危及飞行安全，尚未造成严重后果的，处五年以下有期徒刑或者拘役”，其中“危及飞行安全，尚未造成严重后果”即指已经发生了危害飞行的具体危险，如果此危险现实化，即“造成严重后果的，处五年以上有期徒刑”，可见，该条后段是前段的结果加重犯。又如《刑法》第141条生产、销售假药罪，其基本犯罪构成“足以严重危害人体健康”为具体危险犯，“对人体健康造成严重危害的”则属于具体危险犯的实现，刑法规定了加重刑罚，从内容上看，可以认为是生产、销售假药罪的结果加重犯。另外，还需要指出的是在基本犯为危险犯的场合，作为基本犯的危险犯与作为结果加重犯的实害犯之间仍旧存在法条竞合的关系，根据法条竞合的规则，应当适用结果加重犯的法定刑。①

至于行为犯能否为结果加重犯的基本犯，基于与危险犯类似的理由，不应予以否认。因为行为犯同样可以以危险的方式将内含其中的风险现实化，并且结果加重犯所谓的加重结果，在理论上也并非是与基本结果相对称的概念，而是对应于基本犯，只要超出基本犯罪构成要件所能涵容的范围即是加重结果，由此行为犯作为基本犯在理论上并无困难。与此同时，我国刑法中也不乏基本犯为行为犯的条文，如《刑法》第144条规定“在生产、销售的食品中掺入有毒、有害的非食品原料，或者销售明知掺有有毒、有害的非食品原料的食品”，处5年以下有期徒刑或者拘役，如果“造成严重食物中毒事故或者其他严重食源性疾患，对人体健康造成严重危害的”，处5年以上10年以下有期徒刑，即是基本犯为行为犯的立法

① 不同见解见王志祥：《论结果加重犯的构造》，载《北方法学》2009年第1期，第54页。

例。除此之外，《刑法》第 121 条的劫持航空器罪、第 236 条的强奸罪、第 238 条的非法拘禁罪、第 318 条组织他人偷越国（边）境罪等犯罪均是如此。

（二）基本犯的犯罪形态

一般而言，理论和实践中出现比较多的是基本犯为故意犯的结果加重犯，此时，就存在基本犯的犯罪形态问题。对此，学界普遍认为基本犯罪的客观行为是基本犯罪的实行行为，只要实施了基本犯罪行为，基本犯罪结果出现与否，并不影响结果加重犯的成立。因此结果加重犯的基本犯罪行为既包括既遂行为，又包括未遂行为。[①] 不过，也有学者认为不可一概而论，应当区别处理，当基本犯罪是单一行为犯时，只有处于既遂状态下，才可能产生法定重结果，因此单一行为犯必须达到既遂状态才可构成结果加重犯；而当基本犯罪是复合行为犯时，由于其暴力手段也可引起法定重结果，因此尽管基本犯罪是未遂，仍可能构成结果加重犯。[②] 对于该问题，笔者认为结果加重犯的基本犯罪是否需要达到既遂状态，应当分别判断，对某些加重结果必须产生自基本犯罪结果的犯罪，基本犯必须既遂；而对某些重结果的危险是来源于基本犯罪行为的结果加重犯，只要行为人实施了基本犯罪行为，该基本犯罪中所蕴含的风险即有可能实现，此时无须要求基本犯罪达到既遂。

以上关于基本犯罪既遂、未遂的分析均是以行为人已经实施基本犯罪的实行行为为前提，那么如果行为人仅仅实施了基本犯罪的预备行为，此时是否还有成立结果加重犯的余地，也是值得探讨的

---

① 李邦友：《结果加重犯基本理论研究》，武汉大学出版社 2001 年版，第 32 页；林亚刚：《论结果加重犯的若干争议问题》，载《法学评论》2004 年第 6 期，第 77 页；李晓明、杨俊：《结果加重犯之构成要件探析》，载《时代法学》2007 年第 3 期，第 38 页。

② 王作富、党剑军：《论我国刑法中结果加重犯的结构》，载《政法论坛》1995 年第 2 期，第 4 页。

问题。对此，我国学者涉及不多，从现有的研究情况看一般是认为由于基本犯罪的预备行为对基本犯罪的结果发生不具有现实的可能性，更不具有引起加重结果发生的现实危险性，因此不能成为结果加重犯的基本犯罪行为。① 对于该结论，笔者予以支持，从结果加重犯的本质及刑法设置加重刑罚的依据来看，结果加重犯必须是基本犯罪内含的典型、固有危险获得实现，而此一危险必须是在行为人实施基本犯罪行为时才有可能发生，同时，也只有在行为人已经实施基本犯罪的实行行为时才可以判断行为人是否是以危险的方式行事，否则将行为人在预备阶段发生重结果的也认定为结果加重犯，势必会扩大结果加重犯的范围，进而招致刑罚的不当加重。对于上述情形，可以以基本犯罪的预备犯与该重结果所构成的犯罪，按想象竞合的方式加以处罚。

最后，关于基本犯的犯罪形态还有一点需要说明的是当基本犯未遂时，虽然理论上认为可以成立结果加重犯，但此结果加重犯的形态为何，并不是没有疑问。此一问题牵涉到结果加重犯有无未遂的讨论。对此，学界有不同的意见，如有学者认为基本犯未遂但造成了加重结果的场合，可以认定为结果加重犯的未遂。② 但也有学者指出结果加重犯立法重视的是重结果的发生，只要作为犯罪构成要件的重结果发生了就构成既遂，而无须考虑基本犯是既遂还是未遂。③ 还有学者认为对加重结果为过失的结果加重犯，如果基本犯未遂，加重结果发生的，应认定为结果加重犯的未遂；而对加重结果为故意的结果加重犯，只要加重结果发生，即使基本犯未遂，也

---

① 李邦友：《结果加重犯基本理论研究》，武汉大学出版社 2001 年版，第 32 页；王志祥：《论结果加重犯的构造》，载《北方法学》2009 年第 1 期，第 53 页。

② 张明楷：《未遂犯论》，法律出版社、日本成文堂 1997 年版，第 18 页。

③ 马克昌：《马克昌文集》，武汉大学出版社 2005 年版，第 329 ~ 330 页。

应认定为结果加重犯的既遂。[①] 对于这一问题，笔者认为从结果加重犯也是结果犯的角度看，似乎不应否认其成立未遂的可能，而在基本犯未遂，加重结果却已发生的情形下，由于结果加重犯的构成要件尚未完全齐备，因此应当认定为结果加重犯的未遂，这样做也有利于鼓励犯罪人中止犯罪，符合罪责刑相适应原则。以强奸致人死亡为例来说明，行为人意图强奸，未料在抑制被害人反抗的过程中其暴力行为即已导致被害人死亡，由于强奸行为尚未既遂，此时如果仍然按照结果加重犯既遂的法定刑处罚，在法律效果上无疑等于强奸既遂并且死亡的处罚，显然这并不合理。[②]

（三）基本犯的行为方式

犯罪的行为方式，依照刑法理论通说，有作为的方式及不作为的方式两种，其中，作为的方式是指行为人违反禁止规范，以积极的身体活动实施行为，即“不应为而为”。而不作为则是指行为人负有实施某种行为的特定法律义务，能够履行而不履行，即“应为而不为”，不作为犯的本质是法定义务的违反，其形态又可分为纯正不作为与不纯正不作为两种。那么，对结果加重犯的基本犯而言，是否包括此两种行为方式，就有值得研究的必要。对此问题，我国刑法学界论述不多，不过也有一些结论。例如，有学者认为基本犯罪行为既包括作为行为，又包括不作为行为，行为人不管是以作为的方式或是以不作为的方式，只要引起了重结果，符合结果加重犯的，均应成立结果加重犯。[③] 不过，也有学者持不同见解，认为以作为和纯正不作为行为实施的基本犯，可以成立结果加重犯，

---

① 金泽刚：《犯罪既遂的理论与实践》，人民法院出版社2001年版，第161页。

② 事实上，近年来我国的司法实务部门对基本犯未遂却发生加重结果的情形，也开始肯定按结果加重犯的未遂处理。见姚军、汤媛媛《结果加重犯中的未遂形态》，载《人民法院报》2008年5月7日第6版。

③ 李邦友：《结果加重犯基本理论研究》，武汉大学出版社2001年版，第33～34页。

而以不纯正不作为实施的基本犯罪，由于不能确定基本犯罪的结果与最终结果之间罪质的变化，因此不能成立结果加重犯。[①]

由于刑法中绝大部分的犯罪是以作为的方式实施，且理论及司法实践对结果加重犯的讨论也往往是以作为实施基本犯为例，因此基本犯包括作为并无疑问，目前比较有争议的是不作为可否成为基本犯的实行方式。对此问题笔者认为，首先从理论上讲，作为与不作为都是犯罪的实施方式，尽管二者构造不同，但在实现犯罪构成要件这一点上具有等价性。因此，既然普通犯罪可以以不作为的方式实施，那么结果加重犯中的基本犯当然也可以不作为实施。而且从实质上看，不作为与作为都引起了外界的变化，侵害了一定的社会关系或法益，行为人实施作为行为可以引起法定重结果发生。同样的，行为人以不作为方式实施基本行为也可以引起重结果的发生，只要行为人实施基本犯罪，产生了加重结果，且此加重结果是基本犯罪固有危险的实现，就不能以基本犯罪是不作为否定结果加重犯的成立。其次，对行为人以不作为的方式实施基本犯罪，进而构成结果加重犯的，在我国也有立法例，如《刑法》第445条战时拒不救治伤病军人罪，“战时在救护治疗职位上，有条件救治而拒不救治危重伤病军人的，”处5年以下有期徒刑或者拘役，如果“造成伤病军人重残、死亡”则处5年以上10年以下有期徒刑，即是基本犯为不作为的结果加重犯。最后，不纯正不作为犯也可作为基本犯，譬如，行为人烧毁私家物品时出于泄愤等目的，在本以为周围屋舍无人的情况下放任火势蔓延，却未料隔壁屋内有人从而将其烧死，就是行为人以不纯正不作为的方式实施放火罪，进而构成放火罪结果加重犯的适例。

---

① 林亚刚：《论结果加重犯的若干争议问题》，载《法学评论》2004年第6期，第78页。

二、加重结果的具体要求

结果加重犯的加重结果应当具备何种条件，仅从立法上无法找到回答，但这并不意味着对加重结果无须做任何限制，换言之，不是任何重的结果都可作为加重结果，事实上，要想将重的结果以结果加重犯的加重结果归责于行为人，就必须对此重结果提出要求，特别是在我国刑法规定了许多"造成严重后果"、"造成重大损失"、"情节严重"、"情节特别恶劣"等概括性重结果的情况下，对加重结果性质的说明就显得特别重要。

（一）加重结果是其他具体罪刑规范阻止的结果

结果加重犯的加重结果是刑法规定的，超出基本犯构成要件以外的严重结果，不仅如此，加重结果还应当是具体罪刑规范阻止的结果，否则，倘若某种结果不为具体犯罪所阻止，就不应认定为加重结果。首先，加重结果是被具体罪刑规范阻止的结果，亦即加重结果是被具体犯罪构成要件所禁止的，如故意伤害致人死亡罪中的死亡结果即是被故意杀人罪或过失致人死亡罪所禁止，抢劫致人重伤罪中的重伤结果是被故意伤害罪或过失致人重伤罪所禁止。之所以做出这样的要求，目的在于满足罪刑法定及防止间接处罚。[①] 因为如果将某个不为具体罪刑规范阻止的结果作为加重结果，就会导致一个原本不是刑罚处罚对象的行为及结果，以加重结果的形式附属于某个犯罪而受到处罚。而罪刑法定的要求是法无明文规定不为罪，法无明文规定不处罚，某种结果只有处在特定犯罪构成要件的范围内时，才可进行处罚，若某种结果不属于任何犯罪构成要件，则不能进行处罚，也不能将其融入其他的犯罪中加以处罚。例如，行为人以暴力方式拒不缴纳税款，又因过失导致被害人财物毁损的，由于我国刑法并不处罚过失毁损财物的行为，因此就不能将被

① 张明楷：《严格限制结果加重犯的范围与刑罚》，载《法学研究》2005 年第 1 期，第 89 页。

害人财物的毁损作为严重情节，而适用抗税罪3年以上7年以下有期徒刑的刑罚。

其次，加重结果是被其他罪刑规范阻止的结果，即加重结果是被基本犯罪以外的构成要件所禁止。譬如，故意伤害致死罪中的死亡结果是被过失致人死亡罪所禁止，其与故意伤害罪即属不同的罪刑规范。又如，强奸致人重伤罪中的重伤结果为伤害罪所禁止，与强奸罪构成要件意图禁止的基本结果也不相同。之所以如此规定，是因为如果加重结果是被基本犯罪构成要件所禁止，是在基本犯罪的罪刑规范效力范围内，那么就意味着加重结果应当接受基本犯罪的罪刑评价，适用基本犯罪的法定刑，而不是独立规定法定刑。而且，从刑法预防犯罪的角度看，如果重的结果是在基本犯罪构成要件的射程内，那么刑法如欲防止该重结果，只需加重基本犯的法定刑即可，无须另外规定重的刑罚。由此，我国刑法中的故意伤害罪，由于重伤结果同样可以被基本犯故意伤害罪的罪刑规范所包括，因此就不能认为故意重伤是故意伤害罪的结果加重犯。

（二）加重结果与基本结果的罪质既可相同也可相异

结果加重犯的加重结果是由基本犯罪产生，对此学界并无太多疑问，不过在基本犯罪也发生结果的情况下，基本结果与加重结果是否同质就成为问题，相应地，理论上有肯定说与否定说两种意见。其中肯定说又可分为两种观点，第一种观点认为加重结果只能是与基本结果罪质相同的结果，如有学者认为："对于加重结果犯的要求，必须结果具有同质性，如基本结果与加重结果为异质法益，则实不应依加重结果犯视之。"① 第二种观点认为无论与基本结果罪质相同或相异，均可能是加重结果，如有学者指出："加重结果的性质既可以同基本结果相同，也可以相异，只要该结果属于法定的加重处罚的根据，且是明确的单项指标，就可以成为结果加

① 柯耀程：《变动中的刑法思想》，中国政法大学出版社2003年版，第118页。

重犯中的加重结果。”① 否定说则认为加重结果只能是与基本结果性质相异的结果，如有学者指出：“结果加重犯是罪数形态，只有当加重结果是他罪结果时，我们才能将结果加重犯纳入罪数理论中去研究……之所以对结果加重犯加重处罚，是因为该种犯罪行为侵犯了基本犯罪以外的更值得刑法保护的法益，从这个角度而言，我们也应当将加重结果理解为与基本结果性质不同的结果。”②

对于上述分歧，笔者支持肯定说中的第二种观点而认为结果加重犯的加重结果在罪质上既可与基本结果相同也可与基本结果相异。首先，肯定说中的第一种观点，笔者认为太过狭隘，从结果加重犯的立法初衷看，立法者规定结果加重犯就是借此防止行为人实施危险性的犯罪，并防止超出基本犯罪的重结果发生，因此只要加重结果在性质上重于基本构成即属结果加重犯的规范保护范围，而无须强调加重结果的法益必须与基本犯罪性质相同。此外更重要的是，异于基本结果的重结果亦为加重结果已经成为一种立法现实，我国实定法中即有不少这样的规定，如抢劫致人重伤、强奸致人死亡、非法拘禁致人死亡、暴力干涉婚姻自由致人死亡等基本犯罪的法益性质均与加重结果不相同。其次，对于否定说，笔者也不予认同。否定说的理由主要是认为加重结果是超出基本犯罪构成要件的结果，如果某种结果能为基本犯罪包含，那么它就没有超出基本犯罪构成，不是加重结果；而一旦某种结果超出了基本犯罪所能涵容的范围，也就意味着它与基本犯罪相比已经在罪质上发生了变化。③ 因此，加重结果与基本结果的性质不可能相同。然而仔细推

---

① 李洁：《犯罪结果论》，吉林大学出版社 1994 年版，第 258 页。

② 陆诗忠：《结果加重犯之基本问题再研究》，载《学术论坛》2007 年第 11 期，第 142 页；相同看法见林亚刚：《论结果加重犯的若干争议问题》，载《法学评论》2004 年第 6 期，第 79 页。

③ 徐德华：《犯罪结果研究》，西南政法大学 2009 年博士学位论文，第 102 页。

敲，这一理由并不充分。虽然加重结果是超出基本犯罪构成的结果，但是超出并不意味着一定是异质的超出，发生了与基本结果性质相同的严重结果，只要不能为基本犯罪构成要件所涵摄，就是对基本犯罪构成的超越。从加重结果的产生看，由于此结果并非必然出现，是否出现有赖于行为人实施基本犯罪的行为方式，因此，行为人在实施基本犯罪过程中造成同质的严重后果，也是经常发生的，对此，只要满足其他要件，即使是造成同质的重结果也无不可成立结果加重犯的道理。事实上，在我国刑法中就有大量加重结果与基本结果性质相同的立法例。譬如：放火罪，决水罪，爆炸罪，投放危险物质罪，破坏交通工具罪，破坏交通设施罪，破坏电力设备罪，破坏易燃易爆设备罪，生产、销售不符合卫生标准的食品罪，生产、销售有毒、有害食品罪，非法行医罪等均是如此。

（三）加重结果是重于基本结果的结果

结果加重犯的加重结果，如前所述，是超出基本犯罪构成要件的结果，不过，在发生基本结果的情形下，对于“超出基本犯罪构成”的含义，学界又有不同的认识。一种观点认为，所谓的超出基本犯罪构成，是要求加重结果必须重于基本结果，是基本结果的加重。例如，有学者认为：“所谓‘基本犯结果的加重’，并不是泛指不同于基本犯罪结果的任何结果，而是在程度与性质上重于基本犯结果（危险）的结果。”① 另一种观点则认为结果加重犯的重结果是相对于基本犯罪构成要件而言，只要发生了额外的结果，即使性质与程度均轻于基本结果，也可以看作是对基本犯罪构成的超越，因此，加重结果不必要是基本结果的加重，轻于基本结果的结果也可作为加重结果。例如，有学者指出，结果加重犯的加重，是相对于整个基本犯罪构成的加重以及与此相对应的刑事责任的加重，而不应当仅仅理解为相对于基本犯罪结果的加重，行为人在实

① 张明楷：《严格限制结果加重犯的范围与刑罚》，载《法学研究》2005年第1期，第88页。

施基本犯罪的过程中，造成了该罪构成要件以外的结果，此时无论这一结果是否重于基本犯罪结果，其行为的社会危害性都已超出了基本犯罪。①

如果仅从形式上理解“加重结果是超出基本犯罪构成的结果”，似乎并没有必要要求加重结果重于基本结果。因为对于基本犯罪来说，只要发生了额外的结果，无论此结果是轻是重，其整体不法都已经超过了基本犯罪的构成要件。然而，这样的理解却太过表面，也与结果加重犯自身的性质不符。事实上，结果加重犯的立法，是立法者为了防止行为人实施危险性的犯罪而设置的两道防线，第一道是希望行为人不要实施基本犯罪，第二道是在实施基本犯罪之后，仍然期待行为人不要进一步地恶化基本犯罪。并且对于结果加重犯，刑法规定了更重的法定刑，目的就是以重刑遏制更重结果的发生。反之，如果发生的是较轻的结果，刑法仍以重刑遏制，则会造成刑罚的浪费并形成间接处罚。因为轻的结果本来是可以通过较轻的刑罚加以防止，仅仅因为是在实施基本犯罪的过程中发生，就要适用重刑，有违罪刑相适应原则。因此，当发生基本结果时，如果后续发生的结果在性质上尚轻于基本结果，就不能以结果加重犯适用之。例如，行为人生产、销售不符合卫生标准的食品，如果已经造成他人重伤，则属于“对人体健康造成严重危害”，应适用第二档的刑罚，但是如果在此过程中又造成财产损失的，由于财产法益轻于基本结果的身体法益，因此不能将其视为“后果特别严重的”情形从而适用加重的刑罚。

三、基本行为与加重结果间关系类型

结果加重犯，简单讲即是由基本犯罪行为、基本犯罪结果（产生基本结果时）以及基本犯罪行为所产生的加重结果组合而

---

① 陆诗忠：《刍议结果加重犯中的若干问题》，载《河南司法警官职业学院学报》2005 年第 1 期，第 44 页。

成，在结果加重犯中，不仅需要在基本犯罪行为与基本犯罪结果之间存在因果关系，同时，还必须在基本犯罪行为与加重结果之间存在因果关系，如此才能将该加重结果归属于实施基本犯罪行为的行为人，也才有成立结果加重犯的余地。可见，在结果加重犯罪中，有两个层级的因果关系存在，一是行为人所实施的基本犯罪行为中的因果关系；二是行为人的基本行为与加重结果之间的因果关系。由于第一层级的因果关系其实就是指普通结果犯中的因果关系，在判断上无甚特殊，因此，这里所关注的是第二层次的因果关系。对此，理论上存在不同的见解，大致而言，以下三种学说最为普遍。①

（一）基本行为与加重结果间之条件关系

主张基本犯罪行为与加重结果之间是条件关系的见解，即在结

---

① 除了下文所要叙述的三种学说之外，理论上对结果加重犯基本犯罪行为与其重结果间的关系，还有“预见可能性说”及“过失说”。前者认为基本犯罪导致重结果发生时，以行为人当时有预见可能性为限，始能令其负加重结果之责任。后者则认为除了在基本犯罪行为与加重结果间必须具有因果关系外，该加重结果的发生必须出自行为人的过失，始可负加重结果之责任。采纳该种划分的，如陈朴生、洪福增：《刑法总则》，五南图书出版公司1982年版，第100～109页；洪福增：《刑法之理论与实践》，五南图书出版公司1988年版，第114页；张正新：《刑法中结果加重犯构成新探》，载《法学杂志》1999年第6期，第16页；李晓明、杨俊：《结果加重犯之构成要件探析》，载《时代法学》2007年第3期，第34页。不过，尽管可以承认结果加重犯的成立需要行为人主观上具备过失（预见可能），但过失与预见可能性在本质上均非因果关系的问题，将两者归入基本犯罪与重结果的因果关系范畴，实际上是把因果关系问题与主观责任限制要件混为一谈了。对此，周冶平教授的观点一语中的：“苟其基本行为与加重结果部分有相当因果关系，而又构成要件合致时，即得为刑法评价之对象，而不以对加重结果部分有预见或过失时，始为有刑法上之因果关系。盖存在与评价，不可同日而语也。以上两种说法，不过是刑法上评价之基准而已，均非就因果关系本身立论也。”具体内容见周冶平：《刑法总论》，自版1972年，第181页。

果加重犯第二层级的因果关系判断上采取了条件说。条件说最早是由奥地利学者朱利叶斯·格拉泽（Julius Glaser）在1858年提出，其内涵是如果没有这个始作俑者，结果并非即不发生，并非流程中中间因素的序列就会变动，则行为和结果显然都不能归溯于这个人。相反地，如果没有这个始作俑者，结果即不可能发生，或者即循完全不同的途径发生，则有充分的理由认为结果是这个人的行为所造成，应归责于这个人。[①] 简言之，条件说认为在行为与结果之间，如果存在"无A即无B"的关系，刑法上的因果关系就存在，具体到结果加重犯便是基本犯罪行为与加重结果之间，如有必然的条件关系第二个层级的因果关系即为充足。

采条件说的学者在德国主要有李斯特（Liszt）、阿尔费尔德（Allfeld）、希佩尔（Hippel）、梅茨格尔（Mezger）等，日本有冈野光雄等，同时在日本早期也有不少判例即是采取了该观点。例如，日本大审院大正十四年（公元1923年）12月23日判决："伤害致死罪犯意之成立，仅已有不法的暴行之故意为已足，而不以可能认识其死亡之结果为必要，故纵令被告在本件犯行之当时，不知被害者罹患脑血管硬化症，因而未能认识其死亡，亦无碍于伤害致死罪之成立。"[②] 昭和三年（公元1928年）4月6日大审院判例判示"大凡由加重结果犯或一定犯罪行为产生一定之较重结果时，欲将其较重结果与基本犯罪行为相结合，而令负较重责任之情形，倘若在基本犯罪与较重结果之间，具有若无前者即不形成后者之关系，则应解释为基本犯罪不问其是否形成较重结果之直接原因，绝

① 许玉秀：《当代刑法思潮》，中国民主法制出版社2005年版，第369~370页。

② 陈朴生、洪福增：《刑法总则》，五南图书出版公司1982年版，第100页。

对成立结果加重犯。”① 此种立场，也为改制以后的最高法院所承袭，如最高法院于昭和三十二年（公元1957年）2月26日判决：“伤害致死罪之成立，虽以犯人之暴行与被害者之死亡之间有因果关系存在为必要，但无须对致死之结果有预见可能性。”②

目前，我国学界基本上尚无人主张对结果加重犯中基本犯罪行为与加重结果间只需具备条件主义的因果关系即可，但实务中却有不少涉及结果加重犯的案例由于在判决理由部分未做足够清楚的说明，让人不免怀疑是否即是倾向于条件说的主张，如湖南省怀化市中级人民法院〔1998〕怀中刑初字第13号判决在认定被告人构成故意伤害致死罪时载明：“被告人……持锄追赶，并向在逃跑中摔倒的谌××头部猛击一锄，其主观上有伤害谌××身体的故意，而没有剥夺其生命的故意，其行为已经构成故意伤害罪，致人死亡，后果严重。”③ 另有重庆市巫溪县人民法院对张某在公路边推搡被害人周某，致使周某仰面坠落1.6米高的公路坎下，头部触地死亡，所做的判决：“被告人张某因民事纠纷与人发生争吵，继而抓扯起来，在抓扯过程中将其推下坎，致人死亡。被告人及辩护人称没有伤害的故意，是过失和意外事故的理由不能成立，因此采纳公诉机关意见，构成故意伤害致死罪。”④

条件说的优点，在于其概念比较清晰，适用范围亦较广泛，从而可以避免使一些可罚行为因采狭隘的因果论而被排除在刑法评价之外，不过，尽管条件说不会遗漏可罚行为，但是否会将一些本来

---

① ［日］前田雅英：《日本刑法各论》，董璠舆译，刘俊麟校，五南图书出版公司2000年版，第39页。

② 洪福增：《刑法之理论与实践》，五南图书出版公司1988年版，第328页。

③ 国家法院学院、中国人民大学法学院编：《中国审判案例要览（1999年刑事审判案例卷）》，中国人民大学出版社2002年版，第155页。

④ 张耕主编：《刑事案例诉辩审评——杀人罪 伤害罪》，中国检察出版社2005年版，第222~224页。

不应进入刑法视域的行为也纳入刑法规范的范围，从而造成评价的冗余，并不是没有疑问，这也是学界对条件说最主要的批评，学者们认为条件说可能会使因果关系的范围过宽，形成无止境的关联，其中最极端的例子就是，杀人犯的父母也同样杀人，因为生下杀人犯也是属于造成杀人结果不可想象其不存在的等价条件。此外，还有学者进一步指出："条件理论的真正缺陷不在于它扩大了原因的范围，而是深藏于其运作机制的本身：运用'思维排除法'的前提，是人们必须事先就已经知道究竟条件具备何等的原因力，即知道这些条件如何作为原因（之一）而发挥作用，否则，条件理论就根本无法运作。"① 正是基于上述缺点，结果加重犯的基本犯罪与重结果之间应当具备条件关系的观点被加以修正，其中最具有影响力的便是主张两者间应具备相当关系的相当因果理论。

（二）基本行为与加重结果间之相当关系

鉴于条件说可能造成的牵涉范围过广，相当因果关系说主张并非所有造成结果不可想象其不存在之结果条件均为结果之原因，而是只有构成要件相当之条件，或结果相当之条件才是该结果的原因。此处的相当，应参照社会生活经验，如果某行为通常会导致某结果，两者之间就被认为具有相当性（大多数情况下如此）。亦即，该说主张因果关系的成立必须具备条件关系（若无前者就无后者的关系）和相当性（依照日常社会经验，该行为引发该结果是一般的、通常的）。相当因果关系说正是利用相当性的要件，来解决"因偶然或不可抗力条件而发生重结果时，仍可成立结果加重犯所引起的不衡平结果"，② 目的在于以此限制结果加重犯的成立范围，并限制行为人的刑事责任。相当因果关系说由德国学者弗

---

① ［意］杜里奥·帕多瓦尼：《意大利刑法学原理》，陈忠林译，法律出版社 1998 年版，第 125 页。

② 陈朴生、洪福增：《刑法总则》，五南图书出版公司 1982 年版，第 102 页。

兰克（Frank）、拉德布鲁赫（Radbruech）倡导，在日本获得了一批学者如植松正、庄子邦雄、藤木英雄、香川达夫、大塚仁等的支持。在目前的因果关系理论中占据着重要的地位。

由于相当因果关系说的侧重点在相当性，因此明确相当性的含义就变得至关重要，即某种行为是否会发生某种结果，在判断时应当以何种范围的事实为基础？对此，理论上主要有主观说、客观说及折中说三种观点的分歧。[①] 主观说认为，应以行为人行为时已认识或可能认识的事情作为判断的基础，来认定有无因果关系。客观说则不考虑行为人的主观能力与认识，而以裁判官的立场为标准，于行为当时客观存在的所有事实状况，以及行为后所发生而为行为当时一般人可能预测到的事实为基础，借以作为决定相当性的标准。折中说主张，应以行为当时一般人可能预料的事实为基础，以及一般人虽不能预见但行为人却知道或预见的特别事情，作综合的判断与斟酌。以上三种学说，常为学界和实务界采用的是客观说与折中说。

相当因果关系说在日本最高法院即有不少判例，其中昭和二十三年（公元1948年）3月20日判决称："本件当时可能有人自甲处购饮此酒精一事，在一般观察，乃系当然可以预想者，从而被告无论是否曾预见乙饮用此酒精之事实，关于乙因饮用酒精伤害致死之结果，即应负责。"[②] 该判决便是采用了客观说来确定相当性是否存在。此外，我国台湾地区的实务也普遍采取相当因果关系说，[③] 如八十八年度（公元1999年）台上字第2525号判决："加重结果犯行为

---

① 此三种观点的总结见黎宏：《刑法因果关系论反思》，载《中国刑事法杂志》2004年第5期，第36页。

② 陈朴生、洪福增：《刑法总则》，五南图书出版公司1982年版，第103页。

③ 陈子平：《结果加重犯——以最高法院九十年度台上字第四五九四号判决为主轴对近年相关判例判决之评释》，载《台湾本土法学杂志》2002年第35期，第17页。

人依一般通常观念客观上能否预见其结果之发生，核与专家鉴定行为与结果之间有无相当因果关系之职业基准，尚属有间。原审因而认上诉人与死者多年夫妻，当知死者罹患心脏病情，其竟持木椅重击死者头胸要害，客观上自有可能因剧痛引发心脏病发之预见，采证认事，核无违误。”又如八十八年度台上字第2707号判决：“若被害人之死亡，系因第三人之杀人行为所致，就原伤害行为人而言，该第三人杀人所生之死亡结果，事出偶然，客观上尚非其所能预见，其伤害行为对于被害人死亡结果之发生，并无相当性及必然性之关系存在，自不得依伤害致人于死罪之加重结果犯论处。”

相当因果关系说虽然被不少学者推崇并在实务中经常应用，但是作为其关键点的相当性概念却不易确定，尽管学界已经出现主观说、客观说和折中说三种判断标准，但在实际的解释操作中还是会有困难，更何况，实务部门对相当性的界定十分依赖于直觉，往往是只要某个事件在过去的生活中曾经发生过，就倾向于认定具有相当性。因此有论者认为，相当因果关系说的经验法则和相当性其实没有实际意义，只有标签的作用，最多是一个极抽象的指导。正因为相当性的概念空泛到足以涵盖一切而成为一个上位概念，才使相当因果关系在各种因果规则中具有一般性的功能，在没有其他具体规则可以适用时，可以以相当性一言以蔽之。[①] 而且，无论是条件说还是相当因果关系说都是判断一般结果犯时确定因果关系的理论，并非专门针对结果加重犯而言，也即采取这两种学说的学者都认为结果加重犯中基本犯罪行为与加重结果间的因果关系与普通结果犯的因果关系相比并无特殊性，应当适用相同的判断规则。

（三）基本行为与加重结果间之条件关系与直接关联性（Unmittelbarkeits－Kriterium）

在结果加重犯第二个层次因果关系的判断上，最早出现的是条

---

① 周国良：《刑法因果关系的定型性——从条件说到客观归责理论的考察》，载《检察实践》2005年第3期，第65页。

件说，不过由于条件说可能导致可罚行为的泛化，学界此后又以相当因果关系说做补充，试图通过相当因果关系说中的相当性来限制结果加重犯的构成和行为人承担刑事责任的范围。然而如上所述，相当性的概念却较为模糊不易确定，因此这种限制也不尽如人意。同时鉴于结果加重犯是一种特殊的犯罪类型，在本质上异于其他犯罪形态，反映在基本犯罪行为与加重结果之间的关系结构上，自然应与一般的犯罪有所不同，亦即与一般的结果犯相比，由于结果加重犯的重刑，其基本犯与重结果之间尚需具有某种更紧密的关联，以增多结果加重犯的构成要素，从而达到限制行为人承担加重法定刑的效果。对此，目前德国的学界和实务部门比较多地认为，若要正当化结果加重犯的加重处罚效果，除了满足条件关系之外，还必须是基本犯罪行为与加重结果间具有直接性。

事实上，直接性的概念早在德国帝国法院时期就已经提出，当时法院强调结果加重犯的加重结果必须是基本犯罪行为“直接造成”的，不过还没有对直接性做出其他更进一步的说明。直到1971年德国联邦最高法院在罗特泽尔（Rötzel）案中才开始尝试以危险实现关系解释直接性的含义，并在以后的一些判决中将此概念细化。该解释后为许多法院所接受，并逐步获得学说的认同，成为当前讨论直接性要件的主要基础。罗特泽尔案是一个涉及伤害致死的案例，本案的基本案情是：行为人以暴力攻击被害人，造成被害人上臂处深入性创伤与鼻梁断裂，处在害怕状态下的被害人为了避免行为人继续施暴，试图越过二楼的窗户逃到阳台，未料在此过程中跌倒而死。联邦最高法院认为，《德国刑法典》第226条（旧法）的伤害致死罪在因果关系的判断上，虽然仍以条件说为前提，但从刑法设置该条的规范意义与目的看，伤害行为与死亡结果间的关系应该比条件说的关系更为密切。分析刑法对伤害致死罪加重处罚的立法目的，立法者要对抗的是伤害行为同时伴随着发生死亡结果的特有危险。在通常情况下，死亡结果只能由行为人所造成，才能认定伤害行为与死亡结果之间具有直接性。如果死亡是由第三人之攻击行为或者被害人自己的行为造成，则不属于基本构成要件固有内在危险的实现，不具有直接性。在本案中，由于最终导致死亡结果发生的是被害人自己的行为，伤害行为与死亡结果之间不具备上述直接性，因此不能论以伤害致死罪，只能构成故意伤害罪与过失致死罪的想象竞合。①

由罗特泽尔案的判决可知，当时的联邦最高法院认为结果加重犯的法定刑属于重度刑罚，必须采取限制性解释，因而在基本犯罪与加重结果之间除了要求有条件主义的因果关系之外，还需具备直接性要件才可成立。而且联邦最高法院对直接性的概念做了极为限缩的解释，即通常情况下，加重结果只有由基本犯罪行为的实施者造成，才有可能在基本犯罪与加重结果之间成立直接性。如果加重结果是由第三人的行为或者被害人自己的行为导致，则不构成直接性，排除适用结果加重犯，而论以基本犯罪与加重结果所构成犯罪的想象竞合。不过，之后联邦最高法院的这种严格立场有所放松，不再限于加重结果必须来自基本犯罪行为人的行为，而是肯定了一些重结果由被害人的自我损害行为或第三人的行为造成的案件也构成结果加重犯。例如，联邦最高法院对一个为了行为人利益而实施行为的第三人，通过一种肯定会造成死亡的挂吊方法，将一个他以为已经死了的被害人悬挂起来，因而意外地加快了被害人的死亡的案件，就肯定了原基本行为与被害人的死亡之间具有直接性。② 除此之外，联邦法院对哪些范围内的危险是属于基本犯罪（如伤害犯罪）固有的典型性危险也没有一个足够清晰而且一致的意见。

对于该说，尽管有学者主张并没有必要在结果加重犯的构成要

① 罗特泽尔案的案情与裁判内容见蔡慧芳：《德国法上结果加重犯归责理论之研究——以伤害致死罪为例》，载《刑事法学新趋势——Lothar Philipps教授七秩祝寿论文集》，神州出版社2004年版，第269~270页。

② 参见［德］克劳斯·罗克辛：《德国刑法学总论——犯罪原理的基础构造》，王世洲译，法律出版社2005年版，第219页。

件上额外承认直接性的要件，因为这些问题都可以用相当因果关系说或是条件说中的因果关系中断理论和回溯禁止理论来解决。[①] 然而，由于在判断结果加重犯加重结果部分的过失要件时，对于行为人是否违反注意义务而在客观上能够预见到加重结果的发生，理论上还是会借助相当因果关系说中的相当性，即根据社会日常生活经验，一般而言某事实会导致某结果发生的就可以说是具有了客观的预见可能性，这其实已经是以相当因果关系说作为认定的基础，就此而论，如果在因果关系的判定上仍旧适用相当因果关系说，则该说就有重叠适用的迹象。而且上述由实务部门发展出来的直接性要件也的确能够对结果加重犯的成立起到实际的限制作用，也与结果加重犯的法定重刑相配合。因此，目前德国的通说都是将讨论重点放在联邦最高法院所提出的加重结果必须是基本犯罪行为特有或固有内在危险的实现上。如果基本犯罪与加重结果间不具备此种直接性关系，则不能适用结果加重犯，而是必须回归想象竞合的处理方式，无须论以结果加重犯的重刑。

第二节 基本行为与加重结果间关联判断

结果加重犯的基本犯罪与加重结果之间究竟是只需满足一般犯罪的归责要求即可，还是需要两者间存在更多的关联而高于一般归责理论的标准？对此，已如本章第一节所述，理论上存在着基本行为与加重结果间应具备条件关系；基本行为与加重结果间应具备相当关系以及基本行为与加重结果间应存在直接关联性三种意见的分歧。从目前看，德国学说与实务的大致方向是认为结果加重犯之加

---

① Vgl. Stree, in: Schönke - Schröder, StGB, 25. Aufl. 1997, § 226 Rn. 2; Tröndle/Fischer, StGB, 49. Aufl. 1997, § 226 Rn. 6。转引自蔡慧芳：《伤害致死罪之适用——最高法院判例与判决之评释》，载《台湾本土法学杂志》2004年第61期，第56页。

重结果的归责与一般结果犯的归责有所不同，从而肯认加重结果必须是基本犯罪构成要件本身所伴随的特有或固有危险的实现，即“直接性”要件。换言之，如果加重结果不是属于基本犯罪特有危险的实现，即欠缺直接性，也就无法构成结果加重犯罪。但是如何判断此直接性，学界观点纷呈，依学理上的归纳大致可分为两种意见：第一种为加重结果的发生必须来自基本犯罪结果的结果危险理论；第二种为加重结果也可以是基本犯罪行为附带风险的实现的行为危险理论。为了厘清此两种观点的理论内涵，本节将在以下专门加以介绍。

一、结果危险理论

所谓结果危险理论（Lehre von der Erfolgsgefährlichkeit）是指在判断结果加重犯“直接性”要件时要求加重结果的产生必须来自基本犯罪的结果，也即结果加重犯特有危险的实现是发生在基本犯罪结果与加重结果之间。根据对基本犯罪结果要求严格性的差异，结果危险理论又可分为致命性理论与结果观点两种。[①] 前者的核心在于，唯有从故意施加的伤害行为而来的死亡危险才是所谓的基本犯罪特有危险，因此，由伤害行为直接产生的死亡致命性伤害才可构成结果加重犯。以故意伤害致人死亡为例来说明，致命性理论认为要想成立伤害致死罪必须是伤害结果先发生，且此伤害结果已经蕴含死亡的高度危险，再由该伤害结果恶化为死亡结果，如此才能建立起伤害致死加重处罚的根据。否则，倘若基本犯罪尚未出现伤

---

① 有关致命性理论和结果观点、行为观点的理论介绍及实务判决，整理自蔡慧芳：《德国法上结果加重犯归责理论之研究——以伤害致死罪为例》，载《刑事法学新趋势——Lothar Philipps 教授七秩祝寿论文集》，神州出版社 2004 年版，第 277 ~ 282 页；黄荣坚：《刑法问题与利益思考》，中国人民大学出版社 2009 年版，第 253 ~ 254 页；苏俊雄：《刑法总论Ⅲ》，元照出版公司 2000 年版，第 362 ~ 363 页。

害结果，便无法遽然建立与死亡结果的直接性关系，因而不能以死亡结果已发生为由对行为人加重处罚。

致命性理论最早是源于一则德国帝国法院关于适用伤害致死罪的判决，该案就是为学者们所经常讨论的枪支走火案：行为人在斗殴时使用已经装有子弹并上膛的手枪撞击被害人头部，但未料却触动扳机，子弹匣松开子弹射出，导致被害人死亡。帝国法院认为由于行为人在故意从事伤害行为的同时，又实施了一连串伴随行为，使得最终导致死亡结果的发生并不是伤害行为所产生的伤害结果所致，而是其中一个行为开启了独立与新的因果历程，因此判决行为人之行为并不构成《德国刑法典》（旧法）第 226 条的伤害致死罪。此判例后经提炼即发展成学说上的致命性理论。除此之外，实务上后来也有不少判决是采取了该种意见，譬如：联邦最高法院在一则涉及伤害行为以外的行为导致死亡结果发生的案件中就否定了适用伤害致死罪。此案的基本事实是：行为人用可能是木材材质的棒状坚硬物质猛打被害人，最终导致被害人死亡。经医学鉴定，被害人的死亡不排除可能是由于被害人自己摔倒在地死亡，或者是出于行为人实施的推挤致其头部撞地而死。对于本案，最高法院认为要想适用伤害致死罪就必须是行为人实施的伤害行为中某个环节的行为直接导致死亡结果发生，而本案却并非如此，因为被害人的死亡还有可能是因为自己跌倒或是行为人伤害行为之外的其他行为导致，因此不可以适用伤害致死罪进行处罚。①

目前，在德国主张致命性理论的学者有希尔施（Hirsch）、霍恩（Horn）、盖伦（Geilen）等。希尔施教授认为在适用伤害致死罪时，不能超过致命性理论的界限，否则无异于是放弃直接性要件，使伤害致死罪简化成故意伤害与过失致死的组合，同时由于加

① 此两则案例均引自蔡慧芳：《德国法上结果加重犯归责理论之研究——以伤害致死罪为例》，载《刑事法学新趋势——Lothar Philipps 教授七秩祝寿论文集》，神州出版社 2004 年版，第 266 ~ 267 页。

重刑罚的效果，结果加重犯应该要比想象竞合呈现出更多的要件，因此以伤害行为实施的观点来认定直接性，将会使故意范围之外的行为实施与加重结果间构成要件的特有危险关系也包括在内，而与结果加重犯的立场明显不符。最后，他得出结论倘若行为人实施基本行为时已经预见到死亡结果发生，应构成故意杀人罪；倘若行为人实施的故意行为过失造成死亡结果的，则应考虑以想象竞合解决，只有行为人实施的故意伤害行为方式伴随着可被行为人预见到的死亡危险，才可能论以该基本犯罪的结果加重犯。对于上述观点，学者霍恩表示认同，同时他又做了进一步的补充，指出在理解伤害致死罪这类犯罪的故意伤害行为时，必须采用现行《德国刑法典》第 224 条危险性伤害罪所规定的利用危及生命行为而造成伤害的概念，如果该危险性伤害所附随的危险没有实现，应该适用该法第 224 条的危险性伤害罪；如果危险已经实现为死亡结果，才适用伤害致死罪。

同样的，盖伦教授基本上也赞同致命性理论，依据其见解，对结果加重犯基本犯罪特有危险实现的判断，首先应当区分故意基本犯罪构成要件以内的要素和以外的要素，唯有排除基本犯罪构成要件之外的危险要素，才可判断危险的进程，进而确定是否属于基本犯罪之构成要件固有危险的实现，也正是在此意义下，结果加重犯的直接性要件才可能具备。以上述联邦最高法院所做的行为人用坚硬木棒攻击被害人致死案来做说明，由于被害人可能是因跌倒或者推挤撞地而死，这是独立于伤害犯罪构成要件以外的危险因素，因此此一危险的实现并不能向后联系到行为人实施的故意伤害行为。再举例而言，行为人重击站在繁忙交通要道旁侧的被害人，致使被害人落入车流量高的快速道路，因而命丧轮下，由于重击行为本身并不危及生命，真正致死被害人的是飞速疾驶的车辆，这也属于伤害罪构成要件以外的要素，因此不能对行为人论以伤害致死罪的结果加重犯。

与致命性理论相类似的还有雅各布（Jakobs）教授的风险同一性说。[①] 该说认为加重结果的产生必须来自行为人因实施基本犯罪行为所制造的风险，若加重结果的产生系来自与基本犯罪行为的实施毫无关联的风险，则不构成结果加重犯。[②] 他同时指出结果加重犯的大多数情形都是行为人在经由基本犯罪行为的实施或多行为犯罪中一部分行为的实施时，侵害行为实施的范围或者程度出现量的错误，由于基本犯罪行为蕴含的风险无法被行为人进行准确的量的控制，以至于成为一个具有重要性的风险，因此需要对行为人科以较重刑罚。可见结果加重犯的构成前提就是基本犯罪的结果与加重结果均产生自同一风险，只不过行为人自己在同一风险上发生量的误判，如果重结果的发生是来自与基本犯罪行为实施无关的风险则不能构成结果加重犯，此种情形只能依想象竞合进行处理。譬如，对上文盖伦教授以构成要素外危险的实现来解释的行为人击倒站在交通忙碌马路旁的被害人的案例，雅各布教授同样认为不能以伤害致死罪追究行为人的责任，其理由正在于被害人的死亡是车辆碾过这一风险的实现而不是行为人击打风险的实现，因此加重结果并非是同一风险的实现。再如，在前述的枪支走火案中，被害人并非死于行为人的打斗行为，而系误扣扳机的行为，因此伤害与死亡之间也不具备风险的同一性，即殴打与误扣扳机是不同的风险，故同样可以否认成立伤害致死罪的结果加重犯。

然而，致命性理论对基本犯罪的结果要求却过于严格，照此理

---

① 此风险同一性说与雅各布教授一直倡导的客观归责理论也是相通的。根据客观归责理论的概念，行为人制造了（或提高了）一个不被容许的风险，且此一风险在该当于不法构成要件的结果中实现，便可将该结果归责于行为人。同样的，如果行为人制造了一个更大的不被容许的风险，且此一风险在符合更严重不法构成要件的结果中得以实现，那么也可以将此重结果归责于行为人。

② 蔡慧芳：《伤害致死罪之适用——最高法院判例与判决之评释》，载《台湾本土法学杂志》2004 年第 61 期，第 57 页。

论，死亡结果只能是来自伤害结果的恶化才能满足结果加重犯的直接性，从而使得结果加重犯的成立范围受到限制，也因此一些学者不再坚持致命性理论，而是出现了松弛的倾向，此即学理上的结果观点。结果观点虽然也是在强调结果加重犯的加重结果必须是来自基本犯罪的结果时直接性要件才可成立，但结果观点却不将重结果的来源局限于基本结果，而是也包括由伤害本身所形成状态向外衍生的危险。譬如，行为人故意殴击被害人，在没有预见但应当预见的情况下，被害人跌倒在尖锐物体上死亡，尽管此种情形下被害人的死亡不是完全来源于行为人的殴打行为，但在行为人应当预见周围有尖锐物体被害人可能因为昏眩而跌落丧命时，此一死亡风险即属于伤害行为本身所附带的危险，因此直接性仍旧可以成立。同理，对于上述行为人在交通十分繁忙的道路旁故意击倒被害人，因而致其死亡的，也可以构成伤害致死罪。学理上的这一主张在德国司法实务上也有反映，如联邦最高法院时代的面团机器案即为一例。[①] 本案的基本案情是：一个面包店店员殴打他的同事，导致被害人头脑昏眩而不幸跌入一个正在运行中的面团机器内，后被面团棍卡住卷入面团内，最终窒息身亡。在本案中，尽管被害人的死亡是由眩晕而非最初的伤害行为直接导致，但考虑到被害人是因行为人的伤害而感到眩晕，进而跌入机器死亡，因此最高法院仍然肯定了伤害致死罪的适用。最后，由于结果观点涵盖的个案死亡结果不必然都是基本犯罪构成要件的危险，也包括其他构成要件，甚至不属于构成要件危险的实现，因此与致命性理论相比势必会扩大结果加重犯的适用范围。

---

① 引自蔡慧芳：《德国法上结果加重犯归责理论之研究——以伤害致死罪为例》，载《刑事法学新趋势——Lothar Philipps 教授七秩祝寿论文集》，神州出版社 2004 年版，第 266 页。

二、行为危险理论

与结果危险理论不同，行为危险理论（Lehre von der Handlungsgefährlichkeit）认为结果加重犯的危险实现关系不仅仅是在基本犯罪结果与加重结果之间，而且也在基本行为与加重结果之间，即结果加重犯的直接性指的是伤害行为实施本身所具有的死亡危险。在此值得注意的是该理论使用了“伤害行为”而不是“故意伤害行为”的概念，可见，行为危险理论所强调的行为实施不限于故意的伤害行为还包括出于伤害故意而实施的与伤害有关的一连串动作。应该说行为危险理论产生的出发点是要缓和结果危险理论对构成结果加重犯的严格性，所以该理论承认一些虽不涉及致命性伤害，但却导致死亡结果发生的行为也可以成立结果加重犯，对此观点，实务中的一些判决给予了支持。例如，在面对与前述帝国法院枪支走火案相类似的案例时，德国联邦最高法院采取了与之截然不同的态度，而肯定行为人以手枪敲击被害人头部并导致子弹射出杀死被害人的行为与被害人的死亡结果之间符合德国《刑法》（旧法）第226条伤害致死罪的构成要件。在该判决中，联邦最高法院认为造成死亡结果的范围不仅只有伤害结果，还包括导致死亡结果的伤害行为的实施，亦即，具体行为实施同时产生死亡结果的也可成立结果加重犯。而本案所涉及的情形，行为人使用手枪敲击被害人头部正是一种造成伤害的行为，同时子弹射死被害人也是敲击时所发生的结果，因此，死亡结果是由伤害行为所生，可以适用伤害致死罪。

除此之外，另一个采用行为危险理论且为学者广泛讨论的案件是1982年联邦最高法院判决的高椅坠落案。[①] 在此案中，行为人

① 此案之介绍转引自蔡慧芳：《德国法上结果加重犯归责理论之研究——以伤害致死罪为例》，载《刑事法学新趋势——Lothar Philipps教授七秩祝寿论文集》，神州出版社2004年版，第272页。

推倒被害人所坐的离地3.5米的高椅，导致被害人从高处跌落而发生右脚踝骨骨折，经开刀装置钢钉固定后，被害人出院，以后被害人便开始在家长期卧床休养，终于某日出现呼吸困难而送医治疗，不久被害人死亡，经解剖得知，死因是被害人长期卧床不活动，诱发肺血管栓塞与肺炎，最终死亡。对此，联邦最高法院在判决中指出适用伤害致死罪的前提是伤害行为所附带的固有内在危险，但此项危险的实现并不取决于伤害结果，而是伤害行为导致死亡结果即可。在本案中，威胁生命的伤害行为最先造成伤害结果，但此伤害结果并非具有致命性，被害人的死亡是此情况恶化以后才产生，此足以认定被害人之死亡是来自伤害行为所附带的固有危险的实现。本案法院更进一步地指出，过去联邦最高法院所采取的限制解释立场是不符合伤害致死罪的立法目的的，而且从《德国刑法典》（旧法）第226条中也不能得出支持结果危险理论的论据，基于此，法院肯定了本案的故意伤害行为与死亡结果之间具备直接性要件，而且，就死亡结果的发生而言行为人又难辞无预见的可能，因此，行为人的行为可构成伤害致死犯罪。

采行为危险理论的学者在德国主要有沃尔特（Wolter）教授，他从前述结果观点出发，认为若采取此见解，行为人只要轻碰一下被害人，出现伤害结果，才可被认为成立伤害致死罪。但如果轻碰被害人与死亡结果无因果关系，就可以影响到是否得对行为人论以伤害致死罪。很明显上述主张有检讨的空间。[①] 对此，沃尔特教授的基本立场是不将产生加重结果的范围局限在基本结果之上，而是就行为实施的整体情况从事客观判断。依其见解，伤害行为所造成的死亡风险只有在两种情况下，才符合结果加重犯所要求的直接性。第一种情况是，行为人创造出必然的，即接近确定性的死亡风

---

① Wolter, Zur Struktur der erfolgsqualifizierten Delikte, JuS 1981, 173。转引自蔡慧芳：《结果加重犯之未遂问题》，载《苏俊雄教授七秩华诞祝寿论文集——自由·责任·法》，元照出版公司2005年版，第127页。

险。第二种情况是行为人创造出基本犯罪相当的死亡风险，且此风险对行为人而言不可控制。由此，对枪支走火案来说，当行为人以装了子弹的手枪敲击被害人头部时，可以说已经制造了相当的死亡风险，但由于行为人是在过失下触动扳机，对他而言，丝毫没有机会去防止死亡结果发生，因此具备不可控制要件，符合第二种情况，伤害致死罪结果加重犯的特有危险关系成立。相反地，在罗特泽尔案中，被害人的逃走是由于行为人的殴打行为所致，两者之间同样具备相当性，但此例的被害人不是处于刻不容缓的危急状态，而是必须靠自己的力量才能越过窗口，也就是说行为人并非完全不可控制伤害行为所制造出的情况，因此，与上述不可控制原则不符，没有办法构成相应的结果加重犯。

同样赞同该理论的还有德国学者韦塞尔（Wessels）、赫廷格（Hettinger）等。其认为基本构成要件行为与加重结果之间是否具备直接性，不能仅凭结果论断，而应该也考虑具体的伤害行为方式及受伤结果的方式，即包括整个伤害实施行为所造成与伴随的影响过程。死亡结果若因被害人或第三人行为介入造成，应否定二者之间的直接性，但如果被害人是为了避免更严重的伤害，而作出不谨慎的反应，如被害人被逼到阳台，为了躲避更严重的伤害而不得不爬上阳台，却在此过程中坠楼身亡；或行为人殴打被害人，被害人送医时医生没有发现颅内血块，而延误治疗造成被害人死亡；或者在悬崖边殴打被害人，后被害人被击落坠崖或因抵抗而失足坠崖致死的，皆不排除伤害行为具有的特别危险关联，因此，伤害后的死亡是否由行为人、被害人或第三人的行为造成并不重要，重点是实施的行为本身所具有的构成要件上的风险是否实现了死亡的结果。①

---

① Wessels/Hettinger, Rn. 298ff. ; Sch/Sch/Esser. StGB, 2001, § 227Rn. 3ff。转引自黄惠婷：《结果加重犯之直接关连性》，载《台湾本土法学杂志》2005年第69期，第173页。

行为危险理论在其他大陆法系国家也不乏支持者，如在韩国就有学者认为，结果加重犯的成立，除了因果关系外，还必须是将包含在基本犯罪之内的典型性危险得以实现致使重结果发生，也即必须具备直接性要件，同时在直接性的来源上，“尽管结果是行为的产物，但不考虑行为当中的典型性危险是不合理的做法，因此应该要求重大结果必须直接由基本犯罪的行为发生”。① 明显是采取了行为危险说。此外，我国台湾地区也有学者在对结果加重犯直接性要件的认定上是采用了行为危险的理论。例如，蔡慧芳教授即认为，在结果加重犯直接性的判断上，应以行为本身作为出发点来观察危险实现关系。简言之，是以特定的结果与特定的行为方式为前提。首先，就结果观点而言，如果伤害行为已经产生致命性伤害结果，当然可以成立直接性。这也应该是最接近德国实务上所使用的“直接性”一词的构想。不过，需要注意的是，致命性结果的应用范围并不大，许多有争议的案件都是非致命性伤害，而且在那些属于致命性伤害的案例中，又如何去排除行为人的杀人故意，也是难点。其次，结果加重犯不是单纯的基本犯罪加加重结果，而是加重结果必须来自基本犯罪行为本身特有危险或固有危险之实现。由此，在适用结果加重犯时，必须在基本犯罪行为实施中，依据该行为之方式而筛选出某些行为，只有那些符合标准被选出的行为才有可能与后来发生的加重结果建立归责关系。②

---

① ［韩］李在祥：《韩国刑法总论》，［韩］韩相敦译，中国人民大学出版社 2005 年版，第 180～181 页。

② 蔡慧芳：《德国法上结果加重犯归责理论之研究——以伤害致死罪为例》，载《刑事法学新趋势——Lothar Philipps 教授七秩祝寿论文集》，神州出版社 2004 年版，第 299～300 页。

第三节 国内实务立场与学说态度综介

理论上有关结果加重犯的阐述普遍是从基本犯罪、加重结果及两者之间的关系展开，并且要求在基本行为与基本结果和加重结果间均需具备因果关系。由此观察，结果加重犯似乎与想象竞合犯的情形并无不同，即都是以一个行为，实现两个犯罪结果，且该行为与两个结果间存在因果关系。不过，由于我国刑法上存在许多结果加重犯的立法，由此似乎可以反推出立法者认为结果加重犯是一种不同于想象竞合的犯罪类型。而根据上文的说法，德国学界和实务对此问题的态度是要求基本犯罪与加重结果间必须具备直接关系。与此相对，就需要了解我国实务部门及学界对此究竟是何认识，因为只有了解本国理论及实践的相关见解，才能更深刻地反思刑法关于结果加重犯的规定，同时在借鉴国外观点时也才有了比对的基础。根据我国一些实务见解，在基本犯罪行为的实施过程中，若死亡历程有介入因素的干扰，法院有时肯定有时却又否定结果加重犯的成立，可见实务在这个问题上尚未有完全清楚的立场。同时，学界对结果加重犯结构的归纳，意见也相当不统一。这些内容将在下文详细介绍之。①

一、国内司法实务立场

结果加重犯由于较为复杂的犯罪结构以及科刑处罚的严苛，成为学理上热烈讨论的问题，然而，此种犯罪类型在我国不仅只是学理上的概念，而且是有着分则明文规定的立法现实，因此，实务中涉及结果加重犯的判例自然不少，为了避免结果加重犯的研究陷入学说上的自说自话，我们有必要进一步了解结果加重犯的法律规定是如何在司法实践中获得运用，以及实务上对结果加重犯的成立要件究竟有何看法，为此，笔者选择了国内近期司法实践中的几个典型性案例进行分析，并试图透过前述学说构建的理论来映照实务上对结果加重犯所持的立场。通过对这些案例的分析和检讨，可以看出，目前我国实务界对结果加重犯的客观构成到底需要具备哪些要

---

① 在此需要说明的是，本节选择的案例均为我国大陆司法判例，由此引申的观点当然也只能表明我国大陆的实务立场，同时后述的各种学说也均为我国大陆学界的观点，并不涉及我国台湾地区。至于台湾地区的见解，其实务部门普遍认为结果加重犯的成立，客观上必须是基本犯罪与加重结果之间具备相当因果关系。具体阐述见陈子平：《结果加重犯——以最高法院九十年度台上字第四五九四号判决为主轴对近年相关判例判决之评释》，载《台湾本土法学杂志》2002年第35期，第17～22页。而台湾学界对结果加重犯客观方面的要求，分歧颇多，有认为基本犯罪与加重结果间须具备相当因果关系（判断上采折中说）（如陈子平：《刑法总论》，元照出版公司2008年版，第364页）；有主张加重结果与基本行为间须存有“直接因果关系”（如张丽卿：《刑法总则理论与运用》，五南图书出版公司2007年版，第111页）；有强调基本行为之危险性（如柯耀程：《变动中的刑法思想》，中国政法大学出版社2003年版，第121页）；有要求故意之基础行为与加重结果间须具有“特别的危险关联”［如黄惠婷：《刑法案例研习（一）》，新学林出版社2006年版，第30～31页］；还有要求基本行为与加重结果之间应当存在“特殊危险及直接的关联性”（如林钰雄：《新刑法总则》，元照出版公司2006年版，第88页），等等。

件并无完全一致的认识，基本上也没有采用“直接性”的要件，只不过与以往相比，法院开始越来越多地采取限缩的态度，在一些判决中特别附加额外的要素，以限制结果加重犯的成立范围，同时在结果加重犯的处罚上也尽可能地适用法定或酌定减轻情节以缓和其过重的法定刑。笔者以下的阐述，为了能比较清楚和全面地透视国内有关结果加重犯的实务立场，特将涉及情形分为几类分别加以介绍。

（一）被害人具有特异体质的案例

实务中经常遇到的案例是行为人虽然实施了基本犯罪的行为，但被害人的死亡、重伤等加重结果却是与其自身的特异体质有关，也即如果行为人作用的对象不是该被害人而是其他人，加重结果就未必发生。对此，我国的相关司法判例结论并不完全一致。譬如，江苏省灌云县人民法院2008年一判决即认为此种情形下行为人的行为构成过失致人死亡罪。本案的基本案情是：行为人与被害人在邻居家看小牌，因琐事发生口角引发厮打，在厮打过程中，被害人抓住行为人的胳膊，行为人用劲甩出胳膊时导致被害人身体站立不稳，被地上的木段绊倒，头部撞至石头墙，当场死亡。经灌云县公安局法医鉴定，被害人符合因患肥厚性心肌病，在胸部等处遭受殴打及情绪激动后诱发心功能衰竭死亡。对于本案，法院认为行为人是过失致被害人死亡，成立过失致人死亡罪。至于法院据此认定的根据，一如我国司法实务中大多数判例所犯的通病，并未在说理部分作出清楚的说明，而只是得出一个成立过失致死罪的结论。

不过就此结论而言，实务部门却还有其他不同的意见。在另一则与此相类似的案例中，法院就作出了认定被告人无罪的判决。该案的具体案情及判决内容如下：[1] 被告人葛某某与张某为其邻居韩某某在葛居室前的绿化带搭棚而与韩发生争吵，后梁某某闻讯赶至

---

① 本案例摘自卢方主编：《刑事案例精选》，上海人民出版社2004年版，第127页。

参与其中，并与张某发生冲突，双方互殴。梁某某与张某互殴后，退至该弄内绿化地水泥护栏处，随即仰面倒地，在送医途中死亡。经法医鉴定，梁某某患有严重冠心病，致急性心力衰竭死亡。情绪激动、剧烈运动及一定的外力作用均可为死亡的诱发因素。一审法院认为，被告人因与梁某某互殴，造成梁某某死亡的结果，其行为已经构成故意伤害（致死）罪。此案经被告人上诉，二审法院审理认为被告人张某与梁某某的互殴行为，与梁某某因冠心病急性发作致心力衰竭而死之间没有直接的因果关系，被告人对被害人的死亡不承担故意伤害的刑事责任，据此撤销原审判决，改判行为人无罪。此案中，值得注意的是两级法院对行为人与被害人的互殴行为是否是造成被害人死亡的原因，即两者之间有无因果关系的认定有着截然相反的看法。一审法院认为“梁某某生前患有严重冠心病，张某的行为系被害人死亡的诱发因素之一”，换言之，如果没有张某的殴打行为，梁某某的冠心病根本就不会发作，进而也不会造成其死亡的结果，可见，一审判决在这里似乎是采取了条件说的主张。但是，二审法院对此却加以否定，否定的理由是张某的殴打行为与梁某某冠心病发作死亡之间无“直接的因果关系”，由于二审法院没有再做进一步的阐释，因此我们无法确定此处的直接因果关系所指为何，是否与上述的直接性概念相关。

除了上述过失致死罪与宣告无罪的判决结果外，司法实务中也有不少判例是肯定了此种情形可以成立故意伤害（致死）罪。譬如，重庆市第五中级人民法院2008年一判决即是如此。此案的基本案情是：被告人王某某、吴某等陪同肖某至有肖某投资的酒店与该酒店的实际经营者（也是投资者之一）王某协商利润分配问题，后王某未至，肖某便要求酒店经理赵某交出当日营业款，赵某交出后说当日还有婚宴款未结，肖某遂等候收取该款。后肖某得知办理婚宴的人未结账即离开，认为赵某在欺骗自己，便将赵某叫至酒店大堂予以指责并拍打其肩部。此时，站在肖某身后的被告人王某某和吴某等也上前对赵某拳打脚踢，致其倒地。赵某倒地后，王某某、吴某认为赵某装死，王某某又踢了赵某背部一脚，之后被告等人全部离开。后赵某经赶至酒店的医生抢救无效而死。经法医鉴定，赵某患先天性动—静脉型脑血管畸形，死亡系动—静脉型脑血管畸形破裂致蛛网膜下腔出血所致。

此案经重庆市大渡口区人民法院一审及重庆市第五中级人民法院二审均认定被告人的行为与被害人死亡之间存在因果关系，被告构成故意伤害（致死）罪。其中，一审法院判决指出："……吴某、王某某等多人致赵某受伤，虽非属致命性损伤，但系导致赵某动—静脉型脑血管畸形破裂致蛛网膜下腔出血的诱因之一，应对赵某的死亡承担刑事责任。"可见，一审法院是采用了条件说来确定伤害行为与死亡结果之间的因果关系，并且明确排除适用前述学说上的致命性理论，而认为即使行为人的伤害行为没有给被害人造成致命性伤害，但只要事实上诱导了被害人死亡结果的发生，即可成立故意伤害（致死）罪。对此，二审法院予以认同，并做出进一步阐释："虽然在一般情况下，上诉人等对被害人殴打的行为不会产生被害人死亡的结果，但被害人患有先天性动—静脉型脑血管畸形，在其头部外伤、情绪激动、大量饮酒等诱发因素的情况下均可能造成死亡，如果上诉人等不对被害人进行殴打，就可能不会诱发被害人动—静脉型脑血管畸形破裂致蛛网膜下腔出血死亡。"这里，二审法院起初提到在"一般情况下，上诉人等……不会产生死亡结果"似乎是采取了相当性判断的立场，但随即又主张"如果不对被害人进行殴打，就可能不会……"，此即为条件说"若无前者即无后者，则前者是后者原因"的典型判断方法。因此，在因果关系的判断上，二审法院同样是采取了条件说。

除此之外，本案中二审法院还将因果关系的判断和结果的归责予以区分，认为"根据刑法的一般原理，被告人只对自己的行为负责，当其行为与其他人的行为或一定自然现象竞合时，由他人或自然现象造成的结果就不能归责于被告人"，即虽然肯定了被告人的伤害行为是被害人死亡的原因，但并非可以将此死亡结果全部归责于被告人。因为“刑法对故意伤害他人致人死亡的法定刑，是以故意伤害行为系被害人死亡的直接原因甚至唯一原因作为标准配置的……”在此值得注意的是，法院采用了“直接原因甚至唯一原因”的用语，亦即法院认为只有在死亡结果完全是由行为人的行为造成，没有介入任何其他因素（包括第三人的行为、被害人自身的原因等）的情况下，才可将此结果全部归责于行为人，而适用《刑法》234 条第 2 款的法定刑。可以看出，此种说法与前述德国联邦最高法院对直接性概念的早期界定相类似，只不过本案二审法院在被害人死亡有其他介入因素的情形时，并未否定可以构成故意伤害（致死）罪，而仅仅是认为不适用其法定刑，在量刑上给予行为人以减轻处罚的优待。

（二）涉及被害人自己行为的案例

实践中也有一些案例是加重结果的发生与被害人自己的行为有关，此即涉及被害人自己行为的案例。我国司法实务部门对此有不同的见解。其中，比较典型的如北京市高级人民法院〔2006〕京高刑终字第 451 号判决所指涉的案件。[①] 本案的案件事实是：被告人王某某因犯盗窃罪于 1998 年 12 月被判处有期徒刑 7 年，2004 年 7 月 3 日刑满释放。2005 年 5 月 13 日凌晨 3 时许，王某某钻窗潜入北京市西城区某胡同某号楼被害人李某（女，时年 39 岁）家中，从客厅窃走李某的人民币 100 余元及手机 1 部。后王某某又进入大卧室，见到熟睡的李某，遂起意奸淫。王某某对李某进行威胁、捆绑、强行将其奸淫，后即钻窗逃离现场。李某到阳台呼救时因双手被捆，坠楼身亡。由于本案最终导致被害人坠楼的是被害人自己到阳台的呼救行为，因此能否适用《刑法》第 236 条第 3 款第 5 项“致使被害人重伤、死亡或者造成其他严重后果”的规定就很有争议。对此，北京市第一中级人民法院（一审法院）和北京市高级人民法院（二审法院）均认定行为人的行为与被害人死

① 本案案情及裁判内容见《人民法院报》2007 年 3 月 5 日第 6 版。

亡之间存在因果关系而成立强奸罪的结果加重犯，其中特别需要注意的是二审法院的判决理由。

二审法院即北京市高级人民法院认为本案正是由于“行为人为实施强奸捆绑被害人双手的行为直接导致被害人在阳台呼救时因难以控制身体平衡而坠楼身亡”。虽然被害人到阳台呼救时行为人已经完成强奸实行行为离开现场，但“被害人双手仍被捆绑意味着其犯罪暴力尚在持续地对被害人发生作用。在此情况下，被害人到阳台呼救应当是反抗被告人侵害行为的表现……被害人死亡与被告人的犯罪暴力之间存在事实上的因果关系”。可见，北京市高级人民法院认为被害人的死亡是由于行为人强奸行为中的暴力行为即捆绑导致，尽管法院的判决中有“行为人的行为直接导致……”的措辞，但在因果关系的判断上法院并非是采用了直接性要件。① 从判决内容分析，法院认为是捆绑行为导致死亡发生，而双手被捆会导致身体协调能力受到限制，无法掌握身体平衡，这正是根据日常生活经验法则所做的推论，因此，这里法院应当是采用了相当因果关系说来认定行为人的捆绑行为与被害人坠楼死亡之间有因果关系存在，尤其是二审判决曾提到：“被告人在被害人反抗的情况下，采取捆绑等暴力手段，在高层建筑内故意对被害人实施强奸这

---

① “直接性”的概念，如前所述，是指基本犯罪固有内在危险的实现。而本案中被害人的坠楼并非是强奸犯罪（包括手段行为和奸淫行为）固有典型性危险的实现，详言之，因捆绑双手导致被害人站立不稳坠楼的风险虽然部分地来自强奸犯罪，但在强奸犯行已经实施完毕的情形下，捆绑双手只是行为人侵害行为状态的延续，确切讲，死亡结果不是强奸行为所造成的风险实现，而是一种因行动自由丧失所形成的风险，因此不符合直接性的要求。有关本案的法理分析见张明楷：《结果加重犯的认定——评北京市高级人民法院〔2006〕京高刑终字第451号判决》，载《中国法律评论》（第1卷），法律出版社2007年版，第135~143页。不同意见见于同志：《结果加重犯基本问题研究——王某某强奸案法律适用问题探讨》，载谢望原、赫兴旺主编：《中国刑法案例评论》（第1辑），中国法制出版社2007年版，第33~55页。

一特殊的危险行为……”不难看出，法院认为在高层建筑内为强奸被害人而进行的捆绑行为属于一种高度危险性的行为，而这一结论正是根据社会生活通则做成。

在另一则重结果的发生是与被害人自己行为有关的案件中，法院采用了条件说来判断行为人的犯罪行为与被害人死亡之间具有因果关系。此案案情简介如下：[①] 2008 年 3 月，赵某来到江西省吉安市吉州区加入一传销组织。之后，赵某为发展下线多次打电话、发短信给在上海务工的被害人陈某，编造其在吉安做烟酒生意很忙需要帮助的谎言将陈某骗至吉安。4 月 12 日，被害人陈某从上海乘火车到达吉安，赵某将陈某带至吉州区一住宅小区 12 栋 2 单元 402 室出租房内，要陈某从事传销活动，陈某当即拒绝并表示要离开，赵某则以让陈某在吉安玩两天为借口，强行说服陈某留下。为阻止陈某离开吉安，赵某伙同李某等人限制陈某的行动以及电话通话，并强迫陈某听传销课。4 月 14 日晚 21 时许，陈某提出当晚要离开吉安，赵某不同意，陈某遂借上卫生间之机爬窗户欲逃离出租房，但从窗户跳下后不慎坠楼身亡。经法医鉴定：被害人陈某系从高空坠下头额部着地，致重度颅脑损伤死亡。江西省吉安市吉州区人民法院认为：“本案中，赵某为要被害人陈某从事传销活动，实施了阻止陈某离开、限制行动及电话通话等剥夺他人按照自己的意志支配身体活动自由的行为，陈某是不堪忍受为了摆脱赵某的非法拘禁想获得人身自由选择爬窗逃离而不慎坠楼身亡，故赵某的非法拘禁行为是造成陈某死亡的主要原因，非法拘禁行为与死亡结果之间具有刑法上的因果关系。”在此，法院强调被害人死亡的原因是行为人非法拘禁被害人，被害人为了摆脱限制所致，换言之，如果没有赵某的非法拘禁，被害人就不会选择爬窗逃走，也就不会在此过程中不幸坠楼身亡。很明显，法院是采用了条件说的理论来判定

---

① 本案来源于中国法院网：http://www.chinacourt.org/html/article/200904/29/355074.shtml，访问日期 2010 年 7 月 27 日。

行为人行为与被害人死亡之间存在因果关系，进而判决行为人构成刑法第238条第2款的非法拘禁（致人死亡）罪。①

不过，在面对与上述非法拘禁案相类似的案例时，河南省夏邑县人民法院却作出了与江西省吉安市吉州区人民法院完全相反的结论。② 此案的基本内容是：2002年4月张某亮借被告人彭某村13000元。后经多次催要，张某亮均未还款。2004年3月1日晚，为了索取债务，被告人彭某村指使被告人彭某立将张某亮带到其楼房内（二楼）予以拘禁。当日晚24时许，张某亮趁被告人不注意之际，从二楼窗口跳下逃跑时，不慎摔死。经法医鉴定，张某亮系坠落后吸入血液，导致机械窒息死亡。对此，河南省夏邑县人民法院认为《刑法》第238条第2款所规定的非法拘禁“致人死亡”是指非法拘禁行为本身直接导致被害人死亡，而本案中“被害人的死亡是其从二楼逃跑时不慎导致”，被告人实施的非法拘禁行为“不足以直接产生被害人的死亡结果”，因此死亡结果与被告人的行为没有因果关系。另外法院还明确列举了非法拘禁行为与被害人的死亡之间具有直接因果关系的情形，如“长时间捆绑使被害人身体衰竭而死亡；关押在地下菜窖里缺氧而死亡”。将该判决理由与前述学说理论相对照，可以看出在本案因果关系的认定方面法院似乎真正采取了直接性的要件，而不仅仅是措辞上的相同。这在我国的司法实务判决中并不多见。

（三）介入医疗过失的案例

行为人实施了基本犯罪行为，但被害人重伤、死亡等重结果是由于介入了医院的医疗过失所致，此时是否仍然可以将重结果归咎

---

① 与本案相类似，在另一则行为人意图伤害被害人，未及实施，被害人自己害怕从楼上跳下进而死亡的案件中，法院判定行为人构成故意伤害致死罪。详见北京市高级人民法院〔2005〕京高刑终字第225号判决内容。

② 此案来源于河南法院网：http://hnfy.chinacourt.org/public/detail.php? id=61806，访问日期2010年7月27日。

于行为人，这关系到如何看待医疗过失在该犯罪中的地位和作用。对此，我国司法实务中有不少相关的判例。以下即为一则由行为人的行为与医院医疗失误共同导致重结果发生的典型案例：[①] 2003 年 11 月 19 日 13 时许，被告人吴某某与他人在北京市某区某大学附近餐厅用餐时，同饮酒后的被害人高某发生争执。其间，吴某某将高某踹倒在餐厅门口，高某倒地致头部受伤，被先后送至该大学医院及某解放军医院，临床诊断为酒精中毒，次日上午，被害人的家属将其接离医院自行护理。后高某因头枕部疼痛，于同年 11 月 24 日上午被送至河北省某市人民医院，经检查发现头部有外伤，于当晚接受开颅手术。同年 12 月 19 日，高某经该院医治无效死亡。经法医鉴定，高某系重度颅脑损伤合并中枢性呼吸衰竭死亡。

可以看出，与典型的故意伤害致死罪不同的是，本案被害人的死亡与第三人即医院的失误有关。由于被害人被踹倒受伤后，无论是其所在大学的医院还是某解放军医院均未诊断出被害人头部有外伤的事实，只是诊断为酒精中毒并且按照酒精中毒的症状予以治疗，因此存在医院误诊的情况，这是与被害人死亡有关的重要因素。既然如此，本案的行为人还要不要负伤害致死罪的责任就有疑问。对此，一、二审法院均认为行为人的行为与被害人受伤致死之间有因果关系，而判定行为人构成故意伤害（致死）罪。具体而言，本案判决认为根据尸检报告显示被害人死亡的真正原因是其头后枕部所遭受的外力，即“头后枕部的钝器伤”，而从行为人踹被害人的方向及多名证人证实被害人被踹倒后是仰面倒地或侧面倒地的，“这两种倒地状态均能造成头后枕部着地的结果，并形成一种外力”，再加上当时的具体情况是被害人处于醉酒状态，身体的自我协调能力较差，“因而其一旦被踹倒，是有可能造成较重伤害后果的”。至于被害人受伤后医院未能及时确诊和对症治疗，法院认

---

① 此案案情及审理结果见北京市高级人民法院编：《北京法院指导案例》（第 4 卷），知识产权出版社 2008 年版，第 3 ~ 6 页。

为由于行为人实施的行为本身就有足以造成死亡结果发生的效力，医院的失误仅仅是没有阻止这一进程，更何况，“在被害人本身醉酒，头部外伤也没有出血症状的情况下，医院出现误诊也非实践中明显异常的情形”，综上法院判定：“此介入因素的存在，并不能中断被告人行为与被害人受伤致死之间的因果关系。”

从判决内容分析，法院有采用相当因果关系说作为认定因果关系的依据。其之所以考察被害人酒醉状态、倒地方向等，均是要论证在此种环境状况下，是否有发生被害人重伤乃至死亡结果的一般倾向，也即相当因果关系说中的“相当性”。不过值得注意的是，法院在此还一并考察了介入因素对重结果发生作用力的大小（医院延误诊疗只是对可能阻止死亡结果的发生起了妨碍作用，对重结果并无决定力），以及介入因素的异常性大小（在该特殊情形下医院出现误诊并非异常）等综合判断行为人的行为与重结果间的关联状况，并以此认定此介入因素不能“中断”行为人行为与死亡结果之间的因果关系。而这部分的考察却是采取了条件说的方法，因为基本行为导致重结果发生的危险性大小、介入情况对重结果发生的作用大小、介入情况的异常性大小等，均是判定因果关系是否中断的依据，而中断概念却是为条件说特有的。因此本案法院有混用相当因果关系说和条件说的迹象。

在另一个涉及医疗过失的类似案例中，[①] 法院采取了与上述案件相同的立场。此例的行为人因琐事与被害人发生口角，进而相互扭打，在扭打过程中行为人拿出随身携带的匕首刺了被害人腹部一刀，致其胃小湾部及左肺下叶两处创伤。后被害人被送医救治，但医院在手术时只发现胃部创伤而未发现左肺处创伤，故未能及时救治，被害人终因肺部出血引起血气胸死亡。本案的法院认为尽管医院在救治过程中存在过错，但由于是行为人的伤害行为导致被害人

---

① 此案摘自张耕主编：《刑事案例诉辩审评——杀人罪　伤害罪》，中国检察出版社 2005 年版，第 209 ~ 214 页。

肺部受伤，进而因伤致死，“被害人脏器受伤与其死亡之间具有合乎逻辑的因果关系”，因此该医疗过错并不影响行为人伤害行为与被害人死亡结果之间刑法因果关系的成立，“其过失仅仅是未及时发现与治疗，并非加剧病情或引发死亡的原因”。鉴于此，法院判决行为人的行为构成《刑法》第234条第2款的故意伤害（致死）罪，不过，由于对被害人死亡的重结果医院也有过错，因此在量刑上对被告人从轻处罚。

对于结果加重犯的客观构造，特别是结果加重犯的基本犯罪行为与加重结果间应当具备何种关系，笔者特别选择了涉及被害人特异体质、被害人的逃难行为及医疗过失这几个实践中比较常见的案例作为考察我国司法实务部门见解的基础。通过以上介绍可以看出，我国司法实务部门对结果加重犯基本行为与重结果之间因果关系的判断较多地是以条件说为依据，如果没有行为人基本犯罪行为的实施，被害人就不会受重伤或者死亡的话，便肯定两者之间有因果关系的存在。同时司法部门有时候也采用相当因果关系说，若根据社会一般观念与生活经验，行为人的行为通常能够导致重结果发生的，即可认为行为人之行为是加重结果发生的原因。不过，由于认识上的误区，法院有时会混用条件说和相当因果关系说的概念。除了采用条件说和相当因果关系说，我国司法实践中有个别案例判决还加入了直接性要件的考量，而认为加重结果必须是来自基本行为特有危险的实现，才可肯定两者间的因果关系。此外，特别值得注意的是，我国司法实务部门有将因果的判断与归责的判断区分开来的倾向，如上述许多判例在肯定行为人伤害行为与被害人死亡等加重结果之间存在因果关系的同时，又认为由于行为人的基本行为并非是加重结果产生的唯一原因，因此不能将此重结果全部归责于行为人，从而在行为人责任的认定上，产生减轻或从轻处罚行为人的量刑效果。

二、学说观点归纳整理

（一）学界关于因果关系的一般理论

在介绍完我国实务部门对结果加重犯客观要件，主要是其基本犯罪与加重结果间关系的态度后，接下来本书将介绍我国学界对此问题的讨论。而在此之前，有必要先了解我国刑法理论关于因果关系的一般认识。从渊源上看，我国刑法学界对因果关系的看法最初是接受了苏联的“必然因果关系”说。该说认为，根据马克思主义哲学，因果关系表现为一种现象和其所产生的另一种现象之间的必然联系，刑法上的因果关系也应当以哲学理论为指导，只有当某种具体条件下，某种行为具有危害社会结果发生的实在可能性，并且由该行为合乎规律地产生该种结果时，才能认为某种行为是危害社会结果的原因，即“刑法上的因果关系，是指危害行为同危害社会结果之间的必然联系。就是说，只有当某种或某些危害社会行为，在一定条件下，必然地，不可避免地引起某种或某些危害结果的时候，我们才能认为这些危害社会的行为与危害社会的结果之间存在因果关系”。[①]

不过由于必然因果关系说对司法实践中的一些现象有时难以做出合理的解释，因此之后学界又提出必然偶然因果关系说作为认定因果关系的基础。该说认为，刑法中的因果关系不仅仅指必然因果关系，还存在偶然因果关系。[②] 所谓偶然因果关系，是指某危害行为造成某危害结果，这一结果在发展中又与其他的危害行为或事件

---

① 曹子丹主编：《中华人民共和国刑法教程》，中国政法大学出版社1988年版，第70页。

② 关于必然偶然因果关系说的详细内容，可参见王作富：《中国刑法研究》，中国人民大学出版社1988年版，第134～140页；高铭暄主编：《刑法学原理》，中国人民大学出版社1993年版，第578～582页；高铭暄主编：《刑法专论》（第2版），高等教育出版社2006年版，第189～192页。

相竞合，合乎规律地产生了另一危害结果，虽然先前的危害行为不是最终结果的决定性原因，不能决定该结果出现的必然性，但两者之间存在偶然因果关系。在我国因果关系理论中，一个半因果关系说也属于这种观点。[①] 主张必然偶然因果关系说的学者认为，任何事物的发展总是既有必然性又有偶然性，是必然性和偶然性的辩证统一，没有必然性的偶然性，或没有偶然性的必然性都是不存在的。把必然性和偶然性的根据与其辩证统一所形成的结果相联系，就自然得出有必然和偶然两种因果关系存在。因此，区分两种不同性质的因果关系是对因果关系理论认识的深化，是坚持辩证唯物主义的决定论，正确理解因果性、必然性和偶然性及其相互关系的必然结论。

不难看出，上述必然因果关系说和必然偶然因果关系说都带有浓厚的辩证唯物主义哲学色彩，是将哲学上的因果律直接套用到刑法理论的结果，这种做法及由此产生的观点自20世纪90年代开始，逐步受到学者们的批判，有学者指出，必然或偶然因果关系的说法并不能解决具体刑事案件的因果问题，因为行为与结果之间有无因果关系以及这种因果关系能否成为行为人负刑事责任的客观基础，都不能根据它们是不是必然因果关系来确定，而只能根据行为对结果的发生有无原因力及原因力的大小来确定。[②] 也有学者认为必然因果关系说或必然偶然因果关系说过分依赖哲学上的概念，而忽视了刑法研究因果关系的目的，其实刑法的因果关系是作为刑事责任的客观基础提出的，其本身与哲学中的必然与偶然问题并不必

---

① 一个半因果关系说，即高概率因果关系说主张，在刑法中除了必然因果关系外，还包括高概率偶然因果关系。具体阐述见储槐植：《刑事一体化》，法律出版社2004年版，第157页。

② 何秉松：《论刑法因果关系——兼论刑法必然、偶然因果关系争论的终结》，载《法学研究》1994年第2期，第62页。

然相关。[①] 况且，这种划分也未能真正实现哲学因果关系向刑法因果关系的转移，反倒由于概念的过于抽象和不确定，难以提供判断因果关系的有益标准。[②] 在此背景下，我国学说对因果关系的研究，开始摆脱传统思路的束缚，并在借鉴国外成熟理论成果的基础上，探索研究刑法因果关系的新路径。

就目前看，除上述观点外我国刑法学界对因果关系的判断还存在以下一些观点：第一，主张条件说。持该说的学者认为条件说的判断公式，即若无前行为就无后结果时，前行为就是后结果的原因，便于司法上因果关系的认定，也不违背哲学上因果律的一般原理，并且与我国学界通常提到的偶然因果关系说有异曲同工之处，因此应当采用条件说。[③] 除此之外，还有学者主张应在总体上坚持条件说，但鉴于条件说本身存在的一些不足，包括其将偶然或者经异常途径发生的结果均视为法律所禁止的结果，以及将有介入因素的案件一律简单认定为因果关系的中断等，故应运用相当因果关系说加以修正。[④] 第二，主张相当因果关系说。除条件说以外，学界还比较多地主张相当因果关系说。其中最主要的理由是因果关系作为结果犯成立的客观构成要件之一，需要从刑法规范的角度加以判断，亦即是一种价值、规范的判断，而条件说则是从物理、自然的角度出发进行的事实判断，因此不宜以条件说作为判断因果关系的标准。同时所谓的刑法规范判断，就是根据一般的经验法则进行判断，此即相当因果关系说的认定方式。不过学界在相当性的具体判

---

① 张绍谦：《刑法因果关系研究》，中国检察出版社2004年版，第93页。

② 童德华：《必然性因果关系的流与变》，载赵秉志主编：《刑法评论》（第10卷），法律出版社2006年版，第102页。

③ 张明楷：《刑法学》（第3版），法律出版社2007年版，第168～171页。

④ 周光权：《刑法总论》，中国人民大学出版社2008年版，第147页。

断上还有分歧，如有学者主张应采取相当因果关系说中的客观说。[①] 也有学者认为相当因果关系说中的折中说其实更为合理。[②] 第三，主张双层次因果关系说。所谓双层次因果关系说是我国一些学者在借鉴大陆法系因果关系理论与英美法系因果关系理论的基础上提出的，其要旨是将刑法因果关系的判断分为事实因果关系与法律因果关系两个层次。由于刑法探讨因果关系的目的在于认定侵害行为的责任，因此，因果关系的判断就应当是从一切事实因素中，寻找具有法律规范价值的因素作为结果责任认定的基础。至于判断的具体方法，则是先按照条件说的"But for"公式及社会经验法则确定出具有法律价值性的一切事实，然后再从这些具有法律价值性的事实中寻找相当的因果关系，决定结果责任的归责。[③] 需要注意的是，尽管双层次因果关系说也使用了相当的概念，但其借以判断相当关系的资料并不仅仅限于社会一般经验法则，而是也需要考量刑法的价值目标、基本原则、国家刑事政策及社会道德、观念意识等多种因素。第四，主张客观归责理论。客观归责理论是德国刑法学在20世纪70年代发展起来的理论，旨在解决客观的可归责问题，对此，我国一些学者认为可以将法律因果关系的概念转换为客观可归责性的概念，通过客观归责理论派生的一系列规则，如实现风险、降低风险、自我答责、容许信赖等，从反面过滤那些不具有客观可归责性而不构成犯罪的情形。[④] 另外，还有学者认为刑法上之所以讨论行为与结果的关联其实是要解决归责的问题，而不是行

---

① 黎宏：《刑法因果关系论反思》，载《中国刑事法杂志》2004年第5期，第37页。

② 侯斌：《刑法因果关系研究》，载《西南民族大学学报（人文社科版）》2004年第10期，第115页。

③ 储槐植、汪永乐：《刑法因果关系研究》，载《中国法学》2001年第2期，第155～156页。

④ 杨彩霞：《刑法因果关系论之危机、反思与出路》，载《国家检察官学院学报》2004年第4期，第31～33页。

为与结果间有什么样的事实联系，在因果关系论中解决这类问题本身就有矛盾，因此应为注重危险制造和危险实现、事实认识和价值评价的客观归责理论所取代，即将客观归责理论作为解决刑法因果关系的新思路。①

（二）结果加重犯中的因果关系

结果加重犯中的因果关系，如前所述，存在基本犯罪与基本结果之间和基本犯罪与加重结果之间两个层次的因果关系。其中，基本犯罪与基本结果间之因果关系本质上就是普通结果犯的因果关系，因此在判断上应当采用上述刑法关于因果关系的一般理论。对此，我国学界并无太多异议。对之相对，学界对结果加重犯犯罪类型因果关系的讨论重点就应当是在第二个层次上，即基本犯罪与加重结果间之关系。对于该问题，不少学者在阐释时只是指出在结果加重犯中，基本犯罪行为与加重结果之间应当具备因果关系，至于如何判断此因果关系的存在，则未有进一步的说明。例如，有学者在论及此问题时指出："基本犯罪与加重结果之间存在因果关系，行为人之所以要对超出基本犯罪的加重结果负刑事责任，就是因为基本犯罪与加重结果之间存在因果关系。"② 还有其他一些类似的表述，如"在结果加重犯中，基本犯罪与加重结果之间具有因果关系，这种因果关系是行为人对加重结果承担刑事责任的客观基础。如果行为人实施的基本犯罪与发生的严重结果之间没有因果关系，即不能由行为人就严重结果承担责任"。③

不过，学说上也有许多观点是对结果加重犯此一部分的因果关系做了明确的解释，具体而言，有些学者认为我国刑法理论中结果

---

① 童德华：《规范刑法原理》，中国人民公安大学出版社 2005 年版，第 119 页。

② 陈兴良：《刑法哲学》（修订三版），中国政法大学出版社 2004 年版，第 231 页。

③ 吴振兴：《罪数形态论》，中国检察出版社 1996 年版，第 82 页。

加重犯的因果关系并没有特殊性，应当与普通结果犯适用同样的判断标准。并且指出，根据马克思主义刑法理论，刑法中的因果关系是指犯罪行为与危害结果之间引起与被引起的必然联系，此种联系是一种客观存在，不以人的意志为转移，只有当危害行为在具体条件下合乎规律地引起了危害结果发生时，才能认定有因果关系存在。结果加重犯的因果关系虽然有一定的特殊性，即加重结果有时是在基本犯罪造成的基本危害结果之后连带发生的，但它也不能脱离因果关系的一般理论。[①] 可见，该学者是认为在判断结果加重犯两个层次的因果关系时应与一般结果犯一样，适用相同的标准，而这一标准就是上文所述的必然因果关系理论。此外，也有学者在承认结果加重犯基本犯罪与加重结果的因果关系是一种“具有内在规律性的引起与被引起关系”的基础上，又从介入第三人的故意行为引起重结果、第三人的过失行为引起重结果、共同犯罪案件中某个犯罪人超出共同故意实行过限行为引起重结果、因果关系历程错误引起重结果、被害人自己的行为引起重结果以及被害人自身身体素质原因引起重结果几个方面分别检讨上述情形下基本犯罪行为与重结果间的因果关系是否存在。[②]

在基本犯罪行为与重结果之间因果关系的判断上，有论者将因果关系分为直接因果关系和间接因果关系，并且认为，根据我国刑法立法例，绝大部分结果加重犯，其基本犯罪行为与加重结果之间存在直接因果关系，但也有个别结果加重犯，其基本犯罪行为与加重结果之间存在间接因果关系，譬如，1979 年《刑法》第 179 条

---

① 陆诗忠：《刍议结果加重犯中的若干问题》，载《河南司法警官职业学院学报》2005 年第 1 期，第 47 页。

② 李邦友：《结果加重犯基本理论研究》，武汉大学出版社 2001 年版，第 57 ~ 60 页。

暴力干涉他人婚姻自由罪，[①] 以及1979年《刑法》第182条虐待罪，[②] 均对引起被害人重伤、死亡的结果规定更重法定刑。而此处被害人重伤、死亡就包括因“婚姻自由受到干涉或不堪忍受虐待，自杀成伤甚至死亡”。[③] 由于此种情形下被害人的重伤、死亡并不完全是由暴力行为或虐待行为引起，而是介入了被害人的自杀行为，因此加重结果不是由基本犯罪行为直接造成，而是通过中介行为即自杀间接造成。对于基本犯罪与加重结果间具有间接因果关系，如果刑法规定行为人对加重结果负加重责任的，同样可以成立结果加重犯。[④]

除此之外，还有学者认为结果加重犯基本行为与加重结果间是否有因果关系应当根据相当因果关系说的客观说进行判断，并且可以借鉴客观归责理论。具体讲，应从三个方面加以认定：第一，基本行为具有产生加重结果的危险性；第二，加重结果是加重构成要件；第三，危险性在加重结果中得到实现。并且认为在有其他原因介入导致一果多因时，只要行为人之行为具有导致加重结果发生的可能，就可认定其行为与加重结果之间存在因果关系，至于其他原

---

① 此为1979年刑法条文，修订后的刑法将该条规定在第257条，内容基本无变化，只是从用语规范的角度将第2款的“引起”改为“致使”。该条规定：以暴力干涉他人婚姻自由的，处2年以下有期徒刑或者拘役。同条第2款规定：犯前款罪，致使被害人死亡的，处2年以上7年以下有期徒刑。

② 此为1979年刑法条文，修订后的刑法将该条规定在第260条，基本内容未做修改，仅将“引起”改为“致使”。该条规定：虐待家庭成员，情节恶劣的，处2年以下有期徒刑、拘役或者管制。同条第2款规定：犯前款罪，致使被害人重伤、死亡的，处2年以上7年以下有期徒刑。

③ 王虎华：《试论我国刑法中结果加重犯的特征》，载《法学家》1989年第1期，第45页。

④ 相似观点见林亚刚：《论结果加重犯的若干争议问题》，载《法学评论》2004年第6期，第79页。

因只是作为量刑情节加以考虑。[①] 对于该判断方法，暂且不论其所列三个方面是否即是属于对因果关系的判定，若依此认定，结果就是在有其他介入因素的情形下，只要从客观说的立场出发具有相当性，即可肯定结果加重犯的成立，同时将介入因素作为量刑情节考虑。这与我国实务部门的某些见解相一致。另外还有论者指出结果加重犯中的加重结果是行为人主观意志与客观行为的共同产物，因此在其因果关系的确定上，要结合主客观要素综合判定。具体讲，就是先确认加重结果是由行为人实施的基本犯罪行为引起的，然后再考察行为人主观上是否对此重结果有过失或预见可能性。即"对基本犯与结果加重犯具体因果关系的确定，并非仅从客观上判断具备基本犯罪行为同时发生加重结果的外形就断定结果加重犯即告成立，而是要深入探究引起加重结果发生的实质原因，即必须融入行为人的主观意志因素，将其与基本犯罪行为有机结合，综合判断"。[②] 不过这种说法，已如前述，难免有将结果加重犯客观构成要件的认定与主观构成要件的认定混同之嫌。

从目前看，由于受德国等大陆法系国家刑法理论的影响，学界也有较多的人主张对结果加重犯基本犯罪行为与加重结果间关系的判断应加上"直接性"的要件，即只有当内含造成重结果高度危险的基本行为直接造成了重结果时，才能认定结果加重犯成立。例如，有学者在坚持以条件说来判断危害行为与危害结果间因果关系的同时，认为由于条件关系可能导致处罚范围过大，因此，必须采取相应的理论（如因果关系中断理论、回溯禁止）加以限制，"而且不排除就特定犯罪类型提出特别要求。譬如，就结果加重犯而

---

① 卢宇蓉：《加重构成犯罪研究》，中国人民公安大学出版社 2004 年版，第 163～164 页。

② 李晓明、杨俊：《结果加重犯之构成要件探析》，载《时代法学》2007 年第 3 期，第 34～35 页。

言，要求基本行为与加重结果之间具备直接性要件”。[①] 并且就此直接性的判断做出了进一步的解释，“就致死类型的结果加重犯而言，要以致命性实现的有无为标准进行判断”。[②] 此外，还有学者从客观归责理论的角度对结果加重犯进行阐释，认为行为人实施基本犯罪行为就是“创设不容许的风险”，最终加重结果发生就是“实现同一风险”，创设风险的行为与加重结果之间应当符合直接性要件，如果在此介入其他因素，导致因果关系中断，则产生的重结果就不能归属于基本行为。[③]

根据上文对我国学说关于结果加重犯基本犯罪行为与加重结果之关联关系的介绍可以得知，我国学界对此问题的看法是普遍肯定了在基本犯罪与重结果间应当具备因果关系，并且认为结果加重犯犯罪行为与加重结果间的因果关系与一般结果犯罪相比并无特殊性，其基本犯罪与加重结果因果关系的判断同样应当适用有关因果关系认定的一般理论。具体而言，根据学说上判断因果关系的不同标准，有以必然因果关系理论、必然偶然因果关系理论、条件说、相当因果关系说及客观归责理论来诠释此问题的差别。除此之外，学界也开始出现继受德国刑法学说关于结果加重犯应当具备“直接性”要件的见解，不过，在关于直接性要件的具体含义，及重结果的直接性是应当在基本犯罪的行为之间承认还是在基本犯罪的结果之间承认等实质问题上并无太多深入性探讨，甚至就连直接性要件的定位，也还有不清楚的地方。[④] 以上种种疑问，理论均未澄清，由此关于结果加重犯的客观构造也就还有后续研究的必要。

---

① 张明楷：《刑法学》(第3版)，法律出版社2007年版，第167页。

② 张明楷：《严格限制结果加重犯的范围与刑罚》，载《法学研究》2005年第1期，第92页。

③ 李小涛、樊洪：《再议结果加重犯的构造》，载《中国石油大学学报(社会科学版)》2009年第1期，第58页。

④ 有学说似乎是将直接性作为因果关系的一部分加以判断。参见李立众、吴学斌主编：《刑法新思潮》，北京大学出版社2008年版，第147页。

第四节　结果加重犯的客观成立要件

结果加重犯的客观要件，主要包括基本行为、加重结果以及基本行为与加重结果间之关联，对此，本章前三节已经从理论及实务两个方面给予了详细地检讨。接下来，笔者将在以下部分对结果加重犯在客观上究竟应当具备何种要件进行概括性的梳理，以进一步明确结果加重犯犯罪类型的认定。由于刑法对结果加重犯规定了严苛的刑罚，因此笔者总的立场是，结果加重犯的客观要件限制要比一般的犯罪更加严格，即在检验结果加重犯的客观构成时，如果依据一般的归责理论已经被排除的案例，自然无须进行结果加重犯特有构成条件的检验，但如果通过一般归责理论的检验，还必须再往下进行属于结果加重犯自身构成要件的判断，而结果加重犯客观构成要件的特殊性就体现在其基本行为、加重结果及两者间的关系上。由于基本行为的犯罪类型、行为方式和加重结果的属性等问题已经在前文有所介绍，因此本节的内容就仅仅涉及基本行为与加重结果间的关联关系，并且基于判断的序位，将此分为因果关系及直接性要件两个部分加以讨论，其中重点是在第二部分。

一、基本行为与加重结果间的因果关系

结果加重犯，一如此前反复论及的，是指行为人实施基本犯罪，却发生超出基本犯罪构成范围的较重结果，刑法对此较重结果规定了加重处罚的犯罪形态。此较重结果又可称为重结果、加重结果或者特别结果等。且一般而言，加重结果限于人身伤害，个别情况下也包括财产的损失。事实上，除结果加重犯以外，刑法设置了不少加重构成要件，这些加重构成要件有的以行为为主，有的以主体为主，有的以对象为主，有的以结果为主，结果加重犯便属于一

种结果的加重犯，本质上仍是结果犯。[①] 正因为如此，基本行为与加重结果间之因果关系，就不应与普通结果犯有所差别。

在关于结果犯因果关系的诸种理论中，笔者主张条件说。这是因为首先，条件说的判断，即在实行行为与犯罪结果之间，只要存在“没有前者就没有后者”的条件关系，前者就是后者的原因中蕴含着证据理论中的反证法则，由于原因在时间序位上总是优先于结果，倘若某一事件发生在某一结果之后，那么该事件就不可能是该结果的原因。也正因如此，反证规则是任何因果关系判断学说都无法绕开的基本规则。事实上，在因果关系论中占有重要地位的相当因果关系说同样不能回避反证法。依相当因果关系说的观点，刑法中的因果关系应当作为确定构成要件该当性的内容来讨论，并符合构成要件的类型预想，即按照通常社会生活经验来判断某实行行为发生该犯罪结果是否“相当”，以决定刑法上因果关系的有无。而判断“相当性”的前提，是要找出在时间上先于结果的事件，因此，刑法上的因果关系，应该以条件关系的存在为前提，根据相当性的概念来判定。[②]

其次，条件说并不会造成处罚范围的过分扩大。理论上对于条件说的批评，一般均是认为条件说会扩大因果关系中原因的成立范围，形成无止境的追索，进而导致刑事责任追究的泛化，譬如，将

---

① 不过，学界对此也有不同意见，如有观点认为结果加重犯与结果犯不同，后者只有一个基本结果，即作为基本构成要件的结果；前者则有两个结果，即除了基本结果外还有一个加重结果。见高铭暄主编：《中国刑法学》，中国人民大学出版社 1989 年版，第 170 页。另有观点认为结果犯之结果是本罪结果，而结果加重犯之加重结果是他罪结果，本罪结果决定行为的可罚性或犯罪的完成形态，而他罪结果则决定行为所适用的刑罚，因此结果加重犯不同于结果犯。见陈兴良：《本体刑法学》，商务印书馆 2001 年版，第 603 页。

② ［日］大塚仁：《刑法概说》（总论），冯军译，中国人民大学出版社 2003 年版，第 186 页。

杀人犯的母亲或者出售刀具给杀人犯的老板也作为被害人死亡的原因，然而，这样的假设在采纳条件说国家的司法实践中从未真正发生过。事实上，条件说的“没有前行为就没有后结果，则前行为是后结果的原因”，只是向人们展示了原因结果在逻辑上的判断规则，而行为人是否负刑事责任，除了因果关系的考量以外，还要进行其他要素的判断，如行为人主观上有无故意、过失的罪过，因果关系中作为原因的行为是否是符合犯罪构成要件的实行行为等。[①]此外，条件说还提出了因果关系中断理论和回溯禁止理论来解释因果关系发展进程中介入的异常现象，并对非定型的因果过程、假设的因果关系、累积的因果关系、择一的因果关系等分别给予说明。根据条件说即便是肯定了因果关系的存在也不等于同时确定了对行为人的处罚，正因如此，对条件说会无限制扩大刑事责任范围的说法，就如有些学者指出的那样，如果考虑到条件说只是为法律上的因果关系提供事实根据，其并不直接导致刑事责任，这一批评就失之偏颇。[②]

最后，由于因果关系的本来含义是指事物之间引起与被引起的关系，是两个事物的物理结合，因此，判断因果关系所依赖的法则就应当是自然物理法则，不含规范的要素。条件理论在经验上认定行为是否为结果发生所不可想象其不存在的原因，并不涉及法律评价问题，而仅仅是提供了一个责任认定的前提，接下来由条件说发展的因果关系中断论、回溯禁止理论等才涉及责任的归属问题，可见因果是自然的因果，与规范的归责是两回事，两者应该区分。据此，理论上针对中断理论将原本存在的因果关系，在发展过程中予以断绝，本身即属矛盾，进而否定条件说的主张[③]也不能成立，因

---

① 张明楷：《外国刑法纲要》，清华大学出版社 2007 年版，第 119 页。

② 陈兴良：《本体刑法学》，商务印书馆 2001 年版，第 287 ~ 288 页。

③ ［日］大谷实：《刑法讲义总论》（新版第 2 版），黎宏译，中国人民大学出版社 2008 年版，第 194 ~ 195 页。

为中断理论已经是在进行归责的判断了。事实上，为许多学者所推崇的相当因果关系说中的“相当性”，同样是在进行归责的判断，就此点而言，条件说与相当因果关系说的判断方式并无二致，即都是由事实的判断到法律的判断，由归因到归责。更何况，在归责问题的判断上，条件说所运用的中断论、回溯禁止等都要比相当因果关系说的“相当性”更为清晰。

对刑法上因果关系理论的发展历程进行考察可以看出，相当因果关系说的提出初衷，其实是希望突破刑法采用条件说的困境，特别是想以此补救条件说的因果构架在面对结果加重犯之情形，即故意与过失行为相竞合需要综合评价其加重责任时，不能进行合理解释的弊病。[①] 尽管如此，笔者在结果加重犯基本行为与加重结果间因果关系的判断上仍旧坚持条件说，这是因为与普通结果犯的因果关系理论需要恰当地将结果归责于行为人一样，结果加重犯中的因果理论也要找寻使加重责任合理归责于行为人的依据，而在归责的认定上，后来的相当因果关系说等理论并不比条件说更优胜。事实上，由于条件说的判断规则比较简明清楚，在实务中也具有可操作性，因此当今的德国和日本实务界均是以条件说作为判断因果关系的流行规则。而从上文关于我国司法部门对结果加重犯基本行为与重结果间关系实务立场的讨论可知，条件说在我国司法实践中也有一定的基础，可见，就方便理论与实践的转换来说，以条件说判断结果加重犯基本行为与加重结果间的因果关系也是可取的。

二、直接性要件的检验

除了在基本犯罪与加重结果之间具备条件的因果关系之外，若想以结果加重犯对行为人进行归责，笔者认为还需要肯定直接性要件。从根本上讲，结果加重犯的最大争议并不在于它主张行为人必

---

① 苏俊雄：《从刑法因果关系学说到新客观归责理论之巡历》，载《法学家》1997 年第 3 期，第 72 页。

须对加重结果负责，因为即使没有结果加重犯的立法照样可以以想象竞合的方式处理，行为人也还是要对此重结果负责，因此，关键的问题是结果加重犯所主张的较重刑罚，详言之，结果加重犯在构成结构上究竟与想象竞合有何不同，竟使行为人的不法与罪责骤升，而必须要用加重的刑罚来对应。对此问题，我国学界也有一些回应，如有学者即从四个方面将两者加以区分：（1）结果加重犯是一行为犯一罪，想象竞合犯是一行为犯数罪；（2）结果加重犯侵害的对象大多是同一的，想象竞合一行为侵害的往往是不同的犯罪对象；（3）结果加重犯的加重结果与基本犯罪构成结果之间往往具有重合性，想象竞合犯的数个结果之间较少具有重合性；（4）结果加重犯有独立的法定刑，想象竞合犯则需比较各罪名的法定刑，从一重重处断。[①] 也有学者将考察的重心放在了结果加重犯所具有的内在引起重结果的高度危险性上，并以此作为区分的关键。[②] 另外，还有学者认为若要区分两者，除了基本行为蕴含发生重结果的高度危险性以外，还必须满足直接性和对象同一性（加重结果的被害人只应限于基本犯罪的被害人）两个条件方可。[③]

笔者认为尽管在一行为数罪名的结构上，结果加重犯与想象竞合犯有相似之处，但两者的最大差异就在于结果加重犯的基本犯罪罪名与加重结果的罪名之间是必然关联，而想象竞合犯的数个罪名

---

① 吴振兴：《罪数形态论》，中国检察出版社 1996 年版，第 121 页。

② 李邦友：《结果加重犯基本理论研究》，武汉大学出版社 2001 年版，第 187～188 页。

③ 赵丙贵：《想象竞合犯研究》，中国检察出版社 2007 年版，第 166～167 页。

之间却是随机的关联。[1] 结果加重犯的型态是立法者特意以此种形式来排除传统一行为触犯数罪名的想象竞合的适用。显然，在立法者的眼中，结果加重犯与想象竞合犯有着很大的不同，结果加重犯不是基本犯罪与加重结果的单纯累积，如伤害致死罪并不是故意伤害罪与过失致人死亡罪的加总，在故意伤害罪与死亡结果之间还必须具备某种联系，有了此种关联才能将结果加重犯与想象竞合犯予以区分。依上述介绍可以得知，要想正当化结果加重犯的处罚效果，理论与实务上的一致看法是必须在结果加重犯的基本犯罪与加重结果之间具有直接性关联。此概念旨在强调基本犯罪行为与加重结果间的密切联系，比一般刑法上的因果关系（无论是条件理论因果关系还是相当因果关系）更为狭隘，另外在直接性要件的定位上，由于结果加重犯的直接性指的是基本犯罪与加重结果之间的关系，故体系上应属于客观构成要件的层次，而且直接性概念的提出是在基本犯罪与加重结果间具备因果关系之后为了以结果加重犯进行归责而做的限定，因此性质上它既不属于构成要件的因果关系也不属于过失构成要件，而是判断结果加重犯是否成立时所独立附加的构成要件。此一要件是否具备直接关系到对行为人是否可以以结果加重犯的犯罪类型追究刑责，而不是像我国司法实务有些判决那样，肯定结果加重犯的成立只是在刑罚的适用方面对行为人减轻或从轻处罚。

接下来，就是直接性要件的判断问题。从字面含义理解，直接性是指加重结果的产生完全来自行为人的行为，中间没有经过其他

---

① 所谓必然关联，是指在结果加重犯中，基本犯罪罪名与加重结果罪名间存在必然的联系，譬如，故意伤害罪与过失致死罪这两个罪名在行为人实施的伤害行为具有死亡危险时便已经注定有可能结合成伤害致死罪的结果加重犯。所谓随机关联，是指在想象竞合的情形，数个罪名之间只是由于行为人特殊的行为方式发生偶然的竞合，至于哪些罪名产生竞合则取决于个案的具体事实，即数个罪名并不固定而是随机的，如在故意杀人罪与故意伤害罪之间或是盗窃罪与过失致人死亡罪之间均有可能发生。

要素的介入，最典型的例子就是故意伤害他人造成致命性伤害，最终被害人死于该致命性伤害。然而我们却知道此种情形在实务中是少数，实践中比较多见的是死亡历程涉及行为人实施的其他行为，或者行为人以外的第三人的行为甚至是被害人自己行为，那么，在这些情况下，能否符合上述的直接性要件，构成结果加重犯，就是特别值得讨论的问题。关于此，如前所述，学界主要有结果危险理论与行为危险理论两种见解。从目前理论与实务的倾向看，尽管结果危险理论仍旧是多数观点，但由于采用结果危险理论特别是致命性理论会导致结果加重犯的适用范围大大压缩，因而实务中有逐渐放宽的趋势，而理论上也提出行为危险理论加以配合。对此，笔者基本上赞同洛克辛教授的意见，即直接性准则应当符合结果加重犯的立法保护目的，但是具体的结果加重犯的保护目的，不是通过有着明确内容的特征就可以抽象的确定，而是必须通过分则条文的具体解说才能表现出来，因此，这里就不可能发展出具有普适性的一般解决办法。① 也就是说，结果加重犯直接性要件的确定是个别的，必须结合具体犯罪构成要件而分别作解释，在经验上，不同类型的犯罪会出现不同类型的加重结果风险，因此对直接性的解释无法做到统一，这也是学理上综合结果危险理论与行为危险理论的“区别理论”的见解。② 由此也可得知，在结果加重犯的客观归责问题上，可以适用所有已被承认的归责原则与排除归责的事由，如法律上不重要的风险、规范保护目的范围之外的风险、被害人自我的危害行为、反常的因果历程以及第三人的效力范围等等。同时，为了更明白地呈现不同构成要件直接性的差异，以下选择刑法中几个最常见的结果加重犯逐一分析与说明。

---

① ［德］克劳斯·罗克辛：《德国刑法学总论——犯罪原理的基础构造》，王世洲译，法律出版社 2005 年版，第 219 ~ 220 页。

② 关于区别理论的介绍还可见黄荣坚：《刑法问题与利益思考》，中国人民大学出版社 2009 年版，第 254 页。

（一）故意伤害致人死亡罪

关于故意伤害致人死亡罪结果加重犯直接性要件的解释上，笔者比较倾向于认同前述的结果观点。这是由于就伤害与死亡的关系看，应该说伤害是死亡的必经阶段，即造成被害人死亡的就很难说没有给被害人造成伤害，[①] 因此，死亡结果的发生应当来自伤害结果。同时，此伤害结果又不是必须达到致命性的程度，否则伤害致死罪的适用范围将会大打折扣。由此可知，如果伤害行为已经产生致命性伤害结果，当然可以成立伤害致死罪的直接性，在此种情形下，所谓直接性就是指伤害行为已经产生非常密接于死亡的危险，后来此危险也现实化为死亡结果。不过，在许多场合下，虽然没有出现致命性伤害，但死亡结果却是来自伤害结果的恶化，此时也有成立伤害致死罪的余地。譬如，行为人对被害人实施伤害后，在救治过程中因为医疗轻过失导致被害人死亡的，由于并没有介入一个可独立控制死亡结果的原因力，因此不能排除伤害罪结果加重犯直接性的成立。但是，在类似前面所讲的枪支走火案或站在交通繁忙路口殴击被害人的案例，却不宜认定已经具备直接性。因为在这些例子中，是伤害行为之外的附随情况导致死亡结果发生，死亡结果是属于伤害行为外的危险因素实现，也可以说，死亡并非来自基本犯罪特有的危险。因此，这些案例并不是伤害致死罪所要规范的情形，只可能落入普通过失致死罪的讨论范围。

在判断是否具备伤害致死罪的直接性时，应当依据前述盖伦教授的见解，区分故意伤害基本犯罪行为与故意伤害基本犯罪构成要件不相关的过失行为情况危险要素，对伤害犯罪固有内在危险实现的认定，必须不考虑基本犯罪之构成要件要素之外的所有与过失行

---

① 理论上有对此作相同说明的，如指出刑法对伤害或重伤害的规定，虽系实害犯，但实害犯或危险犯系针对保护之法益而言，其对于行为阶段的规定，对于生命法益而言，伤害罪实乃杀人罪的截阻构成要件。参见柯耀程：《变动中的刑法思想》，中国政法大学出版社 2003 年版，第 121 页，注 32。

为情况有关的危险要素，唯有如此，才可判断出危险的发展过程，也正在此意义下，才可被认为是直接以伤害犯罪为基础的危险实现。例如，行为人虽以硬物攻击被害人，但被害人是由于跌倒撞击地面而死，这就是独立于故意伤害行为而发生的另一因果历程，无法追溯到伤害结果之上，属于伤害罪以外的危险因素，不符合伤害罪结果加重犯的直接性要件。通常而言，就日常生活经验看，伤害行为可能出现的类型死亡危险一般包括：由于下手过重，伤及被害人要害处而死；伤害行为后，涉及医疗抽象轻过失而死亡；以及介入的第三人或被害人的行为并未独立支配死亡流程，等等。因此只有在这些情况下，才有可能具备伤害罪结果加重犯的直接性，也才有论以伤害致死罪的可能。

（二）抢劫致人重伤、死亡罪

我国《刑法》第263条规定："以暴力、胁迫或者其他方法抢劫公私财物的，处三年以上十年以下有期徒刑，并处罚金；有下列情形之一的，处十年以上有期徒刑、无期徒刑或者死刑，并处罚金或者没收财产……（五）抢劫致人重伤、死亡的……"依通说，此条为抢劫罪的结果加重犯应无疑义，那么，抢劫致人重伤、死亡罪所要求的直接性要件为何？从法条规定来看，立法者使用的是"抢劫致人重伤、死亡"，即将抢劫与重伤、死亡相联结，其中抢劫的含义是指以非法占有为目的，对公私财产的所有人或管理人、持有人当场使用暴力、胁迫或者其他方法，迫使其当场交出财物或将财物抢走的行为。[①] 因此，仅从字面用语还无法判断抢劫罪与重伤、死亡之间是指抢劫结果与重结果之间的危险实现关系，还是抢劫行为与重结果之间的危险实现关系。

但是，如果我们从抢劫犯罪的构成要件及社会生活经验出发进行分析，便可得知，此种犯罪的重结果，即重伤、死亡往往是在行

---

① 王作富、黄京平主编：《刑法》（第4版），中国人民大学出版社2009年版，第442页。

为人实施暴力、胁迫等强制手段时实现的，换言之，无须等到行为人确实取到财产后才发生。而根据2005年6月8日最高人民法院《关于审理抢劫、抢夺刑事案件适用法律若干问题的意见》第10条，只要具备劫取财物或造成他人轻伤以上后果两者之一的，均属抢劫既遂；既未劫取财物又未造成他人人身伤害的，才属于抢劫未遂。如果行为人在抢劫过程中实际取得财物但未伤害他人的，是抢劫罪的既遂，只要在此过程中创造了致死的风险，还是有成立抢劫罪结果加重犯的空间。另外，抢劫致死、重伤的对象是否仅限于抢劫行为的被害人，此也关系到抢劫罪结果加重犯直接性要件的认定问题。[①] 对此，理论上存在分歧，如有学者认为《刑法》263条的致人重伤、死亡指的是为了抢劫公私财物实施暴力行为，造成被害人重伤或者死亡的后果。[②] 但也有学者认为此处的重伤、死亡是指行为人在抢劫财物的过程中，使用暴力致人重伤或死亡。[③] 由于本罪规定的加重结果是"致人重伤、死亡"，因此，在解释上，抢劫致死、重伤罪的规范对象可以包括被抢劫人（财物的所有人或管理人、持有人）以及被抢劫人以外的第三人之死亡、重伤。在抢劫犯罪中，行为人通常会使用强制力迫使被害人服从，而且，在抢劫过程中通常伴随的抓捕行为也会对不相关第三人的生命、身体法

---

① 不仅抢劫犯罪的结果加重犯，其他结果加重犯也存在同样问题，即加重结果的被害人是否与基本犯罪的被害人相同？对此，学界有肯定说与否定说两种意见。笔者倾向于否定说，而认为加重结果的被害人不以基本罪的被害人为限，基本罪实施处所的第三人发生加重结果，甚至是基本罪之行为及结果的风险效应作用下发生加重结果，只要具备因果关系，均有可能成立结果加重犯。不过，具体到个罪还是需要结合相关的构成要件及条文规定做个别化解释。

② 蔡兴教：《财产贪贿犯罪的疑难和辨症》，中国人民公安大学出版社1999年版，第198页。

③ 刘明祥：《论抢劫罪的加重犯》，载《法律科学》2003年第1期，第48页；陈明华主编：《刑法学》，中国政法大学出版社1999年版，第605页。

益造成威胁。

通过以上说明可以得知，抢劫致人重伤、死亡罪所要求具备的直接性，即抢劫固有内在危险的实现关系是指，暴力、胁迫等强制手段的实施或者取财行为的实施[①]造成被抢劫人或第三人重伤、死亡之间特有的危险实现关系。这些情形主要包括：行为人采取暴力手段导致被害人死亡；或者被害人因为被威胁，受惊吓而死；或者第三人在追捕过程中，由于行为人施暴而死，等等。当行为人实施的强制手段导致被抢劫人或第三人陷于死亡危险，而此危险又已实现为死亡结果，并且没有其他排除归责的情形，应该说抢劫致死、重伤罪所要求的特有危险关系即已具备。另外值得注意的是即使行为人没有成功夺取或劫走他人财产，但行为人已对被害人施加强制手段，并在故意或过失下造成被害人重伤、死亡，由于加重处罚行为人所依据的直接性要求并非是夺走财产结果上的进一步发展，而是在于实施暴力、胁迫等强制手段的死亡危险上，因此抢劫罪的结果加重犯仍然可以成立。

（三）强奸致人重伤、死亡罪

在解释上，强奸致人重伤、死亡罪与上述的抢劫致人重伤、死亡罪相似。根据现行《刑法》236 条的规定，[②] 同样无法确定要构成本罪的结果加重犯是需要基本犯罪的结果与重伤、死亡间具备危险实现关系，还是只要基本犯罪行为的实施与重伤、死亡间存在危

---

① 虽然从实际经验看，抢劫案件中导致被害人或第三人重伤、死亡的以行为人实施的强制行为居多，但劫取财物的行为也有可能造成此重结果，如行为人将到手的财物从高楼窗户中抛出，被抢劫人为了取回财产身体探出窗口不慎从高楼坠落而死；或者行为人将抢劫到的财物放入车内，被害人试图拿回财物而靠近汽车时，不幸发生爆炸身受重伤或死亡，等等。

② 《刑法》第 236 条规定：以暴力、胁迫或者其他手段强奸妇女的，处 3 年以上 10 年以下有期徒刑。同条第 3 款又规定：强奸妇女、奸淫幼女，有下列情形之一的，处 10 年以上有期徒刑、无期徒刑或者死刑……（五）致使被害人重伤、死亡或者造成其他严重后果的。

险实现关系即可？不过，经由强奸犯罪构成要件的分析可知，本罪所要求的基本犯罪与加重结果的重伤、死亡间特有的危险实现关系是指施行暴力行为、现场死伤威胁行为与奸淫行为时所内含的发生重伤、死亡危险。据1984年4月26日最高人民法院、最高人民检察院、公安部《关于当前办理强奸案件中具体应用法律的若干问题的解答》，所谓“暴力手段”指的是犯罪分子直接对被害妇女采用殴打、捆绑、卡脖子、按倒等危害人身安全或者人身自由、使妇女不能抗拒的手段。“胁迫手段”是指犯罪分子对被害妇女威胁、恫吓，达到精神上的强制的手段。“其他手段”是指犯罪分子用暴力、胁迫之外的手段，使被害妇女无法抗拒。由于强奸犯罪中的暴力、胁迫等强制手段含有致死、伤被害人的高度风险，因此在此过程中极有可能导致被害人的重伤、死亡，只要没有其他限制归责的事由且行为人具备故意或重大过失，即可成立强奸犯罪的结果加重犯，适用加重法定刑。例如，扼住被害人喉咙导致其窒息死亡；或者被害人因受到刺激死亡或精神失常的,[①] 即属于强奸罪特有的危险。

同时，与抢劫罪一样，强奸罪也是要求行为人采用暴力、胁迫等强制手段，即该罪的成立需要手段行为与目的行为两个方面。通常而言，此类犯罪的特点是行为人实施了强制行为，目的在于迫使被害人从事他所希望的行为，如进行性行为或是容忍取走财产。由于强制行为能够压制被害人进而实施行为人所追求的目的行为，因此，实际中比较常见的是在开始性交前或取得财物前的殴打、捆绑、卡脖子等手段行为即已造成被害人重伤、死亡，而较少的有在性交过程或取财过程中产生重伤、死亡的结果。也因此，立法者规

① 所谓“重伤”，根据《刑法》第95条的规定包括：（一）使人肢体残废或者毁人容貌的；（二）使人丧失听觉、视觉或者其他器官机能的；（三）其他对于人身健康有重大伤害的。如果造成被害人精神失常的应当属于该条（三）所列的情形。

定强奸致死、重伤罪与抢劫致死、重伤罪的规范目的就在于防止强制手段行为产生死亡、重伤结果。可见，强奸致死、重伤罪所要求的直接性只是强制手段行为或性交行为与重伤、死亡结果之间特有危险的实现关系。即使行为人没有完成其所追求的目的行为，但只要基本犯罪强制手段实施与死亡结果间具备直接性，仍可以以结果加重犯进行处罚。当然，如果重结果与行为人无关，而是被害人自己决定自杀、自残；或者行为人为了避免罪行暴露而杀人灭口的，则不符合直接性的要件。不过，需要强调的是，由于刑法对强奸罪结果加重犯的规定是“致使被害人重伤、死亡或者造成其他严重后果”，因此就排除了对被害人以外的第三人造成重伤、死亡的也以该罪结果加重犯论处的可能，这里的侵害对象仅指被强制性交之人，或为了实施性交而被施以暴力、胁迫等强制手段的人，而不能包括赶来帮助被害人却被施以强制行为的第三人。

（四）放火致人重伤、死亡罪①

与前述犯罪一样，放火致人重伤、死亡的直接性判断同样要区分是已经发生放火烧毁结果进而导致重伤、死亡的才能成立直接性，抑或是放火行为本身造成重伤、死亡即为已足？对此，理论上存在较多争议。有意见认为放火致人重伤、死亡罪在性质上属于必须先产生基本犯罪结果，才能论以结果加重犯的类型。详言之，放火罪与决水罪、爆炸罪等一样，都属于公共危险犯罪类型，不管是放火、决水还是爆炸，共同特色须是火势有所蔓延、大水横溢泛滥

---

① 我国《刑法》第 114 条规定：放火、决水、爆炸以及投放毒害性、放射性、传染病病原体等物质或者以其他危险方法危害公共安全，尚未造成严重后果的，处 3 年以上 10 年以下有期徒刑。第 115 条第 1 款规定：放火、决水、爆炸以及投放毒害性、放射性、传染病病原体等物质或者以其他危险方法致人重伤、死亡或者使公私财产遭受重大损失的，处 10 年以上有期徒刑、无期徒刑或者死刑。虽然学界关于 115 条第 1 款是否是 114 条之结果加重犯还存有争议，但就通说而言，还是承认两者之间是结果加重的关系，在此笔者暂先依从通说见解，至于相关争论将予下文专门讨论。

或爆炸对象支零破碎，才能称得上是公共危险。因此，此类犯罪结果加重犯所要求的直接性不是只要行为人所实施的构成要件行为本身包含重伤、死亡危险，且此危险亦已实现即可，而是进一步地要求加重结果来自基本犯罪结果。如果放火未使建筑物独立燃烧，火势尚未蔓延，或者决水未达到大面积淹没，即有人在此过程中重伤、死亡的，由于其重伤、死亡结果只是单纯来自火、水本身的破坏力，而非火、水蔓延后的破坏力，因此不能认为该罪结果加重犯的直接性要件已经具备。① 不过，也有学者主张以放火烧毁为目的的行为实施与重伤、死亡结果间存在危险实现关联即可，即使未发生放火烧毁之结果，若已发生重伤、死亡结果也可成立放火致死、重伤罪。②

对此，笔者赞同后一种观点，即基本犯罪的放火行为如果已经造成标的物独立燃烧，发生毁损结果，进而致人重伤、死亡的，当然可以构成放火罪的结果加重犯，但即使放火行为没有产生毁损结果而是在此过程中，如因引燃物爆炸造成重伤、死亡的，仍有成立放火致死、重伤的可能。这是因为放火罪等公共危险类的犯罪，在行为实施之际即有可能对公共安全造成威胁，因此在此过程中发生重结果的，也不能不说是与基本犯罪的放火行为具有特有危险的实现关联。特别是现代建筑材料的耐火性能日益增强，导致放火对象较难达到独立燃烧的程度，但却可能造成玻璃、塑胶、门框等附属部分烧毁，进而使得由于这些部分起火所导致的重伤、死亡概率大大提高，因此，可以进入放火罪结果加重犯所要规范的范围。关于此，从德国刑法的修法中也可得到印证。修正后的《德国刑法典》第 306 条 b 第 1 项纵火致重伤或伤害罪与第 306 条 c 纵火致人死亡罪删除了旧法第 307 条特别严重纵火罪第 1 项所要求的放火燃烧而

---

① 苏俊雄：《刑法总论Ⅲ》，元照出版公司 2000 年版，第 363 页。

② 参见蔡慧芳：《结果加重犯之未遂问题》，载《苏俊雄教授七秩华诞祝寿论文集——自由 · 责任 · 法》，元照出版公司 2005 年版，第 136 页。

导致行为时正在火场内之人死亡的内容，并且将放火罪结果加重犯基本犯罪的范围拓宽到包括第306条的普通纵火罪。[①] 不难看出，修正以后的德国刑法所承认的放火罪结果加重犯范围应比旧法的规定更为广泛。

综上，对放火罪而言，成立放火致人重伤、死亡结果加重犯所需具备的直接性要件并不仅指被害人被燃烧火场之火烧成重伤或死亡，而只要是在时间、空间上直接与放火行为有关即可，亦即放火罪的结果加重犯采行为危险说为宜。同时，放火致重伤、死亡罪所涉及的对象当然就不仅限于放火当时处在火场中的人，也包括放火后赶来救火之人或为了救出财产返回火场之人。因为这些人之所以会面临重伤、死亡的风险是放火行为所致，且不属于自我应当负责的行为，所以放火罪结果加重犯特有的危险实现关系仍然具备。由此，可适用本罪的情形主要有：被火场之火烧伤、烧死；因大火燃烧氧气缺氧而死；由于火焰或热气流损伤大面积皮肤，引起各种并发症而致重伤、死亡；吸入高温热气，诱发气管炎症和肺水肿等窒息死亡；被火场倒塌物或散落物压伤、压死；仓皇之中从窗口跳下而受伤或死亡；或在点燃放火物之际，因供点燃物质，如汽油发生爆炸而造成重伤、死亡，等等。

---

① 《德国刑法典》，徐久生、庄敬华译，中国方正出版社2004年版，第148～149页。旧法的内容参见蔡慧芳：《结果加重犯之未遂问题》，载《苏俊雄教授七秩华诞祝寿论文集——自由·责任·法》，元照出版公司2005年版，第135页。

第四章　结果加重犯主观结构研究

结果加重犯的结构，理论上一般是从主、客观两个方面来加以解析。在客观方面，所涉及的重点是基本犯罪行为与加重结果之间的关系，即基本犯罪与加重结果间是以条件关系为已足，还是要求其他更为严格的要件？在早期，学界曾将此问题归入因果关系的领域，直到最近才逐渐认识到其在事实上应属于归责关系的范畴，此外就结果加重犯基本犯罪与加重结果间的关联性，德国实务也发展出“直接性”概念作为限制结果加重犯的要件，认为加重结果的发生必须直接为基本犯罪行为所导致才有成立结果加重犯的余地。而目前学界讨论的重点，则在于重结果与基本犯间之联系点为何，即重结果是导自基本犯罪的行为还是基本犯罪的结果。由于本书第三章已经对这些内容进行了概括性的探讨，因此接下来要进入的就是结果加重犯主观结构部分的研究。

对于结果加重犯的主观结构，理论上又可区分为基本犯罪的责任要件和加重结果的责任要件两个方面。其中，行为人对基本犯罪的主观罪过是否与普通犯罪有异，是此部分需着力加以说明的内容，而行为人对加重结果的责任部分，更是学理讨论的热点。由于刑法理论的发展，对犯罪的成立要件有不同的诠释，而这些理论的演进，同样影响到对结果加重犯主观要件的认识，特别是“罪责原则”的确立对加重结果的主观要件提出要求以来，学界便有相当一部分精力放在主观要件的厘清上，从早期不要求任何要件，使得重结果的发生成为一种客观加重处罚条件，到一些国家刑法总则中规定以预见可能性或过失为要件，再到目前德国刑法中大部分的结果加重犯明文要求行为人对重结果的发生主观上至少具有“轻率”，可谓变化巨大。笔者正是在此背景下，对结果加重犯的主观要件进行分析，同时鉴于结果加重犯在我国并不只是纯理论上的概念而也是立法中的现实，因此必须结合我国刑法的具体规定，并辅之以法院判决中的实证资料，一并来做客观的认定。

第一节 结果加重犯加重结果之责任理论

从结构上看，结果加重犯是一个基本犯罪行为衍生两个犯罪结果的犯罪，其中基本行为与基本结果之间在主观关联的判断上与普通犯罪并无不同，从而相应地，学界讨论的重点就放置在加重结果的责任部分。而在结果加重犯形态产生的最初阶段，由于刑法上并不强调责任主义，因此在追究行为人加重责任时，有关这一部分的要件就被忽略掉。但之后随着责任主义的兴起，基本犯罪的行为人对加重结果究竟应当具备何种主观要件方不至于与责任主义相脱离，则成为学界与实务一致探索的问题。对此，尽管以现在的观点审视，行为人对加重结果应当具备过失要件，即采过失说的见解，[①] 并且也已经有许多国家的立法明确予以接受，但对于此过失要件的确立过程，笔者认为仍有必要交代清楚，这是因为只有了解理论的发展演进，才能更加深刻地领悟对加重结果的责任应当具备过失要件的理由，也才能在此基础上进行相关学说的比较与甄别，并进一步理解结果加重犯的整体结构。

---

① 在此需要特别说明的是，目前学理上对结果加重犯的重结果，行为人必须具有过失并无任何异议，但是否包括故意仍不确定，由于笔者认为过失与故意的关系实乃一种包含关系而非排斥关系，即满足故意构成要件的必然也满足过失要件，因此以过失说作为讨论加重结果责任理论的基础是更为全面的做法。至于行为人对加重结果能否是故意，在本章的以下部分会详细讨论。

一、早期见解

回顾结果加重犯的发展史，可以得知早在罗马法与教会法时期，有关行为产生重结果的评价概念即已产生，当时因客观责任、结果责任的观念仍旧占据主导，因此重结果的发生本身即是对行为人进行归责的理由，而该时期结果加重犯的理论，也是建立在对行为人应当归责所有基本行为所生之结果，即“自陷禁区”（versari in reillicita）理论的基础之上。在自陷禁区理论中，判断后续结果是否应当归责于行为人的唯一根据是基本行为的合法性，倘若基本行为合法，即便发生严重结果，行为人也不必为该严重结果负责；反之，若行为人实施的是违法行为，则必须对发生的一切严重结果负责，可见，该理论对基本行为与加重结果的判断，完全不考虑行为人主观上是否能够预见，换言之，在重结果的归责上，行为人和加重结果之间不需要有主观上的关联，应当说这是理论上对结果加重犯归责判断的最初认识。随后，在关于结果加重犯本质问题的思考中，将结果加重犯的本质理解为客观处罚条件的单一形态理论同样不要求行为人对加重结果具备主观要素，根据单一形态论，加重结果发生，按加重犯罪处罚；加重结果不发生，则按基本犯罪处罚，加重结果在这里仅为一种单纯的刑罚裁量要素。不过，随着现代刑法理论与责任主义的兴起这种不考虑重结果主观要素的见解日渐式微，而要求对加重结果具备责任的观念成为判断结果加重犯罪责方法的主流。

对行为发生重结果的归责判断加入主观要件的讨论或许最早可以追溯到意大利学派的间接故意理论（dolus indirectus），该理论与我们今天所定义的作为主观罪过之一的间接故意概念并不相同，[1]

---

① 有学者认为间接故意理论是介于有认识过失与未必故意之间的形态。见柯耀程：《变动中的刑法思想》，中国政法大学出版社 2003 年版，第 114 页。

其基本内涵是如果基本犯罪行为依一般经验具有足以导致加重结果发生的一般危险倾向，则行为人对结果负故意之责。可以看出，该理论采用了一种借由客观推定主观的形式，只要行为在客观上具有发生重结果的高概率，就可以推定行为人对此重结果具备故意的心态，又由于此故意心态只是推定得来，与通常故意仍有区别，因此在刑罚适用上发生减轻的法律效果。应当注意的是起初间接故意理论并不要求行为人对重结果有预见，但后来学者鲍尔达斯（Baldus）认为还须加上行为人对结果发生的可能性有认识这一要件，否则不能论以故意的责任，由此间接故意理论又向前迈进一步。此后该理论被卡尔普佐夫（Carpzov）引入德国成为后续理论发展的基础。[①] 与前述理论将加重结果定位为刑罚的裁量要素不同，间接故意理论在重结果中注入了主观的要素，符合责任主义的发展潮流，而且它判断行为发生重结果倾向进而推定行为人具有故意所凭借的其实正是相当因果关系中的相当规则，就此点而言还有故意客观化的意味，同时受该理论的影响，学理对结果加重犯的探讨焦点也从客观要件的思考转为主观要件的厘清。不过尽管如此，间接故意理论对重结果的预见要求与责任主义非故意或过失行为不罚的主张仍有一定差距，且其以客观径行推定主观的方法也并非没有疑问，因此在间接故意理论之后对重结果的主观责任要件又出现不同的理论诠释，其中，比较引人注目的是所谓的认诺责任理论（einwilligende schuld）。

认诺责任理论是18世纪末普鲁士普通法时代提出的观点，其对重结果责任的判定也是采取了类似间接故意理论的推定形式，就这一点来说该理论是间接故意理论形式的反射。不过与间接故意理论由客观推定主观不同，认诺责任理论将推定的基点放置在基本犯罪的故意上，不是由基本行为推定重结果的罪过，而是由基本行为

---

① 许玉秀：《主观与客观之间——主观理论与客观归责》，法律出版社2008年版，第322页。

的故意推定重结果的罪过，该理论的基本主张是，行为人于基本犯罪故意中有对于加重结果之预见的认诺，如对于一定之故意犯，推定其故意包含了对于盖然结果发生的预见。[①] 同时由于行为人实施的基本犯罪具有发生加重结果的一般倾向，因此对所出现的合乎该倾向的重结果就很难说行为人没有故意或过失。举例而言，抢劫犯在实施犯罪时可能都是故意的射击被害人，退一步讲，即使罪犯不是有意地杀人，但其所从事的基本犯罪行为也经常可以显现出他对别人生命的极度漠然或无所谓的轻率态度，如纵火犯对建筑物放火时应该知道该建筑物内可能有人，或者抢劫犯也应该知道其所实施的暴力行为可能会伤及被害人。尽管从实例看，许多实施基本犯罪发生重结果的被告对此重结果具备主观罪过，但要想在诉讼程序中加以证明却并不容易，正因为如此，有学者指出理论上创设认诺责任的目的就在于解除检察官证明被告对加重结果存在故意的举证责任。[②] 检察官在依据结果加重犯罪起诉时，只需要证明行为人实施了基本犯罪，并且加重结果是发生在基本犯罪的实施过程中即可。

然而，尽管认诺责任有一定的理论基础，且在英美法上，与认诺责任如出一辙的转移的犯意理论（transferred intent）也早为法院采用，但是，将该理论直接适用于加重结果的责任判断还是会有一些问题。在实务上，法院确立的基本原则是将本理论的适用限制在行为人有意造成的损害与实际发生的损害属于同类型损害的案

---

① 陈志龙主持：《法律发展研究报告——刑法第十五条至第十七条之评释研究》，“台湾行政院国家科学委员会”专题研究计划成果报告（1995 年 10 月），第 2 页。

② Nelson E. Roth & Scott E. Sundby, The Felony - murder Rule: A Doctrine at Constitutional Crossroads, 70 Cornell L. Rev. 446(1985).

件，① 而结果加重犯的情形并不都是如此。② 因此，便有学者指出，将认诺责任理论适用于结果加重犯，其实是理论的误用。譬如，甲故意去商店偷东西，但意外引起火灾，甲不会被论以纵火罪，同样的，在结果加重犯的情形，将犯意推定到不同犯罪类型（不同类型的损害），甚至是更为严重的杀人部分，这也是不恰当的。③ 除此之外，理论上还认为将基本犯罪的故意随便转移到加重结果上，已经违反了正当程序，侵害了被告人的基本人权，可能产生违宪的问题。④ 因此，该理论无法适用于结果加重犯，在适用结果加重犯时，必须检验两个部分的心理状态，即基本犯罪和加重结果的主观态度，这两种心理状态是个别独立的。

认诺责任理论之后，学理上用来解释加重结果责任的是费尔巴哈（Feuerbach）的故意所生过失理论（culpa dolo determinata），费尔巴哈认为对加重结果的认定，采取结论性推定的间接故意理论与认诺责任理论均不能够充分诠释加重结果的形态，既然加重结果不能为故意，则称间接故意就有不妥，他同时将故意分为两类，一类是确定故意，一类是不确定故意，当行为人的意图设定在侵害多数特定法益时，行为人对结果皆有不确定故意，亦即当行为人预见或可能预见到他的行为可能会造成另一个更严重的违法结果时，则可认为造成结果的意思决定是一种经由故意确定的过失，间接故意其实是一种过失，因此应该以故意与过失的组合取代间接故意，而结

---

① Arnold H. Loewy, Criminal Law in a Nutshell 25－27(5th ed. 2009).

② 以抢劫罪为例，行为人意图造成的应该是财产方面的损害，而实际发生的损害却很可能是生命、身体的损害。又如非法拘禁罪，行为人有意造成的损害是被害人人身自由受限制，但以结果加重犯规制的实际损害却是被害人人身的伤害。

③ Joshua Dressler, Understanding Criminal Law 482(3th ed. 2001).

④ 蔡慧芳：《英美法上重罪谋杀罪原则的介绍与评析》，载《刑事法学之理想与探索——甘添贵教授六秩祝寿论文集》（第2卷 刑法各论），元照出版有限公司2002年版，第30页。

果加重犯的形态其实就是对一结果之故意与对它结果之过失的竞合。[①] 可以看出，费尔巴哈故意所生过失的见解正是致力于将加重结果的责任从基本犯罪的责任中独立出来，并最终将加重结果认定为一种过失，虽然这种故意与过失的组合与今天所说的故意加过失的结果加重犯典型形态不完全相同，但也可以说是后者的前身。对该理论的批评是，尽管本理论判断加重结果的责任时在用语上采用了过失的概念，并以此否定间接故意的说法，但其主张的具体内容与间接故意并无二致，而且费尔巴哈自己也认为对此重结果的处罚，与故意犯是相同的。[②] 从今天的立场看，显然故意所生过失理论对重结果责任的判断在许多地方都不甚明了而有进一步澄清的必要，但无论如何，该理论还是开启了认定结果加重犯重结果责任的正确方向，自此，学理关于加重结果责任理论的说明也就进入了一个新的阶段。

二、近期见解

近期以来，随着责任主义观念的深入，为合理限制行为人应负责任的范围，避免仅以因果关系作为归责标准而产生处罚不公的现象，立法上开始正式对结果加重犯加入了能预见或过失要件的规定，使得结果加重犯的处罚进一步摆脱了结果责任的色彩，而顾及行为人主观上的责任要素。相应地，学界关于结果加重犯加重结果责任内容的探讨也主要集中在预见可能性说与过失说两种观点的论争上。其中预见可能性说是指，因基本犯罪而导致加重结果发生时，以行为人当时有预见可能为限，行为人对加重结果的发生有预见可能性时，始有可能负加重结果的责任，否则便不能成立结果加

---

① 许玉秀:《主观与客观之间——主观理论与客观归责》，法律出版社2008年版，第322~323页。

② 柯耀程:《变动中的刑法思想》，中国政法大学出版社2003年版，第115页，注18。

重犯。而过失说则将结果加重犯视为一种故意犯与过失犯的复合形态，除了在基本犯罪行为与加重结果之间具备因果关系之外，该重结果必须出于行为人之过失，才能令其负加重结果之责任。不难看出，预见可能性说与过失说其实就是前述间接故意理论与故意所生过失理论发展之后的表现。

自1902年国际刑法学会决议犯人对犯罪结果所负的责任，应以其能预见者为限之后，不少国家和地区均采纳了预见可能性说的见解，并在立法中加以明文规定。譬如，德国1919年刑法草案第17条就以行为人对加重结果的预见可能性作为对行为人归责的要件，日本刑法典原本并无结果加重犯的总则规定，但在之后的1974年改正刑法草案第22条中规定，对于因发生结果而加重刑罚的犯罪，不能预见该结果的，不得作为加重犯处断。[①] 即是接受了预见可能性说的看法，并以反面规定的方式加以典化。同样地，现行台湾地区"刑法"也采取该见解，在其第17条中规定，因犯罪致发生一定之结果，而有加重其刑之规定者，如行为人不能预见其发生时，不适用之。此外，挪威、瑞士、波兰等国刑法均对结果加重犯的认定采取了能预见的要求。需要注意的是，上述刑法规定的预见可能性，与预见并不是一个概念，预见可能性系指行为人有预见加重结果可能因其行为而发生的能力，而预见则是指实际上已经预见，简言之，能预见为认识之基础，非认识之本身；而预见则为认识之本身。[②]

既然预见可能性并非是指行为人已有预见，而系行为人是否有能力预见的事实问题，那么，判断能否预见的标准为何，则为一重要的问题，而学理上对预见可能性说的讨论也基本上是围绕这一议题展开。对此，学说上有主观说、客观说与折中说等不同的观点。主观说从违法客观、责任主观的一般观念出发，认为责任应当个别

---

① 《日本刑法典》，张明楷译，法律出版社1998年版，第102页。

② 郑健才：《刑法总则》，三民书局1985年版，第153页。

化，以行为人个人的素质为基准，因此对加重结果之发生能否预见的判断也应当考虑个人的能力，确定个人在其经验范围内是否能够预见。主观说的依据在于如此便可避免将过重的责任强加到行为人身上，因为如果行为人的认识能力较一般人为低，而对加重结果的发生无预见可能性时，若以一般人为标准判断行为人能够预见进而论以结果加重犯的责任，便违背了起初限制结果加重犯刑事责任的本意，而使行为人担负了超出其能力范围之外的责任，这是不公平的。例如，主张主观说的学者希尔施贝格（Hirschberg）即认为对于结果之能否预见，必须与行为人的主观能力相对应，且不得超出行为人的主观能力。对于主观说的看法，有学者认为其以个人的标准作为决定能否预见的根据，不过是漠然引出的一种恣意结论而已，在论理上根本不可能，如曼海姆（Mannheim）即批评道，行为者的能力，虽然可以作为预见可能性的标准，然而必须是对个人的各种反作用加以观察，始能有所归结。而行为人素质的完全形象，仅以显现所有行为为基础始能成立，同时在行为者素质的完全形象中，更需含有成为现在评价对象的行为，故台湾地区学者洪福增认为此一标准就其本身而言即属不可能。[①]

与主观说相对，客观说则认为责任应当一般化，以一般人的素质为依据，因此判断加重结果能否预见的标准应依客观的情形来决定，若一般人能够预见则行为人也应该预见，由此产生加重结果的便可论以结果加重犯之责。客观说的理由主要在于法规范的一般性，亦即刑法所规范者系大多数人的行为，因此在判断某一刑事责任应否加诸于行为人时，也应以一般人之能力或情形作为判断的标准。对此，主张客观说的学者如科普曼（Liepmann）、费尔内克（Ferneck）、曼海姆等均做出了进一步的说明，即立法者对于法之规范，是在量上（多数人）做平均观察，而非着眼于个人的素质。

---

① 洪福增：《刑法之理论与实践》，五南图书出版公司1988年版，第129页。

换言之，立法者制定规范，是以一般事件的妥当性为基准，并非着眼于单个事件的妥当性，因此对结果加重犯的重结果能否预见，也应依照一般人的通常观念进行判断，至于行为者个人在主观上是否能够预见，则非法之所求。对于客观说，主观说的学者也提出了一个针锋相对的质疑，而认为依一般人的平均状况作为是否有预见的判断标准，在事实上亦不可能。如希尔施贝格指出，盖欲确定平均的标准，必须对行为人所属之职业团体中的所有人加以观察，以求其平均之标准，然而此绝非易事，更何况即便是同一职业团体内部，在智识、经验、能力等方面不同阶级也有差别，欲在其间求平均标准，实际上颇有困难。①

针对上述主观说与客观说的争执，理论上有学者提出了折中说，以期能够调和此两说的优势与不足。折中说认为任何结果的发生，均是由外在的及内在的各种条件结合而成，因此判定行为人对此结果能否预见，必须综合外在客观的事情及内在主观的能力，一起作为论断的基础。在论述外在客观事情时，不能仅凭行为当时的一般情形，也应考虑行为人所特别认识的事物；而在论定内在主观能力时，也不能仅注意一般人通常所应注意即客观的注意义务，且需考虑行为人日常所能注意者即主观的注意能力。如行为人主观的注意能力较高于一般人通常应注意之标准时，则以一般人应注意之能力为标准，以定其能否预见；如行为人之主观注意能力较低于一般人通常应注意的标准时，则以该行为人主观的注意能力为标准，以定其能否预见。② 此外，也有学者认为由于结果加重犯的本质在于基本犯罪与加重结果间的危险性关联，其中危险性是否存在的判断，应以客观情形论断，但同时若欲以加重结果之发生来非难行为

---

① 洪福增：《刑法之理论与实践》，五南图书出版公司 1988 年版，第 129 页。

② 陈朴生：《实用刑法》，三民书局 1985 年版，第 114 页；陈朴生、洪福增：《刑法总则》，五南图书出版公司 1982 年版，第 104 页。

人，则当以主观预见可能性来作为是否归责的标准，[①] 也即区分构成要件与罪责的不同层次分别以客观说和主观说加以判断。折中说的目的在于整合主观说与客观说的优劣，而将前述两说加以综合，从其结论看，当行为人注意力低时以行为人为准，当行为人注意力高时以一般人为准，也的确是对行为人最为有利的归责方法，并且任何结果的发生也一定是由其内在与外在的因素共同导致，不过这些内容似乎还不能够将为何采取折中说的理由加以直接清楚的展示。

除了预见可能性说的模式以外，还有不少刑事立法例是选择了过失说的见解，特别是晚近一些国家的立法均是如此，譬如，现行《德国刑法典》第18条规定："对行为的特别后果较重处罚，只有当正犯或共犯对特别后果的产生至少具有过失时，始可适用。"[②]《奥地利刑法典》第7条第2项规定："犯罪行为有加重结果之规定者，以行为人至少对此结果有过失时，始予加重处罚。"[③] 还有《俄罗斯联邦刑法典》第27条也规定，如果由于实施故意犯罪造成了依法应该处以更重刑罚的严重后果，而这种后果又不包括在犯罪人的故意之中，则只有在犯罪人预见到这种后果发生的可能性却没有足够根据地轻信可以防止这种后果发生（即有认识过失），或者犯罪人应该预见或可以预见这种后果可能发生却未预见时（即无认识过失），才应对这种后果承担刑事责任。[④] 与此相应，学界也有不少人主张过失说，如有学者认为，结果加重犯的成立，除其

---

① 参见陈志龙主持：《法律发展研究报告——刑法第十五条至第十七条之评释研究》，"台湾行政院国家科学委员会"专题研究计划成果报告（1995年10月），第27页。

② 《德国刑法典》，徐久生、庄敬华译，中国方正出版社2004年版，第10页。

③ 《奥地利联邦共和国刑法典》，徐久生译，中国方正出版社2004年版，第16页。

④ 《俄罗斯联邦刑法典》，黄道秀译，中国法制出版社2004年版，第9页。

基本行为与加重结果间有因果关系外，对于重结果仍须有过失存在为必要。[①] 还有学者在论述结果加重犯成立要件时即明确将行为与加重结果必须符合过失犯作为该种犯罪的构成要件之一。[②]

由以上论述可知，对结果加重犯加重结果的责任论定，预见可能性说认为，只要行为人对重结果的发生有预见可能即可，而过失说则认为行为人必须具有过失，那么，预见可能与过失之间究竟是何关系，对此，学界曾有不少讨论。比较普遍的看法是认为预见可能的外延大于过失的外延，因此行为人对加重结果的能预见当然包括行为人对加重结果的有过失。譬如，我国台湾学者蔡墩铭教授即认为，过失系行为人按其情节应注意且能注意而不注意，即有注意义务的违反，始可加以认定，而预见可能性说是只要对非偶然发生的结果有预见即可，毋庸行为人负有注意义务，因此行为人负加重结果部分之责任，易于其负过失责任，从而行为人既有过失，自亦应当成立结果加重犯。[③] 另有学者认为预见可能性说只有在没有预见重结果发生时才适用，因此便排除了出于过于自信过失构成结果加重犯的可能性，可见两者并非同一概念。[④] 但也有学者从分析能预见、应预见与有预见的关系入手，而认为在结果加重犯的问题

① 甘添贵：《刑法总论讲义》，瑞兴图书股份有限公司 1992 年版，第 83 页。

② 林山田：《刑法通论》（下册），自版 2006 年，第 182 页。

③ 蔡墩铭：《刑法总则争议问题研究》，五南图书出版公司 1988 年版，第 190 页；蔡墩铭：《加重结果犯与共同正犯》，载《台湾本土法学杂志》2002 年第 40 期，第 142 页。类似见解见陈朴生：《刑法专题研究》，三民书局 1988 年版，第 172 页；杨大器：《刑法总则释论》，大中国图书公司 1992 年版，第 136 页；褚剑鸿：《刑法总则论》，三民书局 1995 年版，第 126 页。

④ 马克昌：《结果加重犯比较研究》，载《武汉大学学报》1993 年第 6 期，第 121 页。

上，规定对加重结果能预见和有过失具有同等意义。[①] 此外，还有学者从旧、新过失论的不同内涵出发，认为旧过失论主张过失系主观注意义务的违反，其前提为主观的预见可能性，行为人必须能预见结果之发生而未预见时始可成立，因此“行为人不能预见其发生”的说法即等同于“行为人无过失”；而新过失论由于在构成要件层面加入了客观注意义务违反的判断，因此“行为人不能预见其发生”便无法理解为“行为人无过失”。[②]

三、本书见解

法律的规范结构，并非如数字推理或科学论证一般，有绝对的真实性，在评价某种法律规定的对与错时，所凭借的标准也不应仅仅是形式逻辑的完备可靠和数理演绎的准确无误，而应当考虑规范的实效性与公正性。同时刑法中的各种规范形态都有其特殊性，考虑个别规定之所以存在于刑法中的理由，能够帮助我们更加了解刑法体系的性质。而结果加重犯在结构上的各种争议，就提供给我们这样一个重新认识刑法历史发展及其刑法理论变动的机会。譬如，从上述结果加重犯加重结果责任理论的发展演变中便可管窥责任主义在刑法中的确立过程，而对近期发展的两种见解，即预见可能性说与过失说也能结合相关理论背景，做出比较恰当的评价。

由于过失说与预见可能性说相比，在责任的内涵上加入了注意义务（客观和主观）的违反要素，因此其范围较能预见为窄，换言之，能满足过失的要件必然能够满足能预见的要件，但能满足能

---

① 吴振兴:《结果加重犯罪过形式研究》，载《当代法学》1992年第2期，第55~56页。同此结论者还有黄荣坚:《基础刑法学》（上），中国人民大学出版社2009年版，第260页；高铭暄、赵秉志主编:《犯罪总论比较研究》，北京大学出版社2008年版，第296页，注2。

② 陈子平:《结果加重犯之主观要件》，载《月旦法学教室》2002年第1期，第33页。

预见的要件却不一定能满足过失的要件。由于现代意义上的责任主义仅将故意与过失作为罪责的形态，并且要求行为非出于故意或过失不罚，因此行为人只有对其出于故意或者过失的行为才负刑事责任。将此原则贯彻到结果加重犯的犯罪类型上，则行为人对于加重结果，也仅在其具有故意或过失的范畴内负担刑事责任，从而行为人对加重结果的发生，至少有过失时，始能令其负加重结果部分的责任，也才有成立结果加重犯的可能，这是贯彻责任主义的要求。① 事实上，学界对此问题的态度也有转变，以我国台湾地区为例，早期台湾学界对于结果加重犯的讨论焦点是集中在行为人对加重结果以能预见还是有过失为限，并且通说的意见是只要行为人对加重结果的发生能够预见，便满足了结果加重犯的主观要件，无须行为人对重结果有过失。然而，现今学界却普遍认为，行为人必须对加重结果具有过失，否则便抵触了刑法罪责原则的规定。②

以上虽然对结果加重犯的加重结果要求行为人必须具有过失才可归责，但对于此过失的内涵，还有进一步说明的必要。首先，与普通过失犯不同，结果加重犯的基本犯罪行为并非是造成重结果发

---

① 学界对此有不同意见，而认为行为人对加重结果能预见即已符合责任主义的要求。例如，有学者认为："实者预见可能性与有过失，概念上即非完全同一，行为人对加重结果之发生，客观上若能预见即有预见可能性存在，即具有非难可能性而对该加重结果负其罪责，无须考虑其是否有过失，即符合责任主义之原则。"见纪俊干：《从实务观点论加重结果犯之运用》，载《政大法学评论》1994 年第 50 期，第 106 页。还有学者认为："故行为人对于重结果之发生，有过失者固勿论，即无过失，而其重结果之发生并非其所不能预见者，因有本条之设，亦应令负加重责任，难谓其与责任原则有违。"见陈朴生：《实用刑法》，三民书局 1985 年版，第 76 页。

② 如蔡墩铭：《刑法精义》，翰芦图书出版公司 2005 年版，第 262 页；黄常仁：《刑法总论》，汉兴出版公司 2001 年版，第 124 页；陈子平：《刑法总论》，元照出版公司 2008 年版，第 365 页；林东茂：《刑法综览》，一品文化出版社 2007 年版，第 1～65 页；林钰雄：《新刑法总则》，元照出版公司 2006 年版，第 90 页。

生的所有行为，而是具有一定的特殊性。对于普通过失犯，行为人所实施的行为大部分都是社会日常生产、生活活动，如医生在医疗手术中违反操作规程致人重伤、死亡；司机在交通运输过程中不幸发生重伤、死亡事故以及成人带领儿童游泳时因疏于照管致其死亡，等等。这些行为并未限定特定的范围与型态，本身也是法律许可的行为，只是在实施过程中超出了法所容许的界限，由此刑法便科以义务要求行为人针对行为当时呈现出的危险状态及时调整自己的行为，或者采取预防措施，或者从根本上放弃行为。而在结果加重犯的情形，由于结果加重犯在客观归责方面，除了需要具备一般过失犯的客观归责要件之外，还有专属于其自身的归责内涵，亦即前文反复讨论过的基本犯罪行为特有或典型危险的实现，因此，结果加重犯与普通过失犯在归责的判断对象上即不相同，前者是基本犯罪行为伴随重结果危险，后者则是不定型行为伴随重结果危险。此一特性反映在加重结果的过失要件上，就是行为人对加重结果的预见可能性必须涵盖整个重结果危险的实现历程。以行为人实施某行为发生死亡结果为例加以说明，此时，如欲追究行为人普通过失犯的责任，必须是行为人有义务也有能力预见到其行为会发生死亡结果，却未能预见或已预见但轻信可以避免；而若想对行为人论以结果加重犯的责任，则必须是行为人有义务也有能力预见到自己实施的基本犯罪行为带有死亡风险，以及此死亡风险可能实现为死亡结果。不难看出，就过失的检验内容而言，结果加重犯要多于普通过失犯。

其次，在过失要件的具体判断上，由于行为人实施结果加重犯基本犯罪时，对于行为所伴随的特有或固有危险，理智正常的一般人处在相同情况下均能够预见（客观预见可能性），因此法律要求行为人也应予预见（客观预见义务），并且要求行为人谨慎实施基本行为以避免该危险实现为实害结果（客观注意义务）。同时根据行为人的责任能力和认识、判断水平在其能预见到基本行为附带内在危险及可能产生加重结果（主观预见可能性）的前提下，法律进一步要求行为人实际履行上述客观注意义务（主观注意义务），如果行为人没有履行这项义务（主观注意义务的违反），在实施基本行为时即已经创造出特有或固有的内在危险，最后又将该危险现实化，这当然就是结果加重犯所要规制的对象。可以看出，由于行为人的应预见是从一般人的能预见中导出，因此判断的重点就在一般人的能预见和行为人的能预见这两个问题上。

其中所谓的一般人能预见，是指具备通常理智的人处在行为人当时的环境背景下，依据一般的经验知识能够预见，其论证方法是援引以生活经验为基础的相当因果关系，从事客观一般化的判断。总体而言，除非是异常的因果历程，否则一般人均可能预见，因此客观预见可能性的要素比较容易确定。至于行为人的能预见，则是指行为人有足够的知识与能力能认识行为当时附带危险的存在。由于是以个案中行为人个人能力为判断对象，因此属于主观个别化的判断，并且原则上，只要因果历程没有超过生活经验，具备客观预见可能性时，都可以判断行为人具备主观预见可能性，除非行为人的预见能力由于生理、心智缺陷，或行为时受到惊吓而丧失。举例而言，行为人出于伤害的故意重击被害人头部，本来只想给被害人些许教训，未料被害人最终死亡。从科学与经验累积的一般知识看，头部是人体的重要部位，如果不注意力道与方位随便加以重击极有可能致人于死，由于一般人对此均可预见，因此上述的客观预见可能性便已具备，并且除非行为人有非常特殊的原因，否则也应当预见到此结果的发生，即具备主观的预见可能性。另外需要附带一提的是，与一般过失犯相同，行为人对死亡结果的主观预见可能性判断，不需要以个别物理过程为对象，也即行为人不需要对被害人被重击头部后，究竟是由于蛛网膜下腔静脉破裂出血过多死亡，还是因颅脑损伤致中枢呼吸循环衰竭死亡等具体的因果历程有所认识，而是只要能预见到重击被害人头部是有死亡危险的行为，并且最终与死亡结果之间存在因果关系即为已足。

第二节 基本犯罪与加重结果的责任形态

从形式上观察，结果加重犯是以行为伴随一定重结果的发生作为附加加重刑罚的前提，据此，基本犯罪行为与此加重结果之间就应当具备某种关联，否则无法以加重刑罚待之，并且基于一般规则此一关联应从主、客观两个方面论及。其中，对结果加重犯的客观结构，本书在第三章已经做了一定梳理，根据前文的探讨，结果加重犯的基本行为与加重结果之间必须具备“直接性”，亦即加重结果必须是属于基本犯罪特有内在危险的实现。那么，接下来所要面对的当然就是结果加重犯主观要件的问题，事实上，关于结果加重犯的主观要件，学说见解相当分歧，也是整个结果加重犯理论最为纠结之处，其所引发的争议甚至直接牵动结果加重犯的存在基础与构造形式。在此，为了论述的方便，也为了与理论、实务的认知相对接，笔者特将此部分分为基本犯罪与基本结果之间的主观要件即基本犯罪的责任形态，以及基本犯罪与加重结果之间的主观要件即加重结果的责任形态两个方面分别阐述，以下便是具体内容。

一、基本犯罪的责任形态

由结果加重犯客观要件的讨论可知，与普通犯罪不同，结果加重犯的基本犯罪在客观上必须具备产生重结果的高度、内在危险性，那么相应地，结果加重犯的基本犯罪在主观方面有无限制便是值得探讨的另一课题。由于作为典型结果加重犯的故意伤害致死罪其基本犯罪的主观方面是故意，因此学界对结果加重犯的基本犯罪可以由故意构成并无任何异议，由此也可推出议论的焦点是集中在基本犯罪可否出自过失的问题上。对此，有观点认为结果加重犯的基本犯罪只能由故意构成，基本犯为过失犯的结果加重犯不存在。譬如，日本学者野村稔即认为：“结果加重犯是指由于实行了基本的故意犯罪而引起行为者未预见到的重结果发生，因此以重的结果为由而加重刑罚的场合。”[①] 川端博教授也认为，所谓加重结果犯，系指必须对基本犯罪具有故意，而重视所发生之结果，且加重其刑之犯罪类型。[②] 我国台湾学者林山田在阐述结果加重犯的成立要件时，同样将“故意实行基本构成要件行为”作为结果加重犯的要件之一，认为行为人必须出于基本构成要件故意，而实行基本构成要件行为，可是却发生加重结果，始有可能成立结果加重犯。[③]

与上述观点相对，学界也有人主张对结果加重犯基本犯罪的罪责形态不应做任何限制，即故意、过失均可以构成。例如，德国学者一般均肯认基于过失犯的结果加重犯，认为结果加重犯的构成要件是特殊的故意—过失的组合：故意（例外情况下过失）的基本犯罪本身就是应当处罚的，发生规定的结果加重了刑罚。[④] 在日本也有学者认为作为基本犯的犯罪不仅包括故意犯的情况，也包括过失犯的情况。例如，日本学者西原春夫即认为，虽然从前作为结果加重犯的基本罪限于故意犯，但后来立法承认了过失犯作为基本罪，并主张将结果加重犯的定义由“作为基本的故意犯罪……”改为“作为基本的犯罪行为产生行为者没有预见的重结果的场合，对此追究加重责任的犯罪”。[⑤] 此外，大谷实教授也指出虽然日本刑法典没有设置基本犯为过失的结果加重犯的规定，但是《日本公害法》第2

---

① ［日］野村稔：《刑法总论》，全理其等译，法律出版社2001年版，第176页。

② ［日］川端博：《刑法总论二十五讲》，余振华译，中国政法大学出版社2003年版，第274页。

③ 林山田：《刑法通论》（下册），自版2006年，第181页。

④ ［德］汉斯·海因里希·耶赛克、托马斯·魏根特：《德国刑法教科书》，徐久生译，中国法制出版社2001年版，第321页。

⑤ ［日］西原春夫：《刑法总论》，成文堂1988年版，第187~188页。转引自马克昌：《刑法理论探索》，法律出版社1995年版，第304页。

条第2款规定了过失排出有害物罪的结果加重犯。[①] 我国台湾地区也有学者认为，结果加重犯的成立，首先必须有基本犯罪的实现，亦即基本犯如是故意行为的话，有客观及主观构成要件的实现；而若是过失犯的话，须有过失犯之不法构成要件的实现。[②]

事实上，上述观点的纷争与作为其讨论基础的立法现实有很大关系，由于立法实际不同，学者们的观点也就有很大差异，这是自然而然的事情。德国学界之所以普遍承认存在基本犯为过失犯的结果加重犯，是因为其刑法（修法以前）中即有不少这样的规定，如第309条失火致死罪、第314条过失溢水致死罪及第326条过失损坏水利设施致死罪均是如此。与之相反，日本刑法典中不存在基于过失犯的结果加重犯，故学者们一般均将故意犯排除在结果加重犯的基本犯罪之外。韩国刑法中同样没有过失犯的立法例，因此学界也将基本犯罪仅限于故意犯。[③] 除此之外，我国台湾地区刑法学者也认为，在刑法分则中的结果加重犯，其基本犯罪均为故意犯的型态，而没有过失犯的样态。基于此种现象，便没有必要将过失犯

---

① ［日］大谷实:《新版刑法讲义总论》，成文堂2000年版，第221页。转引自李立众、吴学斌主编:《刑法新思潮》，北京大学出版社2008年版，第152页。

② 陈志龙:《人性尊严与刑法体系入门》，自版1998年，第229页。

③ ［韩］李在祥:《韩国刑法总论》，［韩］韩相敦译，中国人民大学出版社2005年版，第175页。

的基本犯之概念，画蛇添足地纳入结果加重犯的概念特征中。[①]

以上问题在我国大陆刑法学界也有比较激烈的争论，并且由于我国刑法一般没有对结果加重犯的罪过形态做出明确规范，使得学理上有比较充分的诠释空间。总体来看，对基本犯罪的罪过形式同样有故意说和故意或过失说两种观点。持故意说的学者认为结果加重犯基本犯罪的罪过形式只能是故意，过失犯无法构成结果加重犯。[②] 究其缘由主要包括以下几个方面：第一，基本罪为过失的结果加重犯与重结果的结果犯没有本质区别。在基本罪为过失的结果加重犯的结构中，行为人对基本罪结果持过失心理状态，对加重结果亦持过失的心理状态，罪过形式相同，只是结果不同。因此，将其解释为重结果的结果犯，不会引起理论上的混乱。第二，承认基本罪为过失的结果加重犯，只有在承认对加重结果既无故意又无过失的偶然结果加重犯的情况下才有意义，而偶然的结果加重犯并无存在的合理性。第三，在实务上，承认基本罪为过失的结果加重犯，极易扩大被告人负刑事责任的范围。[③] 第四，根据我国犯罪构成理论，过失犯罪以发生刑法分则所规定的法定危害结果为成立要件，而这种危害结果是单一的，不存在超越单一结果的复合结果即

① 陈志龙主持：《法律发展研究报告——刑法第十五条至第十七条之评释研究》，“台湾行政院国家科学委员会”专题研究计划成果报告（1995 年 10 月），第 5 页。不过也有学者认为虽然台湾“刑法典”中没有基本犯为过失犯的结果加重犯，但“特别刑法”中却不乏其例，如“陆海空军刑法”第 112 条第 2 项在警戒地域遗失所保管之口令、信号、识别旗、陆海空军联络符号、密码电本、无线电呼号、无线电用各种代名词因而泄露军事上之机密，及第 113 条第 2 项在接战地域遗失第 112 条所列各文件，即系因过失行为发生重结果而加重其刑之加重结果犯的规定。见陈朴生、洪福增：《刑法总则》，五南图书出版公司 1982 年版，第 109 ~ 110 页。

② 马克昌主编：《犯罪通论》，武汉大学出版社 2003 年版，第 656 页。

③ 李邦友：《结果加重犯基本理论研究》，武汉大学出版社 2001 年版，第 37 ~ 40 页。

加重结果，因此，过失犯罪不具备结果加重犯的特殊复合构成。[①] 第五，如果承认过失犯罪的结果加重犯，那么如何确定其基本犯就成问题。因为在对较轻结果的过失和较重结果的过失之间并不存在主次之分，与其说是在较轻过失犯罪的过程中出现了较重结果，倒不如说是在较重过失犯罪的过程中附带出现了较轻结果。[②] 第六，过失犯罪的基本性质具有不确定性，犯罪过失心理支配下的行为无法反映出基本行为对于加重结果具有内在的危险性。[③] 第七，根据过失犯罪的不同结果规定不同的法定刑，就足以体现不同过失犯罪的社会危害程度，而无须将其规定为结果加重犯。第八，我国也不存在基本犯的罪过形式是过失的立法例。[④]

相反，持故意或过失说的学者则认为结果加重犯的基本犯罪既可以由故意构成，也可以由过失构成，但对我国是否存在基本犯为过失犯的立法又有不同见解。一种观点认为结果加重犯并非只能由故意构成，过失犯罪同样可以成立，并且我国就有基本犯为过失的立法例。[⑤] 另一种观点却认为虽然基本犯可以包括过失犯，但在我国刑法中并不存在这样的规定。[⑥] 与故意说相比，目前承认基本犯可以出自过失的观点在我国学界占据多数。其理由大致有：第一，

---

① 熊赞研：《结果加重犯的构成透析》，载《中国刑事法杂志》2001 年第 6 期，第 24 页。

② 马松建、史卫忠：《刑法理论与司法认定问题研究》，中国检察出版社 2001 年版，第 262 页。

③ 陆诗忠：《结果加重犯之基本问题再研究》，载《学术论坛》2007 年第 11 期，第 144 页。

④ 陆诗忠：《刍议结果加重犯中的若干问题》，载《河南司法警官职业学院学报》2005 年第 1 期，第 45 页。

⑤ 王虎华：《论结果加重犯》，载赵秉志等编：《全国刑法硕士论文荟萃（1981～1988 届）》，中国人民公安大学出版社 1989 年版，第 399～401 页；姜伟：《犯罪形态通论》，法律出版社 1994 年版，第 367～368 页。

⑥ 吴振兴：《罪数形态论》，中国检察出版社 1996 年版，第 86 页。

结果加重犯的概念并未排除基本犯罪为过失犯罪的情况。第二，过失犯罪的结果加重犯同样具备故意犯罪的结果加重犯应当具备的主、客观等特征。第三，同样是过失犯罪，但其社会危害程度并不相同，为了更好地贯彻罪刑相适应原则，对于过失犯罪亦应当有罪刑相应的等级阶梯，而过失犯罪的结果加重犯就是建立这种罪刑阶梯的适当角色。[①] 第四，在基于过失的结果加重犯中，并非单纯的由于加重结果的出现及行为人对此的过失而加重法定刑，而是由于作为基本犯的过失行为本身具有内在的固有的类型化危险性，而且此危险性最终在重结果中实现才规定了加重的法定刑。[②] 第五，加重结果作为加重犯罪构成的要素具有相对的独立性，行为人在普通犯罪构成中持过失的心态下，完全可以对加重结果也持过失的心态。[③] 第六，基本犯罪、法定重结果、加重法定刑是结果加重犯结构中的三个要素，只要某一犯罪在形式上同时具备这三个要素，一般即可被认为成立结果加重犯。[④] 第七，当刑法对一个犯罪规定了作为构成要件的基本的结果，而对另一重结果规定了更加严重的刑罚时，提倡所谓“重结果的结果犯”概念是有问题的。第八，无论出于故意还是过失的结果加重犯，其加重结果皆有刑法规定，实务中不可能脱离刑法规定去认定，因此承认过失犯的结果加重犯不会导致扩大行为人负刑事责任的范围。[⑤] 第九，过失犯的结果加重

---

① 吴振兴：《罪数形态论》，中国检察出版社 1996 年版，第 87 页。

② 李立众、吴学斌主编：《刑法新思潮》，北京大学出版社 2008 年版，第 151 页。

③ 张小虎：《犯罪论的比较与建构》，北京大学出版社 2006 年版，第 694 页。

④ 王作富、党剑军：《论我国刑法中结果加重犯的结构》，载《政法论坛》1995 年第 2 期，第 4 页。

⑤ 肖中华：《犯罪构成及形态若干问题研究》，2004 年度国家社科基金青年项目，第 158～159 页。

犯在国外有相应的立法例，理论研究中不能予以忽视。①

对于上述争论，笔者同意多数说的看法而认为结果加重犯的基本犯既可以出自故意也可以出自过失。首先，从结果加重犯的本质看，结果加重犯就是行为人以危险的方式实施风险性的犯罪，加重结果与基本犯罪之间存在特有风险的实现关系。在故意犯中存有内含发生重结果风险，能以危险方式实施的犯罪，同样的，有些过失犯也可蕴含典型风险，衍生较重结果或者扩大法益侵害的范围，并且也可以以危险的方式实施，没有不可成立结果加重犯的道理。譬如，德国刑法规定的失火致死罪，行为人过失引起了火灾，致公共危险，由于火势的蔓延和不易控制性，该行为本身即蕴含着产生重结果的风险，一旦重结果发生如产生死亡结果，便可认定失火行为的固有危险获得实现，而有可能适用刑法规定的加重法定刑。其次，刑法之所以规定结果加重犯，是想要在不同轻重的罪责及所生结果之间设置刑罚等级，进而分阶段地预防犯罪，而在过失犯中规定结果加重犯同样可以达到上述目的。诚如有些学者所言，“不仅行为出于故意的暴力性或破坏性犯罪会产生不同程度的损害，出于过失的事故型犯罪造成的社会危害也有层次之分”，② 这就决定了两者均可作为结果加重犯的基础。并且通过结果加重犯的立法，使得行为人即使是过失实施某一行为，当有重结果发生可能时，也向其提出应当特别注意的义务，以防止此重结果的现实化。再次，从规范的保护目的出发，任何规范均有自己的法益保护范围，如果某一法益侵害结果已经超出了某一规范的保护范围，就应当由其他规范调整，而既然某种结果可能超过故意犯罪的法益保护领域，那么，从逻辑上讲，某种结果当然也有可能溢出过失犯的法益调整范

① 马克昌：《结果加重犯比较研究》，载《武汉大学学报》1993 年第 6 期，第 119 页。

② 林亚刚：《论结果加重犯的若干争议问题》，载《法学评论》2004 年第 6 期，第 74 页。

围，对此，只要立法规定了加重法定刑，同时又不抵触结果加重犯的本质要件，就不应当拒绝将其纳入结果加重犯的范畴。最后，否认过失犯可以构成结果加重犯的观点一般是将此种情况解释为重结果的结果犯，不过，从结果加重犯本身也是一种结果犯的角度看，以此用语区分两者也未必恰当。事实上，反对者的意思应当是将较轻结果的过失犯与较重结果的过失犯并列作为该项犯罪的结果犯，然而就所产生的法律效果而言，此种解释反而不利于行为人，因为对行为人而言，无论是将其行为认定为重结果的过失犯还是结果加重犯，最终均是适用刑法特别规定的法定刑，而以结果加重犯论处的做法，由于要加入责任要件的检验，因此在实质意义上，是给予行为人以优待的解释。

不过，尽管理论上可以肯定过失犯能够构成结果加重犯，但我国立法中是否即有此例，仍需加以探讨。如前所述，学界对此已有很大分歧。而肯定我国刑法存在过失犯之结果加重犯的意见往往是以《刑法》第 131 条重大飞行事故罪、第 132 条铁路运营安全事故罪、第 136 条危险物品肇事罪作为论证的基点，[①] 认为这些犯罪就是我国刑法中过失犯构成结果加重犯的实例。然而，就笔者看，上述犯罪在类型的归属上并不适于归入结果加重犯的领域。由于这些犯罪在犯罪结构及立法模式上具有共通性，因此这里仅以重大飞行事故罪为例加以说明。我们知道过失犯结果加重犯的成立，重要的是发生加重结果，且此加重结果已经超出基本犯罪构成要件的效力范围，如最典型结果加重犯的故意伤害致死罪，死亡结果显然已经不在作为基本犯罪的故意伤害罪所能涵容的范围以内了，也因此立法上才有设置结果加重犯的必要。而我国刑法规定的重大飞行事故罪，航空人员违反规章制度，虽然系出自过失，并且刑法亦就

---

① 至于《刑法》第 133 条的交通肇事罪是否为结果加重犯的适例，学界意见更难统一，笔者认为交通肇事罪并不属于结果加重犯，具体阐述见后文。

“造成飞机坠毁或者人员死亡”规定了比“造成严重后果”更重的法定刑，但就飞机坠毁或致人死亡的重结果而言，却很难认为不是在重大飞行事故犯罪的效力范围之内，换言之，重大飞行事故罪本身即可包含机毁人亡的重大结果，而不用其他构成要件帮忙。并且由于没有超出原始犯罪的调整范围，使得行为人对更重结果的过失心态难以构架，更何况，将重大飞行事故罪解释为结果加重犯，也会导致无法确定其基本犯罪的麻烦。事实上，对于这类犯罪，以情节加重犯的理论进行解释更为合理。由此，笔者认为虽然理论上可以承认基于过失犯的结果加重犯，但就我国目前的立法情况看，并不存在基本犯罪为过失犯的立法例。

二、加重结果的责任形态

与基本犯罪罪责形态相比，学界对加重结果的责任形态讨论更多，甚至可以说，有关结果加重犯的理论很大一部分就是对加重结果责任要件问题的诠释。在早期，曾有学者主张无论是出于故意、过失还是偶然，均可成立结果加重犯，譬如，德国学者汤姆森（Thomsen）即根据行为人对重结果的心态将结果加重犯分为偶然的结果加重犯、过失的结果加重犯与故意的结果加重犯三类。[①] 日本学者木村龟二也持相同看法，主张：“关于结果加重犯的结果，虽然一般地不以故意为必要，并且解释上限于没有故意的场合，但以故意为必要的场合还是有的，这种场合叫‘有故意的结果加重犯’。关于无故意的结果加重犯的结果有有过失的场合与无过失的偶然的场合，前者叫‘由于过失的结果加重犯’，后者叫‘偶然的

① 陈朴生、洪福增：《刑法总则》，五南图书出版公司 1982 年版，第 105 页，注二。

结果加重犯’。”[①] 不过，随着刑法领域中责任主义的注入，偶然结果加重犯的主张已经不合时宜，因此学界以后对加重结果责任要件的讨论便落在故意与过失之上，并且由于伤害致死罪的行为人对死亡结果是出于过失，所以重结果的责任可否出于故意就成为该部分理所当然的议论焦点。

对此问题，学界有两种意见，一种意见认为结果加重犯的重结果心态只可由过失构成，如日本学者香川达夫指出，刑法设立结果加重犯概念是为了贯彻责任主义，使对加重结果没有过失的行为人不对加重结果承担责任，而对加重结果持故意时本身就是应负刑事责任的，因此，设定故意的结果加重犯没有任何意义，只能承认过失的结果加重犯。[②] 林山田教授也主张，加重结果必须系行为人实行基本构成要件该当的行为后，接着因为过失行为导致发生加重结果者，始有构成结果加重犯的可能。[③] 与之相对，另一种观点则认为重结果的责任要件包括过失及故意两种，行为人对重结果持故意心态的也可成立结果加重犯，如牧野英一教授认为：“加重结果犯乃对其结果无犯意者，但依情形在规定上亦有包括对其结果有犯意与无犯意之情形者。”[④] 我国台湾学者陈朴生也赞同该观点，认为结果加重犯应包含行为人对一定结果之发生有故意之情形在内。[⑤]

---

① ［日］木村龟二：《刑法总论》，有斐阁 1984 年版，第 172 ~ 173 页。转引自马克昌：《结果加重犯比较研究》，载《武汉大学学报》1993 年第 6 期，第 120 页。

② 参见张明楷：《未遂犯论》，法律出版社、日本成文堂 1997 年版，第 22 页。

③ 林山田：《刑法通论》（下册），自版 2006 年，第 180 页。

④ 参见吴振兴：《罪数形态论》，中国检察出版社 1996 年版，第 89 页。

⑤ 陈朴生：《加重结果犯之责任要素》，载《法令月刊》1977 年第 3 期，第 7 页。其认为犯强制性交或强盗者，行为人有使人受重伤之故意者，如依台湾地区“刑法”第 55 条从一重处断，均较加重结果犯之处罚为轻，当非立法者之本意，因此认为加重结果犯应解为包括故意的情形在内。

在德国，学者们一般承认存在对重结果持故意的结果加重犯。

从立法实际看，现行德国刑法和奥地利刑法对加重结果的主观心态均采取了“至少有过失”的立法例，此外，我国澳门地区《刑法典》第17条也规定：“（因结果之加重刑罚）如可科处于一事实之刑罚，系因一结果之产生而加重，则必须系有可能以行为人至少有过失而将该结果归责于行为人时，方得加重之。”① 而根据文义解释，“至少有过失”当然包括故意的情形在内。② 不过，也有一些国家的立法明确排除加重结果的故意罪过，而将行为人的主观心态仅仅限于过失。如挪威《刑法》第43条规定：“犯罪行为引起了没有预见的结果，法律因而加重刑罚的，行为人只有认识到该结果的可能性或者已认识到有这种危险但未能阻止该结果的发生时，才能适用该加重的刑罚。”③ 另外，《丹麦刑法典》第20条也规定：“若处罚或者加重处罚以某一故意犯罪已经产生非故意之危害后果为条件，则仅当非故意之危害后果可归因于被告人之过失或者被告人明知危险后没有尽其所能避免危害后果发生时，方可处罚被告人。”④

结果加重犯加重结果责任形态问题的论争反映到我国大陆学

---

① 载澳门政府官方网，http://bo.io.gov.mo/bo/i/95/46/codpencn/codpen0001.asp，访问日期2010年9月17日。

② 但也有学者认为，虽然立法中采用了“至少有过失”的用语，但其实质含义则是排除行为人对重结果出于故意的情况，之所以导致这种认识偏差是由于不同国家、地区的语言习惯所致，如起草澳门刑法典的葡萄牙法律专家即认为“至少有过失”的葡文原意就是只能由过失构成。具体阐释见赵秉志主编：《中国内地与澳门刑法总论之比较研究》，澳门基金会2000年版，第253页。

③ 《挪威一般公民刑法典》，马松建译，北京大学出版社2005年版，第12页。

④ 《丹麦刑法典与丹麦刑事执行法》，谢望原译，北京大学出版社2005年版，第5~6页。

界，同样是过失说与过失或故意说两种观点的分歧。起初，学界对加重结果的罪过主要限定在过失的场合，而现在则普遍认为加重结果可以出于故意。反对行为人对重结果可以持故意观点的最重要理由是，如果行为人对加重结果有故意，那么其重结果应作为另一新罪的结果，成立重结果的故意犯，[①] 除此之外，将故意造成加重结果也视为结果加重犯实际上是把两个独立的故意犯罪当做某一罪的结果加重犯来处理，容易使犯罪构成发生混淆。[②] 并且针对我国现行刑法中抢劫致人重伤、死亡的规定，有学者认为倘若行为人在抢劫过程中故意使重结果发生的，应当归入结合犯的范畴。[③] 对于以上争论，笔者认为从结果加重犯的行为人对重结果心态的产生时点来看，该罪责要件应当是在实施基本犯罪即基本构成要件时存在，从而该类犯罪在结构上是一个基本犯罪行为（内含发生重结果之典型风险），针对两个犯罪结果，且有两种主观心态，既然如此，行为人对重结果持故意就是完全可能的。同时由于我国刑法并未设立结合犯的规定，因此如果不承认对重结果为故意的结果加重犯，将无法解释抢劫致人重伤、死亡这类犯罪前后段之间的关系。事实上，行为人对重结果持故意心态的结果加重犯在我国也有实定法的依据，如《刑法》第 236 条强奸致重伤、死亡及第 263 条抢劫致重伤、死亡即是。[④]

除了重结果的故意心态外，行为人对加重结果可以出于过失，

---

① 马克昌：《刑法理论探索》，法律出版社 1995 年版，第 312 页。

② 顾肖荣：《试论结果加重犯》，载《法学研究》1984 年第 4 期，第 21 页。

③ 赵廷光主编：《中国刑法原理》，武汉大学出版社 1992 年版，第 487 页。

④ 2001 年 5 月 23 日最高人民法院《关于抢劫过程中故意杀人案件如何定罪问题的批复》规定："行为人为劫取财物而预谋故意杀人，或者在劫取财物过程中，为制服被害人反抗而故意杀人的，以抢劫罪定罪处罚……" 即是明白肯定了在抢劫过程中故意杀人的成立抢劫罪的结果加重犯。

则为学界一致认可，不过理论上对此过失的具体内涵却有不同解释，详言之即结果加重犯中行为人对重结果的过失与普通犯罪中的过失有无不同？对此，有学者认为对于结果加重犯的构成，除了一行为相当于故意形态的基本犯罪以及过失形态的加重结果犯罪以外，就加重结果的部分，限定必须是轻率过失，必须是一种高度的过失。否则，对于加重结果的部分如果不是出于高度的过失，那么还是只能适用一个故意犯罪和一个过失犯罪的想象竞合，而不能适用施以重罚的结果加重犯的规定。[①] 但是也有学者指出，如果结果加重犯只处理对加重结果有重大过失的案例，虽然对轻过失的案例较为公平，但对未规定结果加重犯的犯罪构成要件而言，即便行为人对重结果有重大过失，也只能依想象竞合之例处断，则又不公平。何况过失之轻重原本即可于量刑时作为斟酌条件，并非必须一律同刑，限定结果加重犯必须出于重大过失实无必要。[②] 从结果加重犯客观上的结构观察，由于其基本犯罪行为是内含发生重结果高度、典型风险的犯罪，且此项内容是从社会通则出发而做的一般判断，故行为人对此也应有所认识，在行为人以危险方式实现此重结果时，自然可以推出行为人对重结果有高度的预见可能性，而比一般过失的不法更甚。同时，将结果加重犯的成立限制在重大过失的情形，是出人之罪而非入人之罪，无侵害人权之害，也不会抵触罪刑法定原则。另外，由于我国刑法没有对结果加重犯重结果的主观要件做任何规定，因此与立法已经明确将加重结果规定为过失要件

---

① 黄荣坚：《刑法问题与利益思考》，中国人民大学出版社 2009 年版，第 304 页。

② 许玉秀：《当代刑法思潮》，中国民主法制出版社 2005 年版，第 538～539 页。

的国家不同，在解释上也不会遭受违反文义解释的质疑。[①] 总之，从责任主义出发，结果加重犯的行为人需要对加重结果有罪责，此罪责既可以是故意又可以是过失，并且在过失的场合，是比一般过失程度更高的轻率过失。

应当说明的是，笔者以上的分析在思路上均沿袭了以往的传统即先分割结果加重犯为基本犯罪与加重结果，然后再分别判断其各自的主观要件。不过，最近也有学者开始从单一性的角度重新思考结果加重犯的结构，并对结果加重犯的主观要件做出了新的解释，此即具体危险故意说。具体危险故意说首先从分析结果加重犯的加重结果与基本行为间是否遽然毫无关联以及其故意 + 过失的主观要件与处罚规定难以相容的特异现象出发，认为既然此种犯罪要求基本行为对加重结果应当具备类型化的危险，则对于加重之结果认定为过失，似乎并不恰当。进而提出结果加重犯的主观结构，绝非如现在学理及实务所认定的那样，系双主观要件的形式，而系单一的主观要件亦即具体危险故意，并且此种具体危险故意，已经超出原基本行为的故意范围之外，不能再单纯将加重结果犯的基本行为，与该单一犯之基本行为，等同视之，只有如此，才可真正反映出基本行为对加重结果本然危险性的存在。[②] 对此观点，笔者认为首先应当肯定的是结果加重犯的加重结果与基本行为之间存在主观要件的延续，理论上对所谓加重结果主观心态的讨论，其实就是在讲基本犯罪与加重结果间的主观关联。并且学界对结果加重犯主观结构形式的分析，向来是从基本犯罪与加重结果两个部分入手，形成故

---

① 譬如，在德国刑法中，由于立法者已经在许多个别的犯罪构成要件中明白指出处罚以“轻率过失”为前提，因此，如果将轻率过失解释到每一个结果加重犯的要件之中，就会导致对立法者没有提到的刑法条文，借由司法权加以限制，从而有司法僭越立法的疑虑。

② 柯耀程：《变动中的刑法思想》，中国政法大学出版社 2003 年版，第 119 ~ 121 页。

意＋过失等结构关系（具体形式有争议），也因此，结果加重犯在结构上与想象竞合十分相似。

其次，从危险性说的角度看，将加重结果认定为过失，可能会与结果加重犯要求基本行为内含发生加重结果之典型危险的实质不符，然而根据本文对结果加重犯本质的分析，上述内容仅仅是成立结果加重犯的一个前提，即基本行为对加重结果的类型化危险是在立法层面上起到帮助立法者筛选哪些犯罪可以被规定为结果加重犯，哪些犯罪却无此可能作用的，换言之其所提供的是设定结果加重犯的立法依据，但在司法层面上要想真正构成结果加重犯，还必须是行为人以危险的方式实施此种类型化的犯罪，因为即便是内含重结果之固有、典型风险的犯罪，行为人也可以以比较安全的方式实施，避免将此重结果实害化，由于并非所有内含重结果类型化风险的行为最终均会实际发生重结果，因此行为人在实施基本行为的过程中，也还是有履行注意义务防止重结果发生的余地，因此将加重结果认定为过失，与结果加重犯基本行为对加重结果的本然危险性并无矛盾。最后，具体危险故意说将对重结果的心态认定为危险故意，可能会导致实践中危险犯的泛化。理论上危险故意是指针对已经成形的危险结果的实现有故意，虽然针对某一法益的侵害故意必然包含危险故意，但从危险故意中并不能够推论出行为人必定有侵害故意，[①] 对明明已经出现的侵害结果说成是行为人仅有危险故意，难以服众。更何况，具体危险故意说在对实际犯罪的解释上也会出现困难，如故意伤害致死的情形，如果行为人已经认识到发生死亡的具体危险（具体危险故意），就意味着行为人认识了实害发生的密接可能性，当行为人认识到实害结果发生的密接可能性，犹仍为之，则至少可以成立未必故意，然而我们知道故意伤害致死罪

---

① 按照德国理论通说的见解，危险故意可能伴随的是侵害过失。见 Horn, in：SK, vor §306, Rn. 13f。转引自蔡慧芳：《从危险理论论不能安全驾驶罪》，“国立”台湾大学法律研究所 2000 年博士学位论文，第 94 页。

的行为人对死亡结果不可能出于故意。综上所述，笔者基本不赞同具体危险故意说的立场，事实上，从18世纪末开始，对结果加重犯的探讨就始终围绕着基本行为与加重结果两个方面进行，这并非是理论陷入误区，而是这种复合结构可能确实比较符合结果加重犯的本来面貌。

第三节　国内实务见解与学说态度综览

结果加重犯的问题，如前所述，在理论上可以分解为客观方面和主观方面两个部分来研究，就客观方面而言，我国实务部门较多地是以条件说来判定基本行为与加重结果之间的因果关系，不过有时也会采用相当因果关系说，甚至加入直接性要件的考量；而理论界则在普遍承认基本行为与重结果之间应当具备因果关系，且此因果关系与普通犯罪无异的基础上，以各种因果关系学说来加以诠释。那么，相应地，司法实务界及学术界对结果加重犯的主观要件究竟有何认识也应做相当的了解，而这一讨论又包括两个部分，即基本犯罪的主观罪过及加重结果的主观罪过。由于实务部门对结果加重犯责任要件的讨论并不注重基本犯罪的部分，同时我国学界关于基本犯罪主观罪过的认识也已于第二节介绍过，因此笔者以下就不再涉及，而是将介绍的重点搁置在加重结果的主观要件上。从目前的情况看，我国司法实践经常忘记对重结果责任要件的检验，同时也不善于利用此一要件限缩结果加重犯的适用范围，而学界对此则是众说纷纭，尚未形成定论，并且已经开始出现由宏观问题的讨论转向微观问题争执的动向，以下便是具体内容的展开。①

一、司法实务判例

从立法上看，我国刑法对于结果加重犯的重结果部分一般是规定为“致人重伤、死亡”，甚至是采用更为模糊的“情节严重”、“造成严重后果”等用语，而未专门加入对重结果的故意或者过失要件。与之相应，司法实务部门在具体实践中也常常忽略对加重结果责任要件的检验，这一现象在 1997 年刑法颁布之前就是如此，譬如，辽宁省大连市中级人民法院〔1997〕大刑终字第 151 号判决即为一例。② 本案的基本案情是：被害人张某某与丛某某酒后搭乘行为人邵某某的出租车，因不满邵某某未按指示将车停靠，张某某与丛某某对邵某某进行殴打，邵某某遂从车内拿出水果刀刺向张某某左胸处，致其肺脏破裂，急性大失血休克死亡。对于本案，一、二审法院均将注意力放在了行为人是否构成正当防卫问题的讨

---

① 同样的，本节关于此部分内容的讨论也不及于台湾地区。就台湾近年的判例、判决可知，其实务见解对于结果加重犯主观要件的说明，大多集中在预见可能性上，并且此预见可能性是指客观的预见可能性而言。见陈子平:《结果加重犯——以最高法院九十年度台上字第四五九四号判决为主轴对近年相关判例判决之评释》，载《台湾本土法学杂志》2002 年第 35 期，第 18～22 页。至于台湾学界对结果加重犯主观部分的探讨，早期是集中在“行为人对于加重结果是否须具过失”这个问题上，但是现在，学界基于罪责原则已有共识，即认为行为人对于重结果必须具备过失。见蔡圣伟:《刑法问题研究》(一)，元照出版公司 2008 年版，第 442 页。并且由于台湾“刑法”中仅有综合故意与过失类型结果加重犯的规定，因此学界对结果加重犯主观要件的探讨，一般也就局限在故意加过失的范围之内，而不涉及其他罪责形态。例如，褚剑鸿：《刑法总则论》，三民书局 1995 年版，第 127 页；陈子平:《刑法总论》，元照出版公司 2008 年版，第 365 页；韩忠谟:《刑法原理》，北京大学出版社 2009 年版，第 218 页等。

② 国家法官学院、中国人民大学法学院编：《中国审判案例要览》(1998 年刑事审判案例卷)，中国人民大学出版社 1999 年版，第 219～223 页。

论上，而对行为人有无满足故意伤害致死的要件一笔带过，直接认定应当根据1979年《刑法》第134条第2款的规定，判处行为人故意伤害致死罪。与此相似，1998年云南省曲靖市中级人民法院对黄某某故意伤害一案，在认定行为人构成故意伤害致死罪时同样对死亡结果的责任要件未予提及，其判决书以“上诉人黄某某故意伤害他人，致人死亡，后果严重，其行为已构成故意伤害罪”径行做出行为人成立故意伤害（致死）罪的判决。①

并且，法院这种不重视结果加重犯重结果责任要件的做法也延续到1997年刑法颁布之后。例如，2005年珠海市中级人民法院审理的吴某某抢劫案，在判决理由部分就未讨论行为人对被害人死亡的主观心态。② 该案的案情如下：被告人吴某某通过网站房屋招租信息查询得知了被害人冯某的联系电话，遂以联系租房为名，预谋实施抢劫。2004年9月6日，被告人吴某某事先准备了单刃尖刀、纤维绳和封口胶，打电话联系被害人，以租房名义将被害人冯某骗至拱北将军山花园某房，并在该房内持刀对冯某实施了抢劫。在抢劫过程中，吴某某用事先准备的尖刀对被害人的臂、颈、胸及腹等部位乱捅，致冯某当场死亡。对于本案，由于被告人吴某某是以利器捅刺被害人，且所捅部位均为人体要害，因此认定其对被害人的死亡至少有过失并不困难，尽管如此，若想以抢劫致死罪论处被告人，有关此主观要件的检验仍需交代清楚，而不是像法院判决那样对该部分加以省略，以“被告人吴某某在抢劫过程中，为达非法占有他人财物之目的，将被害人乱刀捅死，其犯罪的主观恶性极大、手段极其残忍、后果特别严重”这样笼统的理由，认定行为

① 关于此案的具体案情及判决内容见国家法官学院、中国人民大学法学院编：《中国审判案例要览》（1999年刑事审判案例卷），中国人民大学出版社2000年版，第156~161页。

② 此案的具体内容见载 http://www.panjueshu.com/guangdong/zhuhai/zhongyuan/wushanglin.html，访问日期2010年9月2日。

人构成刑法第263条的抢劫（致人死亡）罪。此外，重庆市巫溪县人民法院〔2007〕巫刑初字第15号判决、[1]江西省莲花县人民法院〔2007〕莲刑初字第79号判决、[2]江苏省徐州市中级人民法院〔2009〕徐刑一初字第64号判决、[3]广东省揭阳市中级人民法院〔2009〕揭中法刑一初字第52号判决、[4]江西省南昌市中级人民法院〔2010〕洪刑一初字第4号判决[5]等均未对加重结果的主观要件进行专门的判断。

不过，法院有时也会特别注意到结果加重犯的重结果责任部分，而对此加以专门的讨论。例如，福建省龙岩市中级人民法院2001年审理的江某某等故意伤害案就认定了行为人对死亡结果存在过失心态。[6]该案简单介绍如下：被告人江某某、吴某某在龙马拖拉机厂巡逻看护设备时，发现被害人艾某某等六人钻入该厂围墙内捡拾垃圾堆中废旧金属，便分别拾起数块砖头朝其所在方向扔去，此六人随即往草丛中躲避并欲钻出围墙撤离，但两行为人继续向撤离方向投掷砖块加以驱赶。后发现艾某某仰卧在垃圾堆上死亡，经法医鉴定，艾某某系被砖头或石块类硬物击打头部，致重型颅脑损伤，最终导致中枢性呼吸循环衰竭死亡。本案经过两审，一

① 此案的具体内容见载 http://www. newcq. com/cpws/xs/121055. html，访问日期2010年9月2日。

② 此案的具体内容见载 http://www. dffy. com/sifashijian/ws/200711/20071105101934. htm，访问日期2010年9月2日。

③ 此案的具体内容见载 http://www. scxsls. com/article_26644. htm，访问日期2010年9月2日。

④ 此案的具体内容见载 http://www. gdjyfy. cn/viewNews. asp? flowNo = 815，访问日期2010年9月2日。

⑤ 此案的具体内容见载 http://www. scxsls. com/article_29442. htm，访问日期2010年9月2日。

⑥ 国家法官学院、中国人民大学法学院编：《中国审判案例要览》（2002年刑事审判案例卷），中国人民大学出版社2003年版，第237~242页。

审法院在认定被告人江某某、吴某某主观上具备伤害他人的间接故意外，又特别指出："对于造成他人死亡，二被告人应当预见到这种危害后果可能发生，却因疏忽大意没有预见，主观上是一种疏忽大意的过失，因此，被告人的行为均已构成故意伤害罪（致死）。"二审法院也认为："上诉人主观上均具有伤害他人的间接故意，但对艾某某的死亡既不希望也不放任，而是一种过失的心理状态。其行为构成故意伤害罪（致死）。"另外，北京市高级人民法院〔2006〕京高刑终字第451号判决王某某强奸案，[①] 也对行为人于死亡的主观要件进行了详细的探讨。北京高院认为："被告人采取捆绑等暴力手段，在高层建筑内故意对被害人实施强奸这一特殊的危险行为，在被害人强烈反抗的情况下，可以认为其在一定程度上具有对发生被害人死亡后果'危险'的认识和意志，即主观上对加重结果具有过错。"显然，该判决是从行为人实施行为的高度危险性推导出行为人对死亡结果存在主观罪过，并在此罪过内容的判断上似乎是将其认定为一种危险的故意心态。

由上述内容可知，法院对结果加重犯的重结果责任究竟应该如何处理并未达成一致，还有许多不清楚的地方，同时这种不清楚也反映在同一司法判决内部时常出现前后矛盾的说辞，其中，新疆维吾尔自治区昌吉市人民法院1998年审理的李某某故意伤害一案就比较典型。[②] 本案的案情是：行为人与被害人是兄弟，被害人喝酒时与他人发生口角，遂找行为人帮其出气，行为人来到争吵地点捡拾了两块砖头，并将其中一块扔向与被害人争吵的温某某，后了解到两人争吵是由于被害人的过错，便劝其回家，但此时被害人已醉酒，不听劝说，行为人便将手中的另一砖头向被害人扔去，打中其头部，后被害人死于家中，经法医鉴定，被害人符合因受钝器作

---

① 本案的裁判内容见《人民法院报》2007年3月5日第6版。

② 载 http://liuweiguo.66law.cn/lawyer_viewgoodcase.aspx?id=1251#comment，访问日期2010年9月3日。

用，致急性硬脑膜下血肿，引起呼吸衰竭而死亡。此案经昌吉市人民法院一审判决认定行为人构成故意伤害（致死）罪，并适用《刑法》第63条第2款减轻处罚，后经昌吉回族自治州中级人民法院、新疆维吾尔自治区高级人民法院、最高人民法院复核核准。在此，需要注意的是新疆维吾尔自治区高级人民法院对此案件的复核意见，该院先是否定行为人对被害人的死亡结果具有过失，即“本案发生的危害社会结果，即被害人因受伤害死亡，肯定不在被告人李某某的意料之中。根据李某某所具有的知识水平和本案的具体情节，发生这样的危害后果，也不是其事先应当预见的，因此本案不属过失犯罪”。但随即又肯定了一审法院故意伤害（致死）罪的判决，认为“一审以故意伤害（致人死亡）罪对李某某定罪并且适用《刑法》第63条的规定判刑，是正确的”。否定行为人对死亡结果存在过失，却最终做成故意伤害致死罪的判决，其间矛盾甚为明显。①

最后，值得一提的是，由于对结果加重犯重结果责任要件理解的模糊，使得实务部门并不善于利用此主观要件限制结果加重犯的成立范围，反而是借助其他条款来缓解结果加重犯的严苛刑罚，此点可以从法院判处的一些案件中得到清楚的显示，如广西壮族自治

---

① 此外，与本案情形相类似的还有新疆维吾尔自治区高级人民法院生产建设兵团分院〔2007〕新兵刑再字第00003号判决。本案系抗诉案件，一审法院判定行为人构成故意伤害（致死）罪，二审法院改判为过失致人死亡罪。而本院再审认为：“原审上诉人是一个精神状况、智力完全正常的成年人，其在激愤之下，持足以致人死伤的凶器朝其丈夫的要害部位用力捅去，该行为足以损害其丈夫身体健康的危害社会的结果是明知的，且持放任态度，符合故意（间接）伤害罪的构成要件，构成故意伤害罪（致人死亡）。”但紧接着又否认行为人对该死亡结果有过失心理，“其行为不符合过失致人死亡罪的构成要件，二审法院改判过失致人死亡罪的理由不充分，应予纠正”。显然，在判决理由部分即有不合。关于该案的具体案情及裁判经过见载 http://www. 110. com/panli/panli_93216. html，访问日期2010年9月3日。

区南宁市中级人民法院2008年一判决即属一例。此案的案情如下：行为人黄某华与被害人黄某才系同屋共居的兄弟，黄某才经常酗酒闹事，屡教不改。2007年4月17日，行为人与被害人发生争执，争执中黄某华对被害人拳打脚踩，后被害人报警予以了结。4月22日凌晨，黄某才回到家中，手持木棍朝正在睡觉的黄某华头部猛敲，黄某华被打醒后遂夺过木棍将黄某才赶走。4月23日下午，行为人见黄某才又回到家中，便拿出木棍打被害人身体两侧，并将其再次赶出家门。次日被害人被发现躺在路边，后送医救治抢救无效死亡，经法医鉴定被害人身患多种疾病，其死亡是殴打与疾病联合作用所致。对于本案，一审法院在审理中认定："行为人故意伤害他人身体，致人死亡，其行为已构成故意伤害罪"，不过，倘若就此适用《刑法》第234条第2款，判处行为人"十年以上有期徒刑、无期徒刑或者死刑"的刑罚，则未免会有情轻法重之感，鉴于本案有自首情节，故法院适用《刑法》第67条第1款减轻处罚。对此论定，二审法院基本赞同，只是在具体刑罚的适用上仍嫌过重，认为"被害人有过错……本案系发生在家庭成员之间，上诉人犯罪动机是为了阻止被害人在外惹事，只是处理方式不当，主观恶性较小，且被害人死亡有其自身身体原因"，而在处罚上予以进一步的减轻。与此类似，福建省龙海市人民法院2006年审理杨某某故意伤害一案，[①] 法院同样对行为人减轻处罚，不过与上述案件不同的是，由于行为人并无自首情节，法院便引用《刑法》第63条第2款的规定，以本案具有特殊情况为由，在法定刑以下判处刑罚。除此之外，前述重庆市第五中级人民法院〔2008〕渝五中刑终字第74号判决，[②] 也对被告人王某某和吴某分别适用《刑法》第63条第2款和第67条第1款减轻处罚。

---

① 见最高人民法院网，http://www.court.gov.cn/qwfb/cpws/cpwsjc/201002/t20100223_1652.htm，访问日期2010年9月4日。

② 关于本案的基本案情，见本书第三章第三节相关部分。

由以上判例可以看出，在行为人殴打他人致人死亡，已构成故意伤害罪，但被害人死亡的主要原因是其生前患有特殊疾病或有其他特殊情况，使得适用伤害致死罪的法定刑有违罪刑相应原则之嫌时，我国法院对这类案件的处理似乎也已经形成套路，即一般是认定行为人构成《刑法》第234条第2款的故意伤害（致死）罪，然后再看行为人有无自首、立功等法定减轻处罚情节，若有，就按照此法定情节予以减轻；若无，则是援用《刑法》第63条第2款在法定刑以下判处刑罚。这里姑且不论《刑法》第63条第2款规定的“案件的特殊情况”所指究竟为何，能否包括上述案件中的情形，[①] 仅就法律效果而论，适用此条后将原本最低也要判处10年有期徒刑，最高可到死刑的行为一下骤减到只判处几年有期徒刑，甚至宣告缓刑的程度，刑罚减轻的幅度未免过大，[②] 更何况最高人民法院是否即有权力对立法部门制定的法律进行如此大的改动，其根据何在，也并非没有疑问。事实上，倘若法院将注意力放置在对结果加重犯自身要件的检验，包括对重结果责任要件的检验，便可省去这些麻烦。譬如对以上案件，法院完全可以以行为人未预见死亡结果的发生因此无过失为由，拒绝适用《刑法》第234条第2款，直接以普通伤害罪定罪并适用相应刑罚，而不必大费周章地援引第63条第2款之规定。

---

① 有比较权威的意见认为《刑法》第63条第2款规定的“案件的特殊情况”是指涉及政治、外交、国防、宗教、民族、统战等国家利益的情况，也即并非任何情形均可，而是对此做了限制性的解释。见最高人民法院审判监督庭：《最后的裁判》，中国长安出版社2007年版，第15页；胡康生、郎胜主编：《中华人民共和国刑法释义》（第3版），法律出版社2006年版，第61页。

② 学界一般也认为减轻处罚应有底线，见高铭暄、马克昌主编：《刑法学》（第3版），北京大学出版社、高等教育出版社2007年版，第293~294页。

二、相关学说归纳整理

我国学界对结果加重犯的探讨，虽然起步较晚，但在内容上一般均会涉及加重结果的主观要件，因此有关此部分的材料也比较多，虽然上文在论述加重结果的责任形态时，已经涉及学界的意见，但不过是零星地触及，还不足以形成整体性的认识，因此这里准备再做一详细的梳理，希望能够有助于从宏观上了解我国学界对此问题的概貌。总体来看，与司法实务经常遗忘重结果责任要件的讨论不同，学界对此比较重视，一般认为要想构成结果加重犯，必须是行为人对加重结果具有主观罪过。不过例外地，也有少数观点认为结果加重犯的成立无须行为人对重结果有过失，即承认偶然结果加重犯存在的余地。例如，有论者认为结果发生的概率实际影响着行为的社会危害程度及行为人的主观恶性程度，由于借以判断结果发生概率的依据是社会的通常观念，因此罪过就主要是依照社会通常观念对行为人应否承担刑事责任及其程度的一种评价，既然如此，当根据社会通常观念认为行为人应对某种结果负责时，过分拘泥于行为人的罪过就不适当，尤其是在结果加重犯的场合，如果认为行为人应对加重结果负责，就不应强求行为人对加重结果具有故意或过失，也不应强求行为人对加重结果负有注意义务，毕竟加重结果是在行为人罪过支配下实施的基本行为引起的，没有行为人的犯罪，就不会有加重结果发生，从社会一般观念来看，让行为人承担较重的刑罚是合理的，符合社会公平正义观念。理论上在呼吁保护犯罪人权利的同时，不应忽视被害人乃至全社会的权利，因此应当承认偶然的结果加重犯。①

对于偶然的结果加重犯是否抵触责任主义，有论者认为并不违反，其理由是：首先，尽管行为人对加重结果无罪过，但导致加重

---

① 周铭川：《结果加重犯争议问题探究》，载《中国刑事法杂志》2007年第5期，第41~44页。

结果的行为仍然是行为人基于某种罪过实施的基本犯罪，因此并不能认为此种情形下的结果加重犯完全无主观要件。其次，对责任主义不可做太过狭隘的理解，责任主义所摒弃的其实是客观归责，但客观归责是指行为人无罪过导致损害结果发生时，不能对行为人追究刑事责任，由于结果加重犯的行为人对基本犯罪有罪过，因此并不在责任主义的排除范围，如抢劫致人重伤、死亡以及一切结果加重犯的场合，行为人应基于其对基本犯罪的故意，而承担所导致的加重结果的责任。最后，如果行为人不对无罪过的加重结果承担刑事责任，刑罚的惩罚功能将无法得到充分体现。① 除了以上概括性地承认偶然结果加重犯之外，也有学者根据我国的立法实际对不同情况做出了区分，认为凡是我国刑法条文明确规定了具体结果，如“致人重伤或死亡”、“对人体健康造成严重损害”、“遭受重大损失”、“致使战斗、战役遭受重大损失的”等，均要求行为人对重结果持过失心态，譬如抢劫致人死亡的，只有在抢劫行为与致死结果之间存在法律上的因果关系，同时行为人对死亡结果出于过失时，才可成立结果加重犯。而凡是刑法条文没有明确说明重结果的具体内容，只是规定“造成严重后果”、“后果特别严重”、“其他严重后果”等，则只需基本行为与重结果之间存在相当因果关系，无须行为人对重结果有过失即可构成结果加重犯，如《刑法》第358条的强迫卖淫罪，引起被害人的父母自杀或精神失常这一严重后果是为行为人所不能预见的，但却仍然属于该条规定的法定重结果。②

尽管存在以上见解，但必须承认目前在我国学界占据主导地位的观点还是要求行为人必须对加重结果有罪过，只不过此罪过的形

---

① 邓文斌、张凯:《论结果加重犯中基本行为与加重结果的因果关系》，载《科教文汇》2006年第1期，第171～172页。

② 张正新:《刑法中结果加重犯构成新探》，载《法学杂志》1999年第6期，第17页。

式究竟是过失还是也包括故意有很大争议。其中，一部分学者认为行为人对结果加重犯的重结果只能出于过失，如有学者认为行为人对加重结果的发生是未预期的，其主观方面必须出于过失，在行为人对重结果出于故意的场合，不可能成立结果加重犯。[①] 也有学者认为，结果加重犯的重结果不可能出自故意，因为这容易与结合犯相混淆，同时有故意的结果加重犯，从根本上讲即是故意犯，如故意伤害致死，如果死亡结果出于过失，自然构成故意伤害致死罪的结果加重犯，而不可能构成故意伤害故意致死的结果加重犯。[②] 还有学者从实质合理性的角度探讨加重结果的主观罪过，指出从立法设立结果加重犯的目的来看，基本犯罪内在的典型危险的存在，决定了对结果加重犯的加重结果规定了较一般结果为重的刑罚，这种较重的刑罚当然应与加重结果的罪过形态相适应，而故意的罪过形式本来就重于过失的罪过形式，对重结果无过失的行为人又不用承担结果加重犯的刑事责任，因此行为人对加重结果只能出于过失。同时，就结果加重犯的两种类型来看，一种是立法从行为对法益侵害之升层关系所做的规定，在这种情况下，行为人对高层危险行为的发生不可能基于故意的主观心态，否则应径直按高层行为的故意犯来处罚；第二种则是基本犯是复行为犯的场合，且手段行为所针对的多是以身体或生命为法益，如果认为这种情形下的结果加重犯也可以由故意构成，无疑是将故意与过失的法律效果等置，显然有违刑法的公正原则。另外，从犯罪构成的角度分析，所谓故意的结果加重犯也有悖于该类犯罪的一行为一罪本质。至于我国刑法中对重结果持故意心态的犯罪形态，在理论上应一律作为想象竞合犯来

---

① 王虎华：《试论结果加重犯的概念及其构成形态》，载《当代法学》1992 年第 2 期，第 22 页。

② 马克昌：《结果加重犯比较研究》，载《武汉大学学报》1993 年第 6 期，第 121 页。

对待。[1]

与上述看法不同，大多数学者却认为结果加重犯的行为人对重结果既可以是过失也可以是故意，譬如有学者指出，从结果加重犯的概念看，结果加重犯是指法律规定的一个犯罪行为，因发生了严重结果而加重其刑的犯罪形态，这个概念本身并不排斥故意造成加重结果的情况，并且将故意包括在重结果的罪过形态之内也符合我国刑法的实际，有一定的法律根据。[2] 另有学者主张，结果加重犯本身即是一种法律解释论，对重结果主观心态的研究应立足于一国刑事立法的实际，而从我国刑法关于结果加重犯的规定看，虽然行为人对重结果的罪过形式最多的是过失，但在有些立法例中并没有排除故意存在的场合，如强奸致人重伤和抢劫致人重伤、死亡，一般而论，行为人对此重伤、死亡的心理态度是过失，但也可能出于故意，在出于故意的情况下，并不能成立故意伤害罪或故意杀人罪，仍只能构成强奸罪或抢劫罪的结果加重犯。[3] 也有学者从理论和立法两个层次出发，认为就理论而言，加重结果的主观心态意味着行为人在实施实行行为时，针对超出普通犯罪构成之结果的罪过，从而这里的犯罪结果是一个有着一定独立性的实体，因此行为人可以对此结果持故意心态；就立法而言，基于法条的形式表述或内在制约关系，有的法条所规定的加重结果的罪过，既可以表现为故意也可以表现为过失，有的法条所规定的加重结果的罪过，只能

---

① 高铭暄、赵秉志主编：《犯罪总论比较研究》，北京大学出版社 2008 年版，第 298 ~ 301 页。同此结论者还有熊赞研：《结果加重犯的构成透析》，载《中国刑事法杂志》2001 年第 6 期，第 25 页；陈兴良：《刑法哲学》（修订 3 版），中国政法大学出版社 2004 年版，第 231 页。

② 吴振兴：《罪数形态论》，中国检察出版社 1996 年版，第 91 ~ 92 页。

③ 王作富、党剑军：《论我国刑法中结果加重犯的结构》，载《政法论坛》1995 年第 2 期，第 5 页。

表现为过失，有的法条所规定的加重结果的罪过，只能表现为故意。[①] 还有的学者认为，由于我国刑法并未设立结合犯的规定，如果出现故意重伤、故意杀人时就得按数罪并罚或想象竞合犯处理，则会增加诉讼的困难，与我国的司法实践也不相一致。[②] 应当说，从目前的讨论状况看，承认对重结果出于故意的结果加重犯是学界的主流。

以上两种观点尽管有所不同，但还都承认行为人对重结果的心态包括过失，然而，近期却有学者开始抵触这种见解，认为将加重结果的罪过形式界定为过失值得商榷，而应当从故意的角度重新审视行为人的责任心态，这种主张又可包括具体危险故意说和间接故意说。具体危险故意说欲从整体观念把握结果加重犯，认为结果加重犯在客观上是加重结果与产生加重结果的危险基本行为的有机统一，与之相应，其在主观上就应是一种危险故意，即行为人预见到其行为可能产生加重结果的高度风险，而希望或放任此风险的实现。由于结果加重犯实际上是基本危险行为的实害实现，故其刑事责任重于故意的基本犯，但是相对于加重结果的故意犯，因其仅系危险故意，主观不法较实害故意为低，故其刑事责任应以加重结果的实害故意为基础予以降低，如此，结果加重犯的刑事责任问题便能得到合理的说明，结果加重犯这种反映客观存在的犯罪形态立法也才可以获得科学的依据。[③] 间接故意说则认为既然结果加重犯的行为人已经认识到基本行为对加重结果的发生具有内在危险性，就无法再说行为人对重结果的主观罪过是过失，并且犯罪过失是对公

---

① 张小虎：《犯罪论的比较与建构》，北京大学出版社 2006 年版，第 695 ~ 696 页。

② 李邦友：《结果加重犯基本理论研究》，武汉大学出版社 2001 年版，第 44 页。

③ 许发民：《结果加重犯的构成结构新析》，载《法律科学》2006 年第 2 期，第 73 ~ 74 页；李小涛：《对结果加重犯构成的再认识》，载《中南大学学报》2008 年第 6 期，第 769 ~ 770 页。

共生活规则、业务规范的背离，如果我们认为加重结果的罪过形式为过失，无疑是承认犯罪过失的心理可以产生在犯罪活动之中，这是违背上述过失理论的，更何况将重结果的责任限定于过失，也无法与结果加重犯严厉的法定刑相协调，因此应当将加重结果的罪过形式理解为故意。同时，由于结果加重犯中作为构成要件的加重结果是一种实害结果，根据故意的规制机能，行为人的主观心态便不可能是危险故意，而若将加重结果的主观罪过理解为直接故意，又会失去基本犯的性质，因此只能将此主观故意理解为间接故意。①

上述观点的分歧理所当然地会引起不同的结论，不过，即使是对加重结果的罪过形式有一致认识，但具体到个罪的解释时，也还是会有差异。譬如就单一犯罪与复合犯罪的重结果责任问题，学界就有不同看法，有学者认为对于单一行为犯罪如非法拘禁罪、故意伤害罪等，行为人对重结果的发生只能是过失，如果出于故意则应以故意伤害罪、故意杀人罪论处，否则既有客观归罪的嫌疑，又会混淆结果加重犯与转化犯之间的界限；而对于抢劫罪、劫持航空器罪等复合行为犯罪而言，其实行行为包括手段行为与目的行为，行为人在实施手段行为的过程中，往往为了促成目的行为的实施故意造成某种严重结果，由于所发生的重结果并未超出此类复合行为犯罪的罪质范围，因此可以作为结果加重犯予以规定，而使得复合行为犯罪的罪质由于结果加重构成的设置呈现出一定的层次性，进而有利于贯彻罪责刑相适应原则。② 与此相反，另有学者主张在单一行为犯中，行为人可以对重结果出于过失（如故意伤害致死），也可以出于故意（如故意伤害致重伤）；但在复合行为犯中，由于复合行为可以分为一目的行为一故意罪过和一手段行为一故意罪过，

---

① 陆诗忠：《结果加重犯之基本问题再研究》，载《学术论坛》2007 年第 11 期，第 144～145 页。

② 王志祥：《结果加重犯概念之辨正》，载《福建警察学院学报》2008 年第 1 期，第 100～101 页。

实与两个独立的故意犯罪无异，故原则上，应按照数罪并罚处理，即复合行为犯构成结果加重犯的行为人对于重结果的发生以过失为限，而不包括故意。①

此外，虽然均承认我国刑法中有重结果为故意的结果加重犯，但其范围为何也有争议，如有学者认为此种情形有两种，一是对加重结果既可以持过失也可以持故意，如抢劫致人重伤、死亡；二是对加重结果只能持故意，主要是指人身伤亡、公共危害之外的以财产损失为加重结果的财产犯罪与经济犯罪。② 但也有学者认为我国刑法中故意的结果加重犯只有两例，即抢劫故意致人重伤、死亡和强奸故意致人重伤、死亡。③ 然而也有学者提出囿于强奸罪的性质，行为人对于死亡结果只能出于过失，因此只有强奸故意致人重伤的可能而无强奸故意致人死亡的可能。④ 还有对于非法拘禁罪结果加重犯的重结果责任究竟是故意还是过失，学界也有不同看法，如有学者认为非法拘禁致人重伤、死亡的加重结果的罪过只能表现为间接故意，即行为人以非法拘禁为目的，在对重伤、死亡结果持间接故意心态的支配下，因非法拘禁行为致使被害人重伤或者死亡。⑤ 但也有学者认为如果把非法拘禁过程中又故意杀人的当做结果加重犯处理，不但会混淆犯罪构成而且搞乱了罪数理论，此种情

---

① 卢宇蓉：《加重构成犯罪研究》，中国人民公安大学出版社 2004 年版，第 171～173 页。

② 张明楷：《严格限制结果加重犯的范围与刑罚》，载《法学研究》2005 年第 1 期，第 93 页。

③ 陆诗忠：《刍议结果加重犯中的若干问题》，载《河南司法警官职业学院学报》2005 年第 1 期，第 46 页。

④ 吴振兴：《我国刑法中的结果加重犯》，载《当代法学》1994 年第 2 期，第 22 页。

⑤ 张小虎：《罪刑分析》（上），北京大学出版社 2002 年版，第 327 页。

况只能是非法拘禁罪与故意杀人罪的双料犯。[1] 类似地，对于放火罪，有学者认为在放火致人重伤、死亡或使公私财产遭受重大损失的情形中，行为人对加重结果只能出于故意。[2] 而另有学者却认为放火致人重伤、死亡的，行为人对重结果的心理态度可以是故意也可以是过失。[3] 由此可见，目前我国学界对结果加重犯重结果责任问题的探讨已经不仅仅局限在故意或过失的宏观框架之内，而是执著于具体问题的论争了。

第四节　结果加重犯的主观成立要件

理论上，一般而言，对结果加重犯的概念均是采取限缩解释的立场，这种限制主要是从主、客观两个方面来完成，其中客观方面的限制是要求基本犯罪行为与加重结果之间必须是特有危险的实现，亦即直接性要件；而主观方面的限制则是要求行为人对加重结果必须具备过失或者故意。不过，对此看法有学者却有不同意见，认为传统上用来限制结果加重犯的方法中，只有行为人的轻率过失或基本犯罪行为对加重结果的特别高风险是有效的方式，而其他一些方法，如行为人对加重结果的发生有预见可能性或至少必须有过失、基本犯罪行为与重结果之间须有相当关系、加重结果由基本行为直接造成以及结果加重犯的结果必须是基本犯罪行为内含独特风险的实现等，或者不能显现出结果加重犯与一般一行为触犯两罪名的想象竞合犯的差别，或者未能提出构成结果加重犯的特别要件，

① 吴振兴：《结果加重犯罪过形式研究》，载《当代法学》1992 年第 2 期，第 53 ~54 页。

② 王志祥：《论结果加重犯的构造》，载《北方法学》2009 年第 1 期，第 56 页。

③ 林亚刚：《论结果加重犯的若干争议问题》，载《法学评论》2004 年第 6 期，第 76 页。

从而无法在刑法的评价上获得更重大的负面意义。至于轻率过失与高风险比较而言，由于客观上的高风险并不能永远保证行为人的高度预见可能性，因此整个来讲，在结果加重犯的适用条件上，以行为人的轻率为要件，比单纯用客观上的高风险更为周延，由此也可得出结论，对结果加重犯的限制仅需具备轻率过失即为已足。①

对于以上见解，笔者认为并非全然如此，基本犯罪行为与加重结果之间存在直接性，即重结果是基本行为特有风险的典型实现是从客观方面诠释结果加重犯的本质特征，尽管此直接性要件所包含的下位判断内容常常是要不要排除行为人在因被害人自己或第三人行为介入而产生重伤、死亡等重结果的情况下对于加重结果的刑事责任问题，而这些问题也是一般结果犯将结果归责于行为人时所必须考量的要素，即并非是属于结果加重犯的特有不法构成要件。但是如果从结果加重犯也是结果犯之一种的角度考虑，上述结果犯的检验规则在结果加重犯中出现也无可厚非，并且，此直接性要件还有一特别重要的实际价值就是为立法者提供制定结果加重犯的依据，方便立法者筛选那些在根本上符合结果加重犯本质的犯罪。因此，在具体适用时，便可先从客观面入手，判断某犯罪结果是否是行为人犯罪行为固有、内在危险的实现，如果答案为否，便直接排除适用结果加重犯的可能，而无须进入主观要件的检验环节。同样的，对主观要件的判断也是如此，基于责任主义的立场，即使个案中的情况已满足直接性要件，但也还有在适用过失或故意要件时将此案排除在结果加重犯适用范围之外的可能，并且由基本犯罪内含的典型性风险也不能一概推定出行为人对重结果必定有过失或故意，亦即行为人的主观要件仍需进行单独的检验。由此看来，上述主、客观两项要件均不能加以忽略而必须被投入相同的关注才可。

---

① 黄荣坚：《刑法问题与利益思考》，中国人民大学出版社 2009 年版，第 299 ~ 304 页。

一、结果加重犯加重结果的责任内涵

结果加重犯加重结果部分的责任要件，如前所述，既包括过失，又有故意的可能，并且此种认识也已经反映在立法上，一些国家如德国、奥地利等均对结果加重犯的构成采取了“至少有过失”的规定，即除去“过失”之外，尚有“至少”的用语，而根据语言学分析显然其内容也应包括故意在内，同时该项条文是位列于刑法总则的规定，因此理论上便可适用到分则之中的各个罪名。不过这样一来，在具体条文的解释上就会出现问题，譬如，故意伤害致人死亡罪，虽然总则中规定行为人对加重结果的罪责形态包括故意与过失，但在具体适用时，只可能成立过失形态，这是由侵犯人身权利罪章中各构成要件间之关系产生的自然结论，如果将故意的内容解释到该条范围，就会改变伤害犯罪的性质，同时也会影响到杀人罪构成要件的适用，通常而言，如果行为人对他人身体施加伤害时，对于死亡结果有预见而容忍，主观部分则涉及故意，属于故意杀人罪的范畴而无须再检讨伤害致死罪是否成立。由此可见，即使刑法总则规定了“至少有过失”的要件，但在具体适用时，也还是要根据分则条文的各罪内容予以个别化的解释。正因为如此，对于学界建议我国刑法亦应参照德国、奥地利等国刑法典的规定，在总则部分增设“因犯罪行为导致发生一定加重结果，当行为人至少对此结果有过失时，应给予加重处罚”条文的主张，[①] 笔者认为倒也不是必须如此。

除此之外，需要附带提及的是，即使结果加重犯加重结果的责任要素是过失，但该重结果过失与一般犯罪的过失相比，在罪责的程度上还是不同。一般而言，由于刑法均会在总则部分对责任主义

---

① 赵嵬、吴峻：《论加重结果犯》，载《吉林大学社会科学学报》1998年第4期，第14页。

原则进行特别的宣示,[①] 因此就有学者认为，既然刑法已经强调了责任主义，亦即唯有具备故意或过失，才能让行为人对结果负责，为了避免重复，刑法对结果加重犯过失要件的规定就应当是只对应于结果加重犯本身的特殊结构，在此前提下，应当将结果加重犯的过失理解成必须是已经达到重大过失程度的轻率过失（Leichtfertigkeit）。[②] 对此见解，笔者认为可以接受，因为在结果加重犯的情形，行为人实施基本犯罪时已经附带特有或典型的重结果危险，此时针对重结果发生的预见可能性理所当然地要比一般生产、生活活动中，行为人对严重结果发生的预见可能性更高，因此其过失罪责的程度也要高于普通过失犯。事实上，修改以后的德国刑法即有不少条文是采纳了此种意见，并在许多个别犯罪构成要件中明白地指出结果加重犯的处罚应以轻率过失为限。[③]

由前所述可知，在结果加重犯的判断上，要想成立此种犯罪就必须具备重结果的责任要件，既然如此，此重结果责任部分的内涵应当如何确定就是理论上特别值得探讨的问题。由于故意、过失均

---

① 如《德国刑法典》第 15 条规定：“本法只处罚故意行为，但明文规定处罚过失行为的除外。”见《德国刑法典》，徐久生、庄敬华译，中国方正出版社 2004 年版，第 10 页；我国台湾地区“刑法”第 12 条规定：“行为非出于故意或过失者，不罚。”

② Vgl. Rengier, Erfolgsqualifizierte Delikte und verwandte Erscheinungsformen,1986,S. 128f,130ff。转引自蔡慧芳：《德国法上结果加重犯归责理论之研究——以伤害致死罪为例》，载《刑事法学新趋势——Lothar Philipps 教授七秩祝寿论文集》，神州出版社 2004 年版，第 288 页。

③ 目前德国刑法中，明确规定以轻率过失为主观要件的条文主要有：第 176 条 b 致儿童死亡的性滥用罪、第 178 条强制猥亵和强奸致人死亡罪、第 239 条 a 掳人勒索轻率致死罪、第 251 条的抢劫致死罪、第 316 条 c 侵害空中和海上交通轻率致死罪。具体规定见《德国刑法典》，徐久生、庄敬华译，中国方正出版社 2004 年版，第 93、94、117、122、157 页。

是以能预见作为判断的基础，[①] 因此该问题的考量关键就是行为人预见可能性的范围。不过，与普通过失犯不同的是，在结果加重犯的情形，除了对发生的重结果应予认识以外，行为人还必须对基本犯罪行为所附随的危险有所认识，即重结果的故意或者过失必须以与此危险有关的历程为涵盖范围，从而预见的范围也与对危险实现关系的理解有关。在最宽泛理解特有危险实现关系，即采行为危险理论的场合，行为人除了对加重结果的发生具备预见可能性之外，仍需对基本犯罪行为实施特有危险的实现关系有预见可能。但如果对基本犯罪与重结果间的特有危险实现关系采结果危险的观点，则行为人预见的范围就不仅仅是基本犯罪伴随重结果的风险，还必须预见到基本犯罪的结果带有产生重结果的危险才可。以伤害致死罪为例加以说明，若采行为危险说，行为人预见可能性的范围应以伤害结果发生前的时点来判断整体伤害行为是否带有加重结果发生之危险，而不必去判断是否能够预见到伤害结果带有死亡危险，亦即行为人只要能预见到伤害行为本身伴随有发生重结果的风险即可，无须预见到伤害结果带有如此效果。而若采结果危险说，则预见可能性就需要判断行为人能否预见到故意造成的伤害结果可能导致死亡发生，可以看出在采结果危险理论的见解下，由于检验范围较小，理应对行为人更有利。

同时在具体认定时，应当根据行为当时存在的所有情况，以行为人本人对基本犯罪的理解为准，来判断对行为人而言，加重结果的发生是否能够预见。如果行为人在从事基本犯罪时，已经认识据以判断违反注意义务的核心事实，便可以认定行为人知道基本行为附带有重结果危险，而有适用结果加重犯的余地。反之，如果行为

---

① 直接故意与间接故意都是行为人对危害结果已有预见，希望或者放任危害结果发生；轻信过失是行为人已经预见到可能发生危害社会的后果，但轻信能够避免；疏忽过失则是行为人应当预见到会发生危害社会的后果，却没有预见。无论何种情况，均是以能预见作为判断的前提。

人并没有认识到据以判断违反防止重结果发生之注意义务的情况，则不能认定行为人对基本行为内含的危险已有认识，从而也就不能适用结果加重犯，如行为人重击被害人的头部，却不知是在运作中的机器旁，或不知道是在车流量大的公路边上，由于行为人并不知道伤害行为附带有死亡危险，尽管行为人有过失，却未涵盖与此危险有关的死亡历程，因此只可能构成过失致死罪。另外，对于被害人在并未受到强制力而逃跑的过程中，因自己的重大过失导致重伤或者死亡结果出现的案件，判断行为人能否预见的前提是，在具体个案中，被害人的哪一种反应是理所应当发生的，通常而言，惊慌失措的反应是能预见的，因此，如果被害人因惊慌失措采取轻率的举动以躲避基本犯罪的实施最终出现死亡结果的，一般来说就能够加以预见。再者，对侵害特异体质被害人的案件，由于侵害行为的危险性是由伤害行为本身与被害人体质共同决定的，因此行为人对被害人的身体状况了解越多，就越有可能认定行为人对加重结果的发生具有预见可能性。总之，由于结果加重犯的危险实现关系是要具体到个案中个别判断，因此不同结果加重犯的重结果预见范围也就各有不同。

二、结果加重犯的几种组合形态

结果加重犯的组合形态，是根据基本犯罪的责任形式以及加重结果的责任形式对结果加重犯进行的分类，如果承认行为人对基本犯罪和加重结果的罪过均可出自故意与过失，那么，有关结果加重犯的类型可能出现的样态就有四种：A. 基本犯为故意，而重结果亦为故意之情形，即故意 + 故意类型；B. 基本犯为故意，而重结果为过失的情形，即故意 + 过失类型；C. 基本犯为过失犯，而重结果为故意的情形，即过失 + 故意类型；D. 基本犯为过失，而重结果亦为过失之情形，即过失+过失类型。[①] 然而，尽管逻辑上可以进行这样的排列，但是否即与结果加重犯的实际相符，在理论上还是有极大的争议。依照《德国刑法典》第18条及其刑分中的规定，德国立法例似乎承认A、B、D三种类型的结果加重犯。[②] 在日本，由于学界普遍认为基本犯罪必须出于故意，而加重结果只能为过失，因此一般仅承认B类型的结果加重犯。[③] 我国台湾地区理论通说认为虽然过失犯亦有发生重结果的可能，但其立法仅就故意犯设有结果加重犯，因此也只存在B一种类型而已。[④] 不过，也有学者认为在其附属刑法中，有综合过失及过失性质的结果加重犯（即D类型），如我国台湾地区的"陆海空军刑法"第116条规定："机械人员错安军用舟、车、飞机零件，致乘驾人员陷于危害者，处三年以下有期徒刑，故意错安机件或明知机件损坏匿不报告者，

---

① 如德国学者格塞尔（Gössel）即认为结果加重犯不仅可以由过失惹起而且可以由故意惹起，同时行为人对加重结果的罪责既可以是过失也可以是故意，并将结果加重犯区分为此四种形态。见陈朴生、洪福增：《刑法总则》，五南图书出版公司1982年版，第105页，注2。

② 根据德国刑法可以找到此三种形态的结果加重犯，如第235条第5款诱拐未成年人致被害人死亡的属故意+故意型结果加重犯；第306条c纵火致人死亡属故意+过失型结果加重犯；第307条第2款引起核能爆炸致人死亡属过失+过失型结果加重犯。见《德国刑法典》，徐久生、庄敬华译，中国方正出版社2004年版，第116、149、150页。

③ 例如，日本学者野村稔认为："结果加重犯是指由于实行了基本的故意犯罪而引起行为者未预见到的重结果发生，因此以重的结果为由加重刑罚的场合。"见［日］野村稔：《刑法总论》，全理其等译，法律出版社2001年版，第176页。其余论述见［日］川端博：《刑法总论二十五讲》，余振华译，中国政法大学出版社2003年版，第274页；［日］大塚仁：《犯罪论的基本问题》，冯军译，中国政法大学出版社1993年版，第253~256页；等等。

④ 陈志龙主持：《法律发展研究报告——刑法第十五条至第十七条之评释研究》，"台湾行政院国家科学委员会"专题研究计划成果报告（1995年10月），第7页。

处十年以下有期徒刑，因而致人于死者，处死刑。”[①] 此外，还有学者提出过失作为+故意不作为，侵害非同一法益的情形也可成立结果加重犯，即承认C种类型之结果加重犯的存在。[②]

在我国大陆，学界比较多地是承认A、B、D类型的结果加重犯，如有学者认为结果加重犯的罪过形式可以划分为三种类型：一是基本犯为故意，对加重结果也是故意；二是基本犯为故意，对加重结果出于过失；三是基本犯是过失，对加重结果也是出于过失。[③] 不过也有学者认为结果加重犯的基本犯罪只能是故意，而加重结果可以是故意或过失，即承认A、B类型的结果加重犯。[④] 还有学者主张结果加重犯的基本犯罪可以是故意或过失，而加重结果只能为过失，即认可B、D两类为结果加重犯。[⑤] 以及只认可基本犯为故意，加重结果为过失，即B类型为结果加重犯的观点。[⑥] 此外，还有学者对B类型的结果加重犯做进一步的限缩，认为结果加重犯中的基本结果与基本犯罪之间是目的与行为的直接因果关

---

① 陈朴生：《政大刑法专题研究（十九）》，三民书局1985年版，第149页。

② 许玉秀：《当代刑法思潮》，中国民主法制出版社2005年版，第700~701页。

③ 赵秉志主编：《刑法新教程》，中国人民大学出版社2001年版，第271页。相同见解见高铭暄、马克昌主编：《刑法学》（第3版），北京大学出版社、高等教育出版社2007年版，第205~206页；张明楷：《刑法学》（第3版），法律出版社2007年版，第155~157页；王作富、党剑军：《论我国刑法中结果加重犯的结构》，载《政法论坛》1995年第2期，第2~3页；等等。

④ 李邦友：《结果加重犯基本理论研究》，武汉大学出版社2001年版，第35~46页。

⑤ 马克昌：《结果加重犯比较研究》，载《武汉大学学报》1993年第6期，第117~118页。

⑥ 霍庭：《结果加重犯探析》，载鲍遂献主编：《刑法学研究新视野》，中国人民公安大学出版社1995年版，第268页；高铭暄、赵秉志主编：《犯罪总论比较研究》，北京大学出版社2008年版，第293~301页。

系，是行为人基于直接故意造成的，而结果加重犯中的加重结果则是行为人在追求目的结果发生时，出于应当预见而没有预见的严格责任上的过失引起的，[①] 这里似乎是采取了直接故意 + 疏忽过失的见解。甚至对国外学界普遍否定的 C 种类型，在我国也有一些学者予以肯认。[②]

就笔者看来，上述经由故意、过失排列组合而构成的四种类型中，B 类型即基本犯罪为故意，加重结果为过失的情形可以成立结果加重犯在理论与实务中最没有争议，并且一直是作为典型的结果加重犯出现。至于其他三种类型，根据上文对基本犯罪及加重结果罪过责任的分析，理论上也均有可能构成，其中 A 类型的结果加重犯，在我国即有立法例，如抢劫故意杀人致人死亡、强奸故意伤害致人重伤以及侵犯财产类的一些犯罪均是如此；而 D 种类型，如前所述，虽然在国外不乏相关立法，但在我国却并不存在可以与之对应的条文规定，因此就我国目前而言，此种样态在很大程度上是限于理论探讨的层面。最后，这里想重点讨论一下 C 的类型。当基本犯罪为过失，而加重结果为故意时，国外学术和实务一般均不承认可以构成结果加重犯，理由在于此种情形往往会牵涉到前行为保证人类型的适用，并不会出现处罚漏洞，如果再成立结果加重犯，反而会造成法理运用上的重叠与混乱。[③] 譬如，甲跑步不小心撞倒乙，乙掉落水池跌成重伤，甲正欲施救时突然发现乙为其一仇人，遂转身离去未予救助，乙因而溺毙。在此例中，甲撞倒乙致其

---

① 熊赞研：《结果加重犯的构成透析》，载《中国刑事法杂志》2001 年第 6 期，第 26 页。

② 周铭川：《结果加重犯争议问题探究》，载《中国刑事法杂志》2007 年第 5 期，第 46 页；于改之：《不作为犯罪中“先行行为”的本质及其产生作为义务的条件——兼论刑法第 133 条“因逃逸致人死亡”的立法意蕴》，载《中国刑事法杂志》2000 年第 5 期，第 22 页。

③ 当然，如果彻底否定前行为保证人类型，则会对这种组合有归责上的困扰，从而也就有了增设立法将其作为结果加重犯处理的空间。

重伤的行为已经构成过失致人重伤罪，并由此产生救助乙的义务，[①] 其后甲不予理睬致乙死亡，则又构成不作为的故意杀人，应与过失致人重伤罪形成实质竞合关系，倘若以结果加重犯处置，不仅需要分则专门立法，而且就事后故意消极利用前行为的因果流程，以致产生额外侵害其他法益重结果的情形，完全论以结果加重犯的一行为，也不无可疑。综上所述，就我国目前的立法情况而言，应该仅有 A、B 两种类型的结果加重犯存在。

---

① 不过，理论上关于先行行为可否为犯罪行为仍有很大争议，笔者认为犯罪行为也可产生保证人地位，详细论述见本书第五章第一节相关部分。

第五章 结果加重犯在我国刑法中的规定

从历史发展看，结果加重犯在近代刑法法制及学理上的争执，已经横亘二百多年，至今在实务及学术界仍存有许多未解之处，甚至于结果加重犯在法规范上的存在必要性，也一直受到质疑。不过，与在学界的艰难存活相反，立法普遍青睐结果加重犯的模式，从早期世俗法中的“自陷禁区”理论到近代刑事法制对特定条件下的犯罪加重处罚，结果加重犯在大多数国家获得了肯定性的回应，我国刑法同样如此，尽管总则部分没有对其作出原则性的规定，但分则中却有不少立法例，实践中也经常加以适用。由于本书已经对结果加重犯的本质、刑罚加重的根据、客观结构、主观结构进行了系统的整理与分析，因此，接下来要做的就是将上述结论映射到实证立法，以此检验分则条文的具体规定，并提供司法适用的依据。

一般而言，结果加重犯在我国学理上是作为罪数理论的部分加以探讨，然而，犯罪的类型除了结果加重犯之外，尚有情节加重犯、数额加重犯、想象竞合犯、结合犯、不纯正不作为犯等。在立法形式上，结果加重犯与这些犯罪形态有相似之处，如何恰当区分，对于明晰结果加重犯的范围而言，意义重大。譬如，不纯正不作为犯的行为人对后续的不作为系处在保证人的地位，而结果加重犯则以重结果的出现，作为处罚行为人的标准，行为人除了对基本犯罪所生之结果负责外，对所衍生出的加重结果也需负类似保证人的责任，因此理论上有必要分清两者，以免在实务适用时产生困难。由于结合犯在我国刑法中并无规定，想象竞合犯与结果加重犯的界限前文也已做过区分，因此本章特别选取了情节加重犯、数额加重犯、转化犯、不纯正不作为犯四种犯罪类型，加以比较甄别。同时，在有了对于结果加重犯的整体认识之后，笔者在最后的部分总结了结果加重犯可能存在的几种类型，并尝试勾勒我国刑法上结果加重犯的整体图像，希望借此对我国刑法中结果加重犯的规定，能够有比较公平的评价与认知。

第一节　结果加重犯与相关犯罪形态辨析

结果加重犯在我国学界一般是被当做实质的一罪加以讨论的，[①]事实上，除结果加重犯以外，我国刑法还规定了许多其他犯罪形态，如情节加重犯、数额加重犯、牵连犯、转化犯、吸收犯等，这些犯罪在某些方面均与结果加重犯存在纠葛，特别是在我国立法尚未形成表述结果加重犯的固定用语的情况下更是如此。譬如，我国刑法中有不少“情节（特别）严重”、“情节（特别）恶劣”的规定，理论上往往将其视为情节加重犯，但这并不是说所有含有上述用语的犯罪均是情节加重犯，由于“情节”一词本身具有的包容性，使得一些结果加重犯的规定也可能被包含其中，因此，在做具体判断时还是应当根据结果加重犯的本质属性来加以考量，而不能仅仅依照表面轻率论定。同时，上述犯罪形态均有其自身的规定性，厘清它们各自的属性以及与结果加重犯的界限，对于合理划定不同犯罪的范围并深刻理解结果加重犯的本质和概念意义重大。

一、结果加重犯与情节加重犯

情节加重犯是我国刑法中的一种重要犯罪类型，关于情节加重

---

① 按照目前我国学界的通说，一罪的类型有实质的一罪，包括继续犯、想象竞合犯和结果加重犯；法定的一罪，包括结合犯和惯犯；处断的一罪，包括连续犯、牵连犯和吸收犯。

犯的定义，尽管学界有争议，但总的来看，是指行为人实施某一具体犯罪时，因具备严重情节，刑法规定加重法定刑的犯罪。[①] 情节加重犯在我国刑事立法中有较多体现，如《刑法》第279条第1款规定："冒充国家机关工作人员招摇撞骗的，处三年以下有期徒刑、拘役、管制或者剥夺政治权利；情节严重的，处三年以上十年以下有期徒刑。"这里，因为出现了严重情节，法定刑便予以提升，即为情节加重犯之规定。由于情节加重犯中的"情节"，根据《现代汉语词典》的解释，指的是事情的变化和经过，[②] 内涵较广。而学界通常的观点也认为"情节"是包括时间、地点、对象、结果、手段等在内的综合性概念，[③] 因此，当某一加重结果发生并且刑法规定了更重的刑罚时，此重结果究竟是作为情节加重犯中的情节还是作为结果加重犯中的结果，就不无疑问，而解决这一问题的关键是要厘清结果加重犯与情节加重犯的关系。

对此，我国理论界有两种对立的观点，一种观点认为情节加重犯与结果加重犯是种属关系，即我国刑法中仅规定了情节加重犯，其他加重犯类型包括时间加重犯、地点加重犯、对象加重犯、手段加重犯、数额加重犯、结果加重犯等均是情节加重犯的下位概念。例如，有学者认为："'情节'并不限于结果……但不可否认的是，'情节'包含结果，故情节加重犯中包含了结果加重犯。"[④] 另一种

---

① 除此之外，也有学者从更加具体的角度予以诠释，如认为情节加重犯是指行为人之行为已经构成基本犯罪，且其犯罪情节严重程度符合了作为加重构成的定罪情节的要求，刑法规定了加重法定刑的犯罪。见卢宇蓉：《加重构成犯罪研究》，中国人民公安大学出版社2004年版，第117页。

② 《现代汉语词典》（第5版），商务印书馆2005年版，第1116页。

③ 张明楷：《刑法学》（第3版），法律出版社2007年版，第94页；张小虎：《犯罪论的比较与建构》，北京大学出版社2006年版，第700页。

④ 张明楷：《严格限制结果加重犯的范围与刑罚》，载《法学研究》2005年第1期，第83页；相同主张见金泽刚：《犯罪既遂的理论与实践》，人民法院出版社2001年版，第175页。

观点则主张情节加重犯与结果加重犯是并列关系，两者的性质并不相同，如有论者明确指出："实际上可以认为我国刑法中只规定了两种加重犯，即结果加重犯和情节加重犯，所谓的地点加重犯、时间加重犯、数额加重犯和对象加重犯等都是情节加重犯的具体表现形式。"① 与此同时，学界对结果加重犯和情节加重犯的界限亦有比较详细的说明，概括而言包括以下几个方面：（1）结果加重犯中的加重结果带有特定性，是单项指标，它的具体形态，法律明确予以规定；情节加重犯中的严重情节带有不定性，是综合指标，它的具体形态法律没有明确规定。（2）结果加重犯的加重结果具有明确性，只有发生这种结果，才能加重行为人的罪责；情节加重犯中的严重情节法律没有规定具体形态，何种情节是严重情节，须由司法机关掌握。（3）结果加重犯的加重结果属于客观方面要件，具有单一性，情节加重犯中的严重情节是包含主客观要件及与犯罪有关的诸事实因素在内的综合性指标，带有多样性。②（4）刑法对情节加重犯加重情节的评价与对结果加重犯中加重结果的评价不同。对于情节加重犯，只要具备刑法规定的加重情节，便可适用加重情节的法定刑幅度；而对结果加重犯，除了发生加重结果，还必须是行为人对该重结果有罪过及基本行为与加重结果存在因果关系才能成立。（5）与情节加重犯相对，我国刑法还规定了情节减轻犯；而结果加重犯并不存在结果减轻犯的对应概念。③

那么，情节加重犯与结果加重犯之间究竟是何种关系，两者有无区别，笔者认为对此问题的回答需要从明晰情节加重犯和结果加

---

① 严然：《情节加重犯若干问题研究》，载《福建公安高等专科学校学报》2006年第3期，第53页；钱叶六、钱格祥：《情节加重犯基本问题探究》，载《宁夏大学学报》2005年第6期，第48页。

② 吴振兴：《罪数形态论》，中国检察出版社1996年版，第82~83页。

③ 李邦友：《结果加重犯基本理论研究》，武汉大学出版社2001年版，第17页。

重犯的实质内涵着手。结果加重犯的本质，如前文所述，乃行为人以危险的方式实施风险性的犯罪。因此，若欲以结果加重犯追究行为人的责任，则必须是行为人实施了立法上规定的内含发生更重结果危险的犯罪，同时还必须是行为人以危险的方式实施，所产生的重结果在性质上已经超越了行为人实施的基本犯罪。而情节加重犯则是行为人在实施某种犯罪时，刑法出于罪刑相应原则的需要，同时也为防止司法自由裁量权过大而违背罪刑法定的基本原则，而在同一犯罪内部做了不同量刑层次的划分。以《刑法》第225条的非法经营罪为例来说明，行为人违反国家规定，实施法定的扰乱市场秩序行为，情节严重的构成该罪，应判处5年以下有期徒刑或者拘役，并处或者单处违法所得一倍以上五倍以下罚金；如果行为人实施的扰乱市场秩序行为，情节特别严重的，则可判处5年以上有期徒刑，并处违法所得一倍以上五倍以下罚金或者没收财产，两者在性质上并无区别，都是构成非法经营罪，只不过后者的刑罚更重。[①]

由此可见，结果加重犯与情节加重犯并不相同，结果加重犯的行为人实施的行为蕴含了他罪的严重结果，所产生的加重结果并不能被基本犯罪所涵盖，亦即如果立法上没有结果加重犯的规定，则必须对重结果构成的犯罪与基本犯罪一并进行评价，而不能仅仅适用基本犯罪，换言之，结果加重犯的“加重”实为罪质的加重。与之相反，情节加重犯的行为人所实施的行为并没有超出该罪的范围，只不过因为出现了严重的情节，从而适用刑法规定的更重刑罚而已。对于情节加重犯而言，即使行为人实施的行为具备升格法定刑的严重情节，也同样是在该犯罪的罪质范围之内。因此情节加重

---

① 此点可从1998年12月17日最高人民法院《关于审理非法出版物刑事案件具体应用法律若干问题的解释》、2000年5月12日最高人民法院《关于审理扰乱电信市场管理秩序案件具体应用法律若干问题的解释》等中得到印证。

犯没有基本犯罪的概念，也无所谓加重情节是对基本犯罪的超越，其概念中的“加重”是指罪责的加重。同时正因为两者是各自独立的范畴，使得一些情节加重犯的“情节”即使外在表现为一种严重的“结果”，也不能认为是结果加重犯，如《刑法》第234条的故意伤害致人重伤罪，由于重伤并没有超出故意伤害罪的范畴，因此尽管有重伤的“结果”，也不能认为是结果加重犯，而只能认定为情节加重犯。[①]

二、结果加重犯与数额加重犯

所谓数额加重犯是指刑法明文规定的，因数额要素而加重刑罚的犯罪形态，数额加重犯在我国刑法中不乏其例。例如，《刑法》第165条非法经营同类营业罪规定：“国有公司、企业的董事、经理利用职务便利，自己经营或者为他人经营与其所任职公司、企业同类的营业，获取非法利益，数额巨大的，处三年以下有期徒刑或者拘役，并处或者单处罚金；数额特别巨大的，处三年以上七年以下有期徒刑，并处罚金。”这里，构成非法经营同类营业罪的最低要求是非法获利“数额巨大”，适用“三年以下有期徒刑或者拘役，并处或者单处罚金”的刑罚，而如果行为人非法获利“数额特别巨大”，则刑罚提升至“三年以上七年以下有期徒刑，并处罚金”，因此，因数额特别巨大而构成的非法经营同类营业罪就是数额加重犯。此外《刑法》第163条的非国家工作人员受贿罪；第175条高利转贷罪；第178条伪造、变造国家有价证券罪；第227条的伪造、倒卖伪造的有价票证罪等均是如此。

从目前理论研讨的状况看，一般认为我国刑法中的加重犯类型

① 不过，故意伤害致人重伤罪是否是结果加重犯，在我国刑法学界存在很大争议，本书本章第二节将对此问题进行详细的探讨。

主要有情节加重犯、结果加重犯与数额加重犯三种。[①] 其中，对情节加重犯与数额加重犯的关系，学界普遍认为数额加重犯可以归结于情节加重犯的范畴。[②] 不过也有论者认为情节加重犯与数额加重犯是各自独立的犯罪种类，理由在于：首先，刑法分则对此两种犯罪类型的规定都较为突出和普遍。据统计，有关情节加重犯的规定有124个条文，140多个罪名；数额加重犯的规定有40多个条文，50多个罪名。其次，刑法分则常常将情节加重犯与数额加重犯规定在同一条文中，说明两者是被等同对待的，如《刑法》第217条就是将违法所得“数额巨大”和“有其他特别严重情节”并列规定的。[③] 最后，情节（加重）犯中的情节具有较强的主观内涵，因此它排除过失犯的情况，并且也无未完成形态；而数额（加重）犯中的数额只是一种客观的刑罚规制条件，所以它并不排除过失犯，而且数额（加重）犯的未完成形态在理论和实践中都是广泛承认的。[④]

对于数额加重犯与结果加重犯的关系，学界则一直存有争议。一种观点认为数额加重犯属于结果加重犯，如有学者指出：“在金

---

① 不过，理论上也有不同见解，如有学者认为我国刑法中仅有情节加重犯，其余的加重结果、加重数额或其他严重情节，均属于情节加重犯，而没有必要理解为并列的几种加重犯。见金泽刚：《犯罪既遂的理论与实践》，人民法院出版社2001年版，第175～177页。另有学者认为我国刑法中除了情节加重犯、结果加重犯和数额加重犯之外，还规定了数量加重犯、对象加重犯、手段加重犯、地点加重犯、时间加重犯等，这些都是独立的加重犯类型。见周光权、卢宇蓉：《犯罪加重构成基本问题研究》，载《法律科学》2001年第5期，第69页。还有学者认为我国刑法中只规定了情节加重犯和结果加重犯两种类型。见严然：《情节加重犯若干问题研究》，载《福建公安高等专科学校学报》2006年第3期，第53页。

② 刘艳红：《情节犯新论》，载《现代法学》2002年第5期，第79页。

③ 钱格祥：《情节加重犯的立法问题研究》，中国政法大学2006年硕士学位论文，第13页。

④ 赵威：《数额犯研究》，吉林大学2005年博士学位论文，第94页。

融犯罪中，犯罪结果往往以数额的形式表现出来。例如贪污罪、受贿罪、挪用公款罪等，无不表现出一定的数额。又如刑法第172条规定的持有、使用伪造的货币罪，如果持有、使用伪造的货币数额较大的，处……数额巨大的，处……数额特别巨大的，处……这条规定中，数额巨大的持有、使用伪造的货币罪和数额特别巨大的持有、使用伪造的货币罪，就是结果加重犯。我们认为，数额是犯罪结果的一种表现形式，所以，将之纳入到结果加重犯中论述。”①不过，多数学者却认为数额加重犯与结果加重犯是不同的犯罪类型，并从以下几个方面对两者进行了区分：第一，结果加重犯是一次实施基本犯罪行为，产生一个加重结果；而数额加重犯可以是数次实施基本犯罪，产生数个犯罪数额，最终累积成一个基本犯罪行为，一个加重数额。第二，结果加重犯的因果关系为基本犯罪与加重结果之间的因果关系，而数额加重犯则是具体每次的行为与行为所生一定数量结果之间的关系，不包括此次行为与彼此结果之间的关系。第三，数额加重犯的规定结构可因数额大小的不同，规定不同法定刑幅度的加重处罚数额，而结果加重犯的规定结构一般是规定基本犯罪之后即规定加重结果，只是个别结果加重犯的规定因结果轻重的不同规定了不同的加重处罚幅度。② 第四，结果加重犯的加重结果与基本犯罪的结果性质不同，是独立的结果类型；数额加重犯的加重数额与基本犯的数额性质完全相同，并且加重的数额包括了基本犯的数额。第五，结果加重犯不存在犯罪未遂形态，数额加重犯则可以成立犯罪的未遂。③

---

① 舒慧明主编：《中国金融刑法学》，中国人民公安大学出版社1997年版，第123页。

② 李邦友：《结果加重犯基本理论研究》，武汉大学出版社2001年版，第18~19页；楼伯坤：《刑法发展新思域》，人民法院出版社2006年版，第179页。

③ 唐世月：《数额犯论》，法律出版社2005年版，第99~100页。

应当承认，数额加重犯与情节加重犯不完全相同，譬如，数额与情节相比是更为明确的概念，也正因为如此，刑法条文往往将数额要素从诸情节中抽取出来予以单独提示，但就实质而言，数额加重犯中的数额与情节加重犯中的情节在犯罪中所起的作用一样，即都是决定犯罪法定刑档次的升格，而不涉及犯罪罪质的改变，[①] 并且情节加重犯中的“情节”概念本身即是一种包含身份、对象、手段、后果、时间、地点等在内的反映犯罪社会危害性的综合指标，因此，笔者认为宜将数额加重犯归入情节加重犯的范畴。同时根据前文所述，情节加重犯与结果加重犯在犯罪构造上并不相同，由此也可得出结果加重犯与数额加重犯属于不同犯罪类型的结论。详言之，两者的区别如下：第一，结果加重犯中的加重结果是法律明确规定的特定危害结果，而且通常都是致人重伤、死亡等有形的物质性损害，而数额加重犯的加重数额在法律上一般没有明确具体的规定，多为概括性列明。第二，结果加重犯中的加重结果是超出基本犯罪构成要件范围的结果，譬如最典型的结果加重犯故意伤害致人死亡罪，死亡结果就已超出故意伤害罪的范围，也因此刑法对结果加重犯规定了更重的法定刑，甚至超过基本犯罪与重结果构成犯罪的实质竞合的法律效果。而数额加重犯的加重数额，只是刑法对同一犯罪进行量级的划分，加重数额与成立数额犯要求的数额在

---

① 相反意见则认为，一定的罪质是与一定的罪责相对应的，罪责的加重反过来说明罪质发生了趋重的变化，否则罪责的加重便没有充足的根据，而情节加重犯的加重情节就是情节加重犯与基本犯犯罪构成相区别的标志，是某一存在情节加重犯与基本犯之分的犯罪的罪质呈现一定层次性变化的根据。见王志祥：《情节加重犯基本问题研究》，载《政法论丛》2007 年第 5 期，第 36 页。对此观点，笔者认为尽管罪质与罪责有联系，罪质决定罪责，但在同一犯罪即罪质相同的犯罪内部也还是有罪责程度的差异，否则所有不同罪责的犯罪罪质均不相同，那么构成要件也就失去了其定型犯罪的作用。刑法之所以对同一犯罪设置不同的法定刑幅度，正是划分量刑等级和建立罪刑阶梯的缘故，同时也是践行罪刑法定原则和罪刑相适应原则的体现。

性质上无甚区别，从法律效果来讲，数额加重犯的刑罚也不可能脱离刑法为数额犯设置的刑罚幅度。第三，结果加重犯由于特殊的构成结构和严格的法定刑罚，必然要求行为人对加重结果主观上有罪过，而数额加重犯中的加重数额只是加重刑罚的客观情状，刑法没有对数额加重犯的主观要件提出比成立数额犯更多的要求。第四，从犯罪类型的归属上看，数额加重犯是属于情节加重犯的犯罪类型，而结果加重犯则是与情节加重犯相并列的犯罪形态。

三、结果加重犯与转化犯

转化犯是我国刑法学界针对立法现状进行总结后提出的概念，[①] 所谓转化犯，是指行为人实施某一犯罪之时或在不法状态持续过程中，因具备某种事实特征，刑法规定以另一犯罪定罪处刑的犯罪形态。[②] 就目前来看，我国刑法规定的转化犯有以下十种：《刑法》第 208 条的非法购买增值税专用发票、购买伪造的增值税专用发票罪转化为虚开增值税专用发票、用于骗取出口退税、抵扣税款发票罪和伪造、出售伪造的增值税专用发票罪以及非法出售增

① 与转化犯相类似的概念还有“追并犯”，即指原罪依法律之特别规定，因与犯罪后之行为合并，变成他罪。见陈朴生：《刑法总论》，正中书局 1969 年版，第 168 页。

② 有关转化犯的定义，学界分歧较大，早期有见解认为转化犯既可以是犯罪行为向犯罪行为的转化，也可以是违法行为向犯罪行为的转化。例如，有学者认为，所谓转化犯就是指某一违法行为或者犯罪行为在实施过程中或者非法状态持续过程中，由于行为人主客观表现的变化，从而应以转化后的犯罪定罪或者应按法律拟制的某一犯罪论处的犯罪形态。见杨旺年：《转化犯探析》，载《法律科学》1992 年第 6 期，第 37 页。不过，目前学界已经普遍将违法行为向犯罪行为的转化剔除出转化犯的范畴，而比较一致地认为转化犯就是罪与罪之间的转化，并不涉及违法行为构成犯罪的问题。见张小虎：《转化犯基本问题探究》，载《现代法学》2003 年第 6 期，第 67 页；薛进展：《转化犯基本问题新论》，载《法学》2004 年第 10 期，第 59 页。

值税专用发票罪；第238条第2款的非法拘禁罪转化为故意伤害罪和故意杀人罪；第241条第5款的收买妇女、儿童罪转化为拐卖妇女、儿童罪；第247条的刑讯逼供罪、暴力取证罪转化为故意伤害罪和故意杀人罪；第248条的虐待被监管人罪转化为故意伤害罪和故意杀人罪；第253条第2款的私自开拆、隐匿、毁弃邮件、电报罪转化为盗窃罪；第267条第2款的抢夺罪转化为抢劫罪；[①] 第269条的盗窃罪、诈骗罪、抢夺罪转化为抢劫罪；第292条第2款的聚众斗殴罪转化为故意伤害罪和故意杀人罪；第333条的非法组织卖血罪、强迫卖血罪转化为故意伤害罪。

对上述转化犯进行分析，可以看出，转化犯具有以下一些特征：第一，行为人实施了某一基础犯罪。如非法拘禁罪转化为故意伤害罪和故意杀人罪的，一般是在行为人非法拘禁他人之后使用暴力手段致人伤残或者死亡，并且前述的非法拘禁行为已经构成犯罪。第二，由于某种事实因素的出现，使得行为人实施的犯罪性质发生了变化，已经不能再为基础犯罪的构成要件所涵容。这里所说的事实因素包括行为（如《刑法》第253条第2款）、结果（如《刑法》第292条第2款）、客观情状（如《刑法》第267条第2款）等。第三，变化以后的犯罪行为符合（完全符合或基本符合）另一更重犯罪的构成，因此应以该更重的犯罪论处，即转化犯是轻罪向重罪的转化。第四，转化犯必须由刑法明文规定，并且刑法往往采用“依照……的规定定罪处罚”、[②]“依照……的规定定罪从重

---

① 需要指出的是，学界对此条是否属于转化犯还有疑问。由于“携带”的含义理论上普遍认为是向被害人显示凶器，并在客观上能够起到胁迫作用。既然如此，该项规定就已完全符合抢劫罪的构成要件，直接适用《刑法》第263条的抢劫罪即可，而不应再理解为抢劫罪的转化犯。见肖中华：《论转化犯》，载《浙江社会科学》2000年第3期，第42~47页。

② 采用此规定者有《刑法》第208条、第238条、第241条、第267条、第269条、第292条、第333条。

处罚”[①] 的用语加以表述。[②]

转化犯的这些特征使得其与结果加重犯有了不少相似之处，从形式上看两者均属一罪范畴，都是行为人实施了某一基本犯罪，因为出现了某种事实特征（在结果加重犯的场合是加重结果；在转化犯的场合则是行为、结果、情状等）而使得行为的性质超出了基本犯罪构成要件的范围，刑法规定更重处罚的犯罪类型。也因此，有论者认为转化犯是结果加重犯的特例。[③] 不过，学界绝大多数意见还是认为转化犯与结果加重犯是两种不同的形态，如有学者指出，结果加重犯是以基本犯罪定性，罪质并未发生变化；而转化犯则超出了基本罪的范围，罪质发生了变化。[④] 结果加重犯行为人对重结果持过失的心理态度，重结果的出现不是他所希望的，在其故意之外；而转化犯行为人对重结果的出现持故意心态，是他希望并追求的。[⑤] 转化犯重在解决罪数问题，而结果加重犯重在解决一罪数刑的问题。[⑥] 转化犯可同时构成结果加重犯，而结果加重犯不能构成转化犯。[⑦]

笔者认为，尽管结果加重犯与转化犯有一些相似之处，特别是

---

① 采用此规定者有《刑法》第 247 条、第 248 条、第 253 条。

② 当然，并非采用此类用语者均为转化犯，如《刑法》第 149 条、第 154 条、第 163 条、第 171 条、第 183 条、第 184 条、第 185 条等就不是刑法规定的转化犯。

③ 参见王春穗:《结果加重犯与转化犯的比较研究》，载《企业家天地》2009 年第 4 期，第 261 页。

④ 陈兴良:《转化犯与包容犯：两种立法例之比较》，载《中国法学》1993 年第 4 期，第 83 页。

⑤ 杨旺年:《转化犯探析》，载《法律科学》1992 年第 6 期，第 42 页。

⑥ 赵炳贵:《转化犯与结果加重犯——兼谈刑讯逼供罪的立法完善》，载《中国刑事法杂志》2001 年第 1 期，第 38 页。

⑦ 孙筱彦:《论结果加重犯》，山东大学 2009 年硕士学位论文，第 28 页。

在因产生严重结果而转化犯罪的情形中更是如此，但从根本上讲两者是不同的犯罪类型，在以下几个方面均有不同：第一，结果加重犯与转化犯的客观行为不同。结果加重犯的行为人只实施了一个基本的犯罪行为，基本结果（当基本犯罪是结果犯时）与加重结果均由该基本行为导致，也因此结果加重犯在性质上更趋于一罪；转化犯的行为人则既有可能实施一个构成要件的行为，也有可能实施数个构成要件的行为，前者如《刑法》第267条第2款规定的携带凶器抢夺，行为人实际上只实施了一个抢夺行为，携带凶器是伴随情状，后者如第241条第5款，行为人先实施了收买妇女、儿童的行为，后又实施了拐卖妇女、儿童的行为，符合数个犯罪构成，刑法规定按后罪论处。第二，两者的主观心态不同。结果加重犯，已如前文所讨论，行为人对基本犯罪和加重结果的心态出自故意、过失均可，而转化犯理论上一般认为其基础犯罪和转化罪均应出于故意，是故意犯罪向故意犯罪的转化。[①] 第三，两者的本质不同。结果加重犯的本质在于行为人以危险的方式实施风险性的犯罪，亦即成立结果加重犯必须是基本犯罪已经内含发生重结果的典型危险；而转化犯的基础罪并没有预设产生重结果的内在危险性，是行为人在实施基础犯罪时或不法状态持续过程中因某种事实因素，使得行为人的行为从整体看符合另一更重犯罪的要件，从而刑法规定以该重罪论处。第四，两者的处置方式不同。对于结果加重犯，刑法单独设置了法定刑，因此直接依照刑法规定处罚即可；而转化犯则是按照转化以后的犯罪定罪科刑，因此在具体适用上还有一个辗转引用的过程。

最后，需要附带说明的是，对我国刑法中部分转化犯的立法

---

① 不过，也有学者认为转化犯包括过失犯罪向故意犯罪的转化。见侯国云：《过失犯罪》，人民出版社1996年版，第151～164页。

例，如刑讯逼供罪、暴力取证罪，[①] 有不少观点主张应当摒弃转化犯的模式而以结果加重犯取代之，如有学者明确指出："刑讯逼供致人伤残、死亡的，必须符合故意伤害罪和故意杀人罪规定的基本构成要件，才能以故意伤害罪和故意杀人罪定罪并从重处罚；如果是出于过失致人伤残、死亡的，应以刑讯逼供罪的结果加重犯处理为宜。"[②] 对此，笔者予以赞同，这是因为刑讯逼供罪、暴力取证罪的犯罪行为往往是采用暴力手段，因此也蕴含了致人伤残、死亡的潜在危险，从犯罪的属性上看更接近结果加重犯的领域，倘若行为人在逼供、取证的过程中，另生伤害、杀人犯意，则属犯意的转化，可以适用转化犯的规定，但如果行为人在逼供、取证的过程中出于过失致使被害人伤残、死亡的，则以结果加重犯处理更为合适，当然这需要分则的立法。

四、结果加重犯与不纯正不作为犯

在不纯正不作为犯的犯罪类型中，唯有行为人负有作为义务时，才可能论以犯罪，而在作为义务的来源或根据的判断上，我国学界通说均肯定先行行为这种类型，亦即如果行为人基于自身的前在行为使刑法所保护的合法权益处于危险状态，则行为人负有采取有效措施排除危险以防止危害结果发生的义务。对于先行行为所引起的不作为犯罪，特别是在先行行为也构成犯罪的情况下，便会与

---

① 此外，也有学者主张《刑法》第333条非法组织他人出卖血液致人一般伤害、重伤、死亡的应作为非法组织卖血罪的结果加重犯。见周少华：《现行刑法中的转化犯之立法检讨——兼论刑法规范的内部协调》，载《法律科学》2000年第5期，第121页。

② 赵秉志、许成磊：《刑讯逼供致人伤残、死亡的定性》，载《法制日报》2004年1月29日第6版。相同主张见赵炳贵：《转化犯与结果加重犯——兼谈刑讯逼供罪的立法完善》，载《中国刑事法杂志》2001年第1期，第38～39页；王文华、孟庆华：《质疑刑法第二百四十七条转化犯的立法价值》，载《人民检察》2004年第6期，第66～68页。

结果加重犯产生混淆，这是因为两者都有一个前在的犯罪行为，并且最终结果的发生均与该前在犯罪相关。譬如行为人意图抢劫故意将被害人砍成重伤，若是已经认识到被害人因此伤害而陷入生命危险的境地，却容任死亡结果发生，不为任何救助处理径自离去，那么对行为人是按照抢劫（致死）罪处理抑或是按不作为的故意杀人罪论处，就颇有疑问，此时，便涉及结果加重犯与不纯正不作为犯的区分问题。

在具体论述之前，先要探讨的是先行行为可否由犯罪行为构成，因为倘若先行行为并不能由犯罪行为构成，那么其与结果加重犯的界限就比较清晰，实践中也不会发生处置上的困扰，① 而只有在先行行为也构成犯罪，并且刑法就此情形规定有结果加重犯的场合，才会有如何适用罪刑规范的疑虑。而对先行行为的性质，我国刑法学界有观点认为先行行为不应包括犯罪行为，如有学者指出："如此项危险之发生，本系不作为者之先行违法行为（如不为其生存所必要之扶助、养育或保护），此乃结果之发生，并非原因之设定。是其先行行为，仅系为引起发生一定结果危险之原因，并非自己之先行犯罪行为。"② 反对先行行为可以由犯罪行为构成的理由主要是，若是承认犯罪行为也可作为先行行为引发作为义务，不啻于是承认任何的作为犯皆可同时成立一个不纯正不作为犯，这将使每一个作为犯都会受到双重的过度评价，况且，先前的作为犯便足以充分评价整个犯罪过程的不法内涵，没有再对后续的不作为犯进

---

① 此种情形下，由于只存在单一结构，与结果加重犯的双重结构（基本犯罪行为与加重结果）不符，因此只需按该先行行为引起的不作为犯处置即可。

② 陈朴生：《刑法专题研究》，三民书局 1988 年版，第 115 页。

行独立评价的必要。[1]

对此，笔者认为先行行为完全可以由犯罪行为构成。我们知道刑法是透过行为规范的宣示以及制裁规范的配合来保护法益的，如果法秩序不想放弃透过行为规范来促成保护法益的可能性，那么在行为规范没有被遵守的情形下（犯罪是对行为规范最大的违背），法秩序就更应该继续坚持行为规范的作用，处罚侵害规范者，以促使所有的受规范者于未来遵循行为规范。法秩序既然普遍地要求所有人防止自己制造威胁到他人法益的危险，那么就没有理由在行为人已经制造出这样一个危险之后，反而不要求他防止此危险变成实害。同时即便是承认作为犯后续的未为救助可另成立不作为犯罪，在最终评价时也会通过竞合规则加以调整，并没有双重评价或者过度制裁的问题。在此，还需说明的是针对有学者“基于先行行为产生的作为义务，只能限定于先行行为系过失的情形”的主张，[2]笔者认为无须作此限制，因为倘若连过失的前行为都可以构建保证人地位，形成刑法上的作为义务，那么基于“举轻以明重”的法理，故意犯罪就更应该可以形成作为义务。

既然如此，当先行行为是犯罪行为的情况下，先行的犯罪行为可能存在犯罪结果，同时该先行行为还有引发更为严重危害社会结果危险的可能，对此行为人有义务防止危险的发生，如果行为人未为履行该作为义务，则应当成立先行行为的不作为犯罪，但如果此时刑法也设置了结果加重犯的专门规定，那么对行为人究竟是以不纯正不作为犯追究责任还是直接以结果加重犯定罪处刑，两者是何

---

① 许玉秀：《主观与客观之间》（春风煦日论坛），自版1997年，第399~400页；齐文远、李晓龙：《论不作为犯中的先行行为》，载《法律科学》1999年第5期，第63页；于改之：《不作为犯罪中“先行行为”的本质及其产生作为义务的条件——兼论刑法第133条“因逃逸致人死亡”的立法意蕴》，载《中国刑事法杂志》2000年第5期，第19页。

② 黄荣坚：《论保证人地位》，载《法令月刊》1994年第2期，第15页。

种关系，理论上就有特别研讨的必要。[①] 对此，有学者主张如果刑法已经就某种犯罪行为规定了结果加重犯，应以结果加重犯论罪科刑；如果刑法没有就某种犯罪规定结果加重犯，则宜认为该犯罪行为导致行为人具有防止另一法益受侵害的义务，成立不作为犯罪。[②] 还有学者指出对此应区别情况分别对待，倘若先行行为所构成的具体犯罪存在结果加重犯，且先行行为不间断地造成加重结果，或虽有间断但仅基于“自然因素”造成加重结果，对此可按结果加重犯处置；倘若先行行为所构成的犯罪虽然存在结果加重犯，但是基于行为人“一定行动”而间断性地造成加重结果，则应当按照不作为犯罪形态处断。[③]

事实上，在笔者看来结果加重犯与不纯正不作为犯（由犯罪的先行行为引起）这两种犯罪类型最重要的区别就是不纯正不作为犯中的不作为是在刑法上有独立评价意义的行为，并且更重的结果由该不作为行为所招致，而结果加重犯则只有一个基本犯罪行为，加重结果亦由基本犯罪行为产生，这也就是有些学者所说的此两种犯罪在构成形态和因果关系方面不尽相同。[④] 此外，结果加重犯与不纯正不作为犯的罪过形式也有所不同，基于先行行为的不作

---

① 在此需要说明的是，基于犯罪先行行为产生的不作为犯罪一定是在意思驱动与结果发生之间存有时间上的相当间隔，否则如果构成要件结果紧接在犯罪前行为之后立即发生（如行为人开车撞倒被害人后，被害人当场死亡），法律上就不可能再形成任何的救助、作为义务，不可能成立不作为犯，进而也不会产生不作为犯与结果加重犯的纠葛。

② 张明楷：《刑法学》（第3版），法律出版社2007年版，第145页。

③ 张小虎：《不纯正不作为犯先行行为犯罪及其处置的法理分析——兼论交通肇事逃逸致人死亡》，载《河南省政法管理干部学院学报》2007年第1期，第56页。

④ 李邦友：《结果加重犯基本理论研究》，武汉大学出版社2001年版，第212~213页；殷学厚：《论结果加重犯论》，山东大学2005年硕士学位论文，第30页。

为犯必须是行为人对此先行行为可能引发的重结果危险有认识，只有如此，行为人才负有防止义务，也才有可能构成不作为犯罪，而结果加重犯的行为人在实施基本犯罪时对重结果的发生既可以出于故意又可以出于过失，并在有些场合只能出于过失。由此，在行为人基于伤害的故意持刀将被害人刺成重伤，明知被害人血流不止可能死亡仍见死不救径行离开的案例中，只能对行为人论以不作为的故意杀人罪而不可能构成故意伤害致人死亡罪。

但是，在犯罪行为作为先行行为引发不作为犯罪，同时又被刑法规定有结果加重犯的情形下，如果根据上述内容仍然无法判断某种犯罪行为之后的不作为是否是被刑法赋予独立评价的意义，对行为人的论罪，就有必要做特别的处理，以避免抵触禁止重复评价的原则。仍以前文所举的抢劫案例来说明，当行为人出于抢劫的犯意故意重伤被害人，明知被害人可能因此丧命而不予救助自行离开，最终导致被害人死亡的，由于死亡结果可以看做是抢劫犯罪内含危险的实现，因此符合抢劫（致死）的结果加重犯。同时，行为人明知被害人伤势严重而不予救助，也已经构成不作为的故意杀人罪，对此两种犯罪应依法条竞合的关系论处，最终成立抢劫罪的结果加重犯。由此也可看出，结果加重犯相对于不纯正不作为犯而言，系居一种网罗性构成要件的地位，故在无法确定应成立此二种犯罪之何者时，至少应当可以成立结果加重犯。

第二节　我国刑法关于结果加重犯的立法例

结果加重犯，已如前述，不仅是我国刑法理论讨论的对象，而且也是立法中的现实。然而，我国刑法对结果加重犯的规定却较为复杂，特别是立法对此采用了并不统一的设定方式，虽然从外观上看结果加重犯一般是以“致人重伤、死亡”为重结果，但并非所有规定有“致人重伤、死亡”的条款均是结果加重犯，与此同时，我国刑法中还有不少结果加重犯是混同在情节加重犯等类型之中，需要具体甄别才能认定，这些都造成了结果加重犯范围不清的现状。讨论基点的不同必然导致理论对话的障碍，并且毫无疑问地，理论的纷扰也使得实践中产生辨识的困难。正因为如此，笔者认为有必要对我国刑法中的结果加重犯做一总体梳理，以便能够比较清楚地呈现其在我国刑法体系中的面貌，并有助于司法实践进行具体判断。为此，本节拟从两个方面加以探讨，首先就我国刑法中的结果加重犯做一总体的勾勒，明确其存在的类型，其次是对理论及实践中争议较大的几个犯罪做出特别的说明。以下便是相关内容的介绍。

一、我国刑法中结果加重犯的类型

由于理解上的分歧，目前学术界对我国刑法中结果加重犯的范围并未取得统一明确的认识，究竟哪些条款属于结果加重犯，哪些条款不属于结果加重犯还有很大的争议，如有学者认为在我国现行刑法中，有关结果加重犯的规定有 57 个法条，70 个罪名。① 也有学者统计 1997 年刑法在 70 个条文近 90 个罪名中规定了结果加重犯。② 还有学者指出我国刑法对结果加重犯的规定存在五种方式，共计 190 个左右条文。③ 从笔者此前关于结果加重犯基本理论的阐述并结合我国刑法条文的具体规定，总体来看，现行刑法有 58 个条款 72 个罪名规定有结果加重犯（详见文末附表），并且可以将其大致划分为以下几种类型：

第一，根据刑法对加重结果的规定方式，可以将我国刑法中的

---

① 卢宇蓉：《加重构成犯罪研究》，中国人民公安大学出版社 2004 年版，第 151 页。

② 张正新：《刑法中结果加重犯构成新探》，载《法学杂志》1999 年第 6 期，第 18 页。

③ 张明楷：《严格限制结果加重犯的范围与刑罚》，载《法学研究》2005 年第 1 期，第 83 页。

结果加重犯分为加重结果为致人重伤或死亡的立法例、加重结果为造成财产损失的立法例及加重结果为其他的立法例。关于加重结果的形式问题，早期有学者认为仅有三种立法表述方式，即“致人重伤、死亡”、“造成严重后果”以及“引起被害人重伤或死亡”，不过后来又有学者增加了“致使国家或者公民利益遭受重大损失”和“致使战斗、战役遭受重大损失”两种。① 从现行刑法的规定看，由于我国立法者对结果加重犯重结果的规定并非仅仅限于人身损害，特定情形下也包括财产的损失等，因此以重结果的内容为准，可以将结果加重犯划分为人身伤亡型、财产损失型及其他型。②

其中，人身伤亡型的立法例主要有《刑法》第 141 条生产、销售假药罪；第 144 条生产、销售有毒、有害食品罪；第 236 条强奸罪；第 240 条拐卖妇女、儿童罪；第 263 条抢劫罪等。财产损失型的立法例主要有第 147 条生产、销售伪劣农药、兽药、化肥、种子罪；第 328 条盗掘古文化遗址、古墓葬罪；盗掘古人类化石、古脊椎动物化石罪等。其他型的立法例又可分为“造成严重后果”的，如第 119 条破坏交通工具罪；第 122 条劫持船只、汽车罪；第 380 条战时拒绝、故意延误军事订货罪；第 413 条动植物检疫徇私舞弊罪等；“造成特别严重后果”的，如第 142 条生产、销售劣药罪；第 145 条生产、销售不符合标准的医用器材罪；第 377 条战时故意提供虚假敌情罪等。“情节严重”的，如第 127 条盗窃、抢夺枪支、弹药、爆炸物、危险物质罪；第 202 条抗税罪；第 274 条敲

---

① 参见吴振兴：《罪数形态论》，中国检察出版社 1996 年版，第 101 页。

② 当然这种划分只能是大致的，各种类型并非绝对对立，我国刑法中也有将致人重伤、死亡及财产遭受重大损失一并规定的立法例，如《刑法》第 115 条的放火罪、决水罪、爆炸罪、投放危险物质罪、以危险方法危害公共安全罪即是如此。

诈勒索罪等。“情节特别严重”的，如第244条之一雇用童工从事危重劳动罪；第268条聚众哄抢罪；第370条故意提供不合格武器装备、军事设施罪等，以及“致使战斗、战役遭受重大损失”的，即第421条战时违抗命令罪和第422条隐瞒、谎报军情罪、拒传、假传军令罪。

第二，根据基本行为与加重结果主观心态的不同，可以将我国刑法中的结果加重犯分为故意+过失型结果加重犯、故意+故意型结果加重犯及故意+故意/过失型结果加重犯。① 所谓故意+过失型结果加重犯，是指行为人所实施的基本犯罪是故意行为而对加重结果出于过失的结果加重犯，典型的立法例有我国《刑法》第234条的故意伤害（致人死亡）罪，行为人对伤害行为出于故意，而对死亡结果只能是出自过失，如果行为人对死亡持故意心态，则应当构成《刑法》第232条的故意杀人罪，这一点在学界已经没有争议。故意+故意型结果加重犯，是指基本行为是故意，加重结果也为故意的结果加重犯，如我国《刑法》第115条第1款的放火罪，只有当行为人对放火行为及其所造成的重伤、死亡、财产的重大损失等重结果均持故意时，才可适用该条加重处刑，否则即使行为人故意放火，不料（但有过失）却发生严重结果的场合，不能构成结果加重犯，而只能按照失火罪定罪处罚。故意+故意/过失型结果加重犯，则是指行为人对基本行为出自故意，而对重结果既可出于故意又可出于过失所构成的结果加重犯。例如，我国《刑法》第236条的强奸罪、第263条的抢劫罪，一般认为行为人对致人重伤、死亡的结果就可以出于故意也可出于过失。

对加重结果做主观要件的要求，是刑法贯彻责任主义的体现。因此倘若行为人对重结果不具备罪过或者不具备某种犯罪所特别要

① 从逻辑形式上讲，还有过失+过失型结果加重犯，即基本行为是过失，加重结果也为过失的结果加重犯，不过目前我国刑法中并没有该种类型的规定。具体阐述见本书第四章第二节的部分。

求的罪过，则不能适用该犯罪结果加重犯的规定。以《刑法》第238条的非法拘禁罪为例，如果行为人在非法拘禁他人的过程中致人死亡的，此时要想适用非法拘禁结果加重犯的规定，则必须考证行为人对被害人的死亡有无过失，并且只能是出于过失（当然还须满足结果加重犯的其他条件）。理由在于从刑法对非法拘禁致人死亡规定的法定刑来看，是“十年以上有期徒刑”，若行为人对被害人的死亡系出自故意（主要是指间接故意），则会出现刑法评价的悖论，即刑法对单纯故意（包括间接故意）杀人的处“死刑、无期徒刑或者十年以上有期徒刑”（此处谈不上情节较轻），而行为人又额外实施了非法拘禁行为时反倒是适用“十年以上有期徒刑”的刑罚，结果就是与只实施了故意杀人罪的情形相比，行为人多实施了一个非法拘禁行为，却被降低了处罚。依照规范评价的原理，“非法拘禁他人”这个事实，是一个对行为人不利的事实，然而这个不利的事实竟然可以导出让被告人承担更低度刑罚的制裁，显然是一种矛盾。因此，就非法拘禁罪结果加重犯的适用而言，只能是行为人对死亡结果出于过失。显然，此种分析法对其他所有的结果加重犯均可适用。

第三，根据产生加重结果的基本行为自身的特点，可以将我国刑法中的结果加重犯分为行为阶段性的结果加重犯与手段延伸性的结果加重犯。行为阶段性的结果加重犯，是指基本行为本身蕴含产生加重结果的危险，加重结果是由基本行为的整体促成。在法规范的制定中，基于法益保护的目的，刑法有时会对评价的客体做阶段性的规定，此时行为对法益的侵害，在规范层次上，系属一种升层的关系，并且此种行为的实施对于升层的法益而言具有特定的危险性，如故意伤害致死罪，当行为人的伤害行为提升到某种程度时，便会对生命产生危险，死亡结果即有可能发生。这也是结果加重犯最为典型的形式。而手段延伸性的结果加重犯，则指加重结果是由基本行为所使用的手段造成，行为所内含的危险性对于加重结果，并非必然的联系，加重结果系由延伸的结果或是因为行为的手段方式所致，如抢劫致人重伤、死亡罪、非法拘禁致人重伤、死亡罪即是。

对于行为阶段性的结果加重犯，理论上没有争议，均认为是结果加重犯的原初形式。但是对手段延伸性的结果加重犯，则有学者认为应当另行评价，否则如将行为手段延伸所及者，也纳入结果加重犯的本然形态，将会使结果加重犯的范围太过扩张，并且出现主观要件的分歧，并非妥善之举。[①] 然而，如果我们分析手段延伸性的结果加重犯便可得知，此类犯罪的基本行为对于行为客体所使用的手段都是暴力方式，即以暴力手段的基本行为作为侵害基本法益的基础，却因该行为的作用导致其他法益也受侵害。因此，尽管该类犯罪的基本行为本身没有预设产生重结果的必然性，但加入危险的行为手段后，其结构关系也向着行为阶段性的结果加重犯变化，如抢劫罪，除暴力行为之外，尚可以非暴力方式实施，一旦行为人选择暴力手段，且对重结果的危险关系提升到具体危险的阶段，就蕴含了行为阶段性的结果加重犯。更何况，就行为阶段性的结果加重犯而言，其基本行为对重结果的危险性能否实现也要借助于行为人行为方式的选择，从这些情况看，应当承认手段延伸性结果加重犯的存在。

第四，根据基本行为所侵害的对象与加重结果所针对的对象是否同一，可以将我国刑法中的结果加重犯分为同一对象的结果加重犯与不同对象的结果加重犯。同一对象的结果加重犯，是指基本犯罪所侵害的对象与发生重结果的对象是同一个的结果加重犯，如故意伤害致人死亡，死亡结果正是发生在行为人所伤害的对象上。不同对象的结果加重犯，是指基本犯罪的侵害对象与重结果的对象并非同一个的结果加重犯，如暴力危及飞行安全导致其所针对的对象之外的人重伤、死亡。一般而言，行为阶段性的结果加重犯因是刑

① 柯耀程：《变动中的刑法思想》，中国政法大学出版社 2003 年版，第 128 页。

法基于保护法益的需要对某种犯罪做了阶段性的划分，其侵害的对象往往能够保持一致；而手段延伸性的结果加重犯则因行为方式的暴力性，极有可能对目标对象以外的客体造成侵害。正因为如此，将结果加重犯仅限于行为阶段性的学者一般也会认为客体的同一性是构成结果加重犯的基本条件。[①] 当然，由于笔者承认手段延伸性的结果加重犯类型，因此对不同对象的结果加重犯也予认可。

不过，基本对象和加重对象的不同一并非是针对所有的结果加重犯而言，也即有的结果加重犯的基本对象与加重对象可以不同一，有的则属同一，是否同一应当根据条文的具体结构来做判断。例如，故意伤害致死罪的结果加重犯由于死亡结果必须是来自伤害结果才可构建基本行为与加重结果的“直接性”，因此基本行为的对象与重结果的发生对象应当同一。相反，对于抢劫致死罪来说，由于行为人实施的暴力手段既有可能造成被抢劫人的死亡，又有可能造成被抢劫人之外的第三人死亡，而抢劫致死罪的危险实现关系只要在抢劫行为与死亡结果之间发生即可，所以其基本对象与加重对象便可以不同一。[②] 同时，需要特别注意的是这种判断还必须结合刑法分则的具体规定进行，如果刑法条文已经明白地将加重结果的发生对象限定为“被害人”，那么当然地，基本对象与加重对象便只能同一，如《刑法》第236条的强奸罪、第260条的虐待罪、第358条强迫卖淫罪等都是如此。

第五，以基本犯罪的性质为标准，可以将我国刑法中的结果加重犯分为实害犯的结果加重犯与危险犯的结果加重犯。实害犯的结

---

① 并且明确指出：结果加重犯与想象竞合犯的区别，就在于前者处理同一客体的双结果形态，后者则处理不同客体的双结果形态。二者本质具有互斥关系，而在刑法的适用上，却形成互补关系。见柯耀程：《变动中的刑法思想》，中国政法大学出版社2003年版，第128页。

② 有关故意伤害（致死）罪和抢劫（致死）罪“直接性”判断的详细介绍，可以参见本书第三章第四节的论述。

果加重犯，是指基本犯罪已经造成实害结果，由此又导致加重结果发生的结果加重犯，大多数结果加重犯都属于此种类型。危险犯的结果加重犯，是指基本犯罪所造成的并非是实害结果而是有发生某种实害结果的危险，在此基础上发生加重结果的结果加重犯，如我国刑法规定的放火罪、生产、销售假药致人死亡罪等即属于此。关于实害犯之结果加重犯与危险犯之结果加重犯的划分，有学者并不认同，认为危险犯是不需要犯罪结果的犯罪，如果危险犯罪中出现了实害结果，则构成结果犯，而不是该危险结果的结果加重犯。[①]还有的学者认为危险犯是否存在结果加重犯，应分不同情形区别对待，在以危险作为犯罪成立要件的危险犯中，不存在结果加重犯，而在危险是既遂要件的危险犯中，则存在结果加重犯。[②]

关于危险犯可否引发重结果成立结果加重犯的问题，笔者在有关基本行为性质的限定部分已经做过阐述，这里需要补充的是除了危险犯中的危险可以被评价为结果之外，其本身也不是一个空洞的概念，而是具有导致实害结果发生的危险性，并且行为人的主观心态通常也是希望或放任产生实害结果（故意的场合），正如有学者指出："从现实生活中实际发生的故意破坏交通工具等所谓危险犯的案件来看，行为人绝不可能仅仅只是想要造成某种危险状态，而是想要造成交通工具倾覆、毁坏等实害结果的发生。"[③] 因此，行为人的危险故意与实害故意并非截然对立，从这个角度讲，危险犯成立结果加重犯也无障碍。

---

① 熊赞研：《结果加重犯的构成透析》，载《中国刑事法杂志》2001年第6期，第24页。

② 舒洪水：《危险犯研究》，法律出版社2009年版，第209页。

③ 刘明祥：《论危险犯的既遂、未遂与中止》，载《中国法学》2005年第6期，第133页。

二、几个有争议的犯罪

随着结果加重犯理论研究的深入，学界对我国刑法中的许多结果加重犯规定已取得了一致的认识，像是《刑法》第 234 条的故意伤害（致人死亡）罪、第 236 条强奸（致人重伤、死亡）罪以及第 263 条的抢劫（致人重伤、死亡）罪等是结果加重犯目前已无太多争议，但是，由于理论对结果加重犯的概念本质、构成特征、罪过形式等尚未完全澄清，使得一些犯罪能否归属于结果加重犯的类型仍旧处于不明状态，学界分歧很大。譬如，第 114 条与第 115 条第 1 款的规定之间究竟是何种关系，即有各种不同见解。同时理论上的定位不明也往往导致司法实际运用的困惑，不利于法制的统一。为此，笔者特意挑选了理论中争议较大的放火罪、交通肇事（逃逸致死）罪及故意伤害（致人重伤）罪进行探讨，以期能够对上述犯罪的性质做一合理的认定。

（一）放火罪

我国刑法分则第二章危害公共安全罪分别以第 114 条和第 115 条来规制放火罪，其中第 114 条规定的是："……危害公共安全，尚未造成严重后果的，处三年以上十年以下有期徒刑。"第 115 条第 1 款则规定："……致人重伤、死亡或者使公私财产遭受重大损失的，处十年以上有期徒刑、无期徒刑或者死刑。"关于此两个条文的关系，学界存在不同看法，概括而言主要有以下几种观点：第一种观点主张两者之间是基本犯与结果加重犯的关系，即以出现危险状态为构成要件的第 114 条是基本犯，而以发生重伤、死亡或财产重大损失的实害结果为构成要件的第 115 条是结果加重犯，这也是目前我国学界的通说。[①] 第二种观点认为这两个条款规定的是同

---

① 鲜铁可：《新刑法中的危险犯》，中国检察出版社 1998 年版，第 139 页；叶高峰主编：《危害公共安全罪的定罪与量刑》，人民法院出版社 2000 年版，第 93 ~ 95 页。

一罪名即放火罪的不同犯罪形态，第 114 条是放火罪的未遂，第 115 条是放火罪的既遂。[①] 第三种观点认为根据刑法第 115 条第 2 款的表述："过失犯前款罪的，处……" 如果将第 115 条理解为第 114 条的结果加重犯，则会导致无基本犯的加重犯，并引起理论上的混乱，因此第 115 条第 1 款应当是重结果的结果犯。[②] 第四种观点则认为尽管可以将第 114 条理解为放火罪的基本犯，但第 115 条第 1 款却并非是其结果加重犯，由于行为人的行为造成公共危险后，既有可能造成实害结果，也有可能未造成实害结果，因此第 115 条系第 114 条的特别条款。[③]

上述第三种观点将第 115 条解释为重结果的结果犯，其立论的基础在于结果加重犯本身只是一种特殊的犯罪形态，加重结果不具有独立的犯罪意义，只能依附于基本犯罪而存在，但从笔者此前关于结果加重犯的论述来看，加重结果亦是构成要件要素，结果加重犯本身即属结果犯的一种，因此，第 115 条第 2 款所称的 "过失犯前款罪" 就是指过失犯第 115 条第 1 款之罪，将第 115 条定位为结果加重犯并不会引发理论上的混乱。同时第四种观点将第 115 条看成是第 114 条的特别条款，但对特别条款的实质含义又未作进一步的说明，导致两者的关系仍处于未解状态，因此也不可取。笔者以下要特别探讨的是第二种观点。

第二种观点同样反对第 114 条与第 115 条系基本犯与结果加重犯的传统诠释，而认为两者之间是未、既遂的关系。其所提出的理

---

① 苏彩霞：《危险犯及其相关概念之辨析——兼评刑法分则第 116 条与第 119 条第 1 款之关系》，载《法学评论》2001 年第 3 期，第 45 页；黎宏：《论放火罪的若干问题》，载《法商研究》2005 年第 3 期，第 122 页。

② 李邦友：《结果加重犯基本理论研究》，武汉大学出版社 2001 年版，第 9 页。

③ 谭京凯、洪建平：《论放火罪的停止形态——从焚烧本人财物引发火灾的情形说起》，载《中国检察官》2010 年第 10 期，第 20 页。

由主要有:[①]（1）未遂犯是危险犯，将《刑法》第114条理解为第115条第1款（实害犯）的未遂犯，符合未遂犯的理论。（2）刑法分则的规定并非都是以犯罪既遂为模式，放火罪既具有侵犯财产和人身的一面，又具有危害公共安全的一面，正因为如此，刑法将实际造成了人身伤亡和财产损失的作为基本形态加以规定；而将未造成实际后果但危害公共安全的情形也作为犯罪处理。（3）司法实践对于放火未遂的均是按照第114条处理，这种做法实际上是间接承认了第114条是第115条的未遂犯。（4）只有将第114条理解为放火罪的未遂，才能对行为人点燃对象物，出现危险状态之后又采取措施消除危险的行为认定为犯罪中止，从而更好地保护法益，发挥刑法对中止规定的效用。（5）如果将第114条理解为基本犯，则会出现造成严重后果的构成第115条的既遂，未造成严重后果的构成第114条的既遂，即同一犯罪有两个既遂的矛盾现象。

对于以上理由，笔者认为，首先，从我国刑法分则的规定看，的确是以犯罪既遂为立法模式，同时在刑法总则中规定未遂、预备、中止、共同犯罪等予以调解，至于具体犯罪有无未遂等形态，当然需要结合刑总规定及法理来认定,[②] 因此《刑法》第114条也应是既遂形态而非未遂形态。其次，尽管未遂犯是危险犯，但危险犯并非都是未遂犯，更何况危险犯的“危险”与未遂犯中的“危险”含义并不相同，前者是指刑法分则规定的达到犯罪既遂的独

---

① 段立文:《犯罪“未得逞”含义辨析》，载《法学评论》1991年第3期，第37~38页；黎宏:《论放火罪的若干问题》，载《法商研究》2005年第3期，第122~123页；李居全:《关于犯罪既遂与未遂的探讨》，载《法商研究》1997年第1期，第48页。

② 国外理论也普遍承认刑法分则是以犯罪既遂为规定模式，危险犯是犯罪既遂的一种类型。见［日］奥村正雄:《未遂犯的危险概念》，载《刑法杂志》第33卷，第2页。转引自张明楷:《未遂犯论》，法律出版社、日本成文堂1997年版，第44页；赵微:《俄罗斯联邦刑法》，法律出版社2003年版，第80~81页。

立构成要件，后者则是作为刑法处罚未遂犯的根据，两者是在不同的层次上使用同一概念的，从《刑法》第114条是危险犯的规定并不能导出其系未遂犯的形态。最后，如果将《刑法》第114条认定为未遂犯，而第115条（实害犯）之规定才是放火罪的基本形式，那么为何理论上还要认为放火罪是危险犯，并进一步去讨论其究竟属于具体危险犯还是抽象危险犯？倘若认为刑法规定了放火罪的未遂形态，因此认定其属危险犯，那么故意杀人罪也有未遂形态，是否可以将故意杀人罪也看做是危险犯？

除去上述质疑之外，更重要的是，如果我们将《刑法》第114条认定为第115条的未遂犯，其实是在以解释的方式确立两者之间具有互斥构成要件的关系。从逻辑形式上看，每一个概念与另一个含有否定其内涵要素的概念之间，一定是处于相互排斥的异质关系，这种异质关系在逻辑上是透过A与非A的形式出现，因此立法者若是想要让两个含有共同不法要素的构成要件变成互斥，技术上的做法便是在其中一个构成要件中加入一个额外的要素，并且这个额外的要素与另一个构成要件中的某个要素在语意上不相容，亦即其中一个构成要件含有A要素，另一个构成要件则含有非A要素，该当此一构成要件的行为，绝无可能再该当彼一构成要件，此时这两个构成要件即是互斥的构成要件。[①] 在我国刑法总则中，故意与过失、既遂与未遂都是这种互斥构成要件的范例。譬如，学界通说认为犯罪既遂与未遂之间彼此独立，不可能相互转化，成立犯罪既遂的就不可能再成立犯罪未遂，反之亦然。[②] 因此，若将《刑法》第114条解释为第115条的未遂犯，正是将此两个条文理解为

---

① 蔡圣伟：《刑法问题研究》（一），元照出版公司2008年版，第416页。

② 高铭暄、马克昌主编：《刑法学》（第3版），北京大学出版社、高等教育出版社2007年版，第155页。

互斥关系。[1]

互斥构成要件的模式，在外观上是用同一事实将两个构成要件区分开来，使得两个要件泾渭分明，互不相扰，也免去了适用竞合规则的麻烦，看起来是值得采行的立法方法。但若仔细推敲，便可发现这种立法方式存在评价上的矛盾。这是因为就犯罪的不法结构而言，在同一价值体系内把价值判断上的正值要素（A）与负值要素（非 A）同时列为不法或责任要件，必然会产生 A 与非 A 究竟何者为构建犯罪要素的疑问。[2] 因此对于立法者而言，如果其将某一概念列为一个犯罪类型的不法要件，那么此一要件的负面概念就不可能也被列为该犯罪类型的不法要件，否则便会产生价值认定上的矛盾。[3] 除此之外，互斥构成要件的模式还会引起刑事政策上不能容忍的处罚漏洞。以放火罪为例，如果将第 114 条与第 115 条理解为未、既遂的互斥关系，那么当法院无法证明放火行为是否已经造成人员伤亡、财产损失的“严重后果”时，即便是能够证明发生了危害公共安全的危险，也会由于没有证实“尚未造成严重后果”而无法适用第 114 条的规定。

这样的结论乍看之下相当可疑，因为按照通常的理解，当我们无法证明放火行为已经造成了“严重结果”，不就是证明了其“尚

---

① 对此已有学者明确指出：“一般认为，两个条文（第 114 条与第 115 条）之间具有竞合关系，前者为补充法，后者为基本法。其实不然，因为第 115 条以‘致人重伤、死亡或者使公私财产遭受重大损失’为要件，第 114 条以‘尚未造成严重后果’为适用前提。二者既相互衔接，又相互排斥，其间既无遗漏，也无重叠交叉。既然如此，就不能认为二者之间存在法条竞合关系。”见张明楷：《刑法分则的解释原理》，中国人民大学出版社 2004 年版，第 287 ~ 288 页。

② 黄荣坚：《基础刑法学》（下），中国人民大学出版社 2009 年版，第 588 页。

③ 黄荣坚：《基础刑法学》（上），中国人民大学出版社 2009 年版，第 299 页。

未造成严重结果”？如此一来，怎么还会出现上述处罚的漏洞？但是，必须注意到的是，在法条的适用方法上，无法证明 A 存在并不等于已经证明 A 不存在。当我们对某一个特定的规范进行包摄时，原则上只有在明白确认相关事实的前提下，才可能得出该规范是否能适用于该个案的结论，这个包摄的结果包括了构成要件的适用与不适用两者，因此即便是要得出该构成要件不能适用的结果，也必须能证明案件事实没有实现构成要件，如若陷入事实不明的状况，则无论是该法条适用于该个案还是该法条不能适用于该个案都无法得出，因为两种结论都有可能，无法终局性地确认或是排除。[①] 返回到前面的例子中去，当我们无法证明行为人的放火行为到底是否造成严重后果时，当然也同样无法证明其是否“尚未”造成严重后果，结果竟然就是对行为人既无法按照第 115 条处罚也无适用第 114 条之余地。

由此可见，互斥构成要件的立法并不是一种恰当的模式，它不仅在价值判定上会出现评价的矛盾，而且使得法院在不能确切查证互斥要素的前提事实时，出现两个构成要件都无法适用的结果，如在上面的例子中，法院之所以不能按照第 114 条追究行为人的刑责，居然是因为行为人还有触犯第 115 条的嫌疑。正因为如此，德国有学者将其斥为一种立法技术上的过错。[②] 同时德国立法者也已通过修法将原本采用互斥构成要件立法形式的诱拐儿童罪和公务员受贿罪分别删除其中一个互斥要素（即“未违反被诱人之意愿”和“未违背职务”），从而将这两组构成要件变成基本构成要件与加重构成要件的包含关系。并且在修法以前，学界也尽可能地不将上述犯罪理解为排他互斥关系。考虑到这些事实，我们就实在没有

---

① 相关阐述见蔡圣伟：《刑法问题研究》（一），元照出版公司 2008 年版，第 418 ~ 419 页。

② Puppe, Idealkonkurrenz, 1979, S. 346; dies., JR 1984, S. 229ff。转引自蔡圣伟：《刑法问题研究》（一），元照出版公司 2008 年版，第 420 页。

必要再透过解释重新树立这种应当被摒弃的模式，具体到放火罪的构成要件上，就是应将第 114 条与第 115 条理解成基本与加重的包含关系。同时，基于放火罪本身即是一种风险性的犯罪，行为人在实施放火行为时极有可能在罪过心理支配下产生人身伤亡及财产损失的重结果，因此笔者坚持第 115 条系放火罪结果加重犯的主张。

（二）交通肇事（逃逸致死）罪

《刑法》第 133 条规定：“违反交通运输管理法规，因而发生重大事故，致人重伤、死亡或者使公私财产遭受重大损失的，处三年以下有期徒刑或者拘役；交通运输肇事后逃逸或者有其他特别恶劣情节的，处三年以上七年以下有期徒刑；因逃逸致人死亡的，处七年以上有期徒刑。”对于该条后段的规定是否属于结果加重犯，理论上的争议一直较大，有肯定说、否定说和折中说三种观点。肯定说认为，“交通肇事后逃逸，因逃逸致人死亡的”属于结果加重犯，其理由主要是此项规定符合结果加重犯“行为人实施基本构成要件的行为，由于发生了刑法规定的基本犯罪构成要件以外的重结果，刑法规定加重其刑”的概念。不过，与通常结果加重犯的重结果是直接来自基本犯罪构成要件的行为有所不同，此项规定中刑法特意加有“逃逸”一词，并明确规定死亡结果系因“逃逸”所致，对此，肯定论者的解释是此“逃逸”并非一种独立的构成行为，而只是行为人在趋利避害心理作用下使肇事结果进一步加重的条件，逃逸行为是肇事行为的自然延伸，两者是一个行为，因此可以构成交通肇事罪的结果加重犯。①

与肯定说相反，否定说认为若将《刑法》第 133 条后段理解为结果加重犯，则可能出现没有基本罪的结果加重犯的谬论，并导致实践中部分案件无法定罪或者错误定罪，进而主张只有将该条解释为情节加重犯，才不会影响基本犯罪的定罪，也不存在重复评价的问题，同时还能明确该种加重处罚规定的性质，是立法者意图的正确体现。② 折中说则认为上述两说均有缺陷，将“交通肇事逃逸致人死亡”理解为情节加重犯不仅没有坚持加重犯具有的依附性特征，而且导致刑法的重复评价，并造成刑法所规定的犯罪之间法定刑严重失衡，而如果将其单纯地理解为结果加重犯，则又因介入了行为人的逃逸行为不完全符合结果加重犯的典型特征，因此主张应将两者结合，认定为“情节加重犯的结果加重犯”，如此方能解

① 吴学斌、王声：《浅析交通肇事罪中“因逃逸致人死亡”的含义》，载《法律科学》1998 年第 6 期，第 93 页；李晓龙、李立众：《试析交通肇事罪中的“因逃逸致人死亡”》，载《法学》1999 年第 8 期，第 35 页。张波：《交通肇事罪“逃逸”的定性分析》，载《中国刑事法杂志》1999 年第 5 期，第 31 页；于改之：《不作为犯罪中“先行行为”的本质及其产生作为义务的条件——兼论刑法第 133 条“因逃逸致人死亡”的立法意蕴》，载《中国刑事法杂志》2000 年第 5 期，第 22 页；张莉：《刑法重大疑难问题研究》，中国人民公安大学出版社 2004 年版，第 139 页。

② 林维：《交通肇事逃逸行为研究》，载陈兴良主编：《刑事法判解》(第 1 卷)，法律出版社 1999 年版，第 264 页；刘艳红：《论交通肇事罪中“因逃逸致人死亡”的法律性质》，载《当代法学》2000 年第 3 期，第 26 ~ 27 页；张亚军：《也谈交通肇事罪“逃逸致人死亡”之界定》，载《河北科技大学学报》2009 年第 2 期，第 49 页；张成：《探析交通肇事罪中疑难问题》，中国政法大学 2010 年硕士学位论文，第 14 页。除此之外，有的学者虽然没有明确表示交肇逃逸致死属于情节加重犯，但从其认定此逃逸行为是加重量刑情节而非犯罪构成要件的观点中可以看出应该是持情节加重犯的主张。见龚培华主编：《刑法适用热点问题研究》，上海交通大学出版社 2008 年版，第 82 页。

决上述难题，并附带澄清诸如“因逃逸致人死亡”中“人”的范围及行为人对被害人死亡结果的心理态度等相关争议。[①]

从表面上看，“交通肇事逃逸致人死亡”这一规定的确兼有结果加重犯和情节加重犯的特征。一方面，行为人实施了交通肇事犯罪，蕴含了导致被害人死亡的危险，且此危险最终得以实现，同时学界又普遍认为行为人对被害人的死亡至少持间接故意的心理态度，[②] 因此符合过失+故意型结果加重犯的类型。另一方面，由于刑法条文的表述是“逃逸致人死亡的，处……”因此被害人的死亡不仅与交通肇事有关而且与逃逸相关，具有因“逃逸”情节加重处罚的意味。尽管如此，笔者并不打算支持所谓“情节加重犯的结果加重犯”的主张，姑且不论该提法是否合理，只要我们将“交肇逃逸致死”的条文与前述结果加重犯的概念本质相互映照，就会发现其与结果加重犯不过是形似而已。具体理由阐述如下：第一，虽然《刑法》第133条后段对交通肇事致人死亡规定了加重的法定刑，但必须注意其附有“因逃逸”的用语，也即如果行为

---

① 李文峰：《交通肇事罪研究》，中国检察出版社2008年版，第144～153页。

② 关于“交通肇事逃逸致人死亡”中行为人对被害人的死亡究竟是何态度，学界争议极大，大致有六种观点：第一，过失说，如黄祥青：《浅析新刑法中的交通肇事罪》，载《政治与法律》1998年第4期，第60页。第二，过失+间接故意说，如李洁：《析交通肇事罪的罪过形式》，载《人民检察》1998年第11期，第20页。第三，轻信过失+故意说，如林亚刚：《危害公共安全罪新论》，武汉大学出版社2001年版，第401页。第四，间接故意说，如黎宏：《论交通肇事罪的若干问题》，载《法律科学》2003年第4期，第128页。第五，故意说，如侯国云、白岫云：《新刑法疑难问题解析与适用》，中国检察出版社1998年版，第350～351页。第六，过失+故意说，如李希慧：《略论与交通肇事罪相关的几个问题》，载中国人民大学刑事法律科学研究中心组织编写：《刑事法学的当代展开》，中国检察出版社2008年版，第858页。可以看出，上述观点除第一种以外，均承认行为人具有放任被害人死亡的间接故意心态。

人交通肇事以后没有逃逸，即使发生被害人死亡的结果，仍然不能按照此段处罚，适用加重法定刑，这与结果加重犯系因发生重结果而加重刑罚的本质不符。

第二，根据2000年11月10日最高人民法院《关于审理交通肇事刑事案件具体应用法律若干问题的解释》第5条，所谓“因逃逸致人死亡”是指行为人在交通肇事后为逃避法律追究而逃跑，致使被害人因得不到救助而死亡的情形。可见，“逃逸”并非单纯地指逃跑，而是强调行为人没有履行其应当救助的义务，是一种不作为。刑法对“逃逸致死的”规定加重刑罚，也不是说如果行为人不逃逸，履行救助义务，死亡结果就一定不发生，因此就保护法益而言，立法者设立本条不仅是为了维护交通安全，加强救护，促使驾驶人肇事后能对被害人即时救护，减少被害人的死伤，而且要求驾驶人在肇事后协助国家机关确认事故发生及责任的归属，解决肇事责任的厘清与鉴定问题。[①] 这与结果加重犯的设置重在阻止重结果（如死亡）发生的立法目的有所不同。

第三，结果加重犯的成立必须是重结果已经超出了基本犯罪预设的范围，倘若重结果仍能为基本犯罪的构成要件所涵容，则不属于结果加重犯，典型的如故意伤害致死罪，死亡结果就不能为基本犯罪的故意伤害罪所包含。而本条后段规定的死亡结果在交通肇事罪的基本犯罪中也可能出现，根据上述司法解释的规定，交通肇事死亡一人，负事故全部或主要责任的即可成立交通肇事罪，既然如此，“逃逸致人死亡”中的“死亡”就很难说是所谓结果加重犯的重结果。

第四，对于结果加重犯而言，刑法谴责的重点是基本犯罪行为的实施，即以重刑遏制行为人实施立法上有发生重结果高度危险的

---

① 此规范目的也已被最高人民法院2010年12月28日发布的《关于处理自首和立功若干具体问题的意见》所肯认。该意见明确指出：“交通肇事后保护现场、抢救伤者，并向公安机关报告的……系犯罪嫌疑人的法定义务。”

基本犯罪，如果行为人逾越防线实施基本犯罪，刑法也期待行为人特别注意，不要以危险的方式实施，而交通肇事逃逸致人死亡的，刑法谴责的重点在于行为人肇事后逃逸不履行救助及协助义务的行为。正因为如此，在结果加重犯如故意伤害致死的场合，行为人故意伤害以后死亡结果发生之前施救未果的，仍应成立故意伤害致死罪，适用加重刑罚（虽然在量刑时可以考虑行为人的救助行为从宽处罚，但在法定刑幅度的选择上仍应适用加重的刑罚），而交通肇事以后行为人救助不成的，则不再适用该条后段的刑罚。

第五，从法律效果上看，结果加重犯的处罚，由于发生了超出基本构成的重结果，因此应当重于基本犯，又由于基本犯附带有产生重结果的特有典型性危险，行为人对重结果的发生具有更高的预见可能性，因此其刑罚也要高于重结果所构成的犯罪或至少不轻于重结果构成的犯罪。倘若将《刑法》第133条后段理解为结果加重犯，并且是过失＋（间接）故意型的结果加重犯，那么刑法设置的“七年以上有期徒刑”的刑罚尚轻于故意杀人罪的刑罚（死刑、无期徒刑或者10年以上有期徒刑，显然本罪并不属于“情节较轻”的范畴），这与结果加重犯的通常处罚规则不符，也无法体现结果加重犯的“加重”属性。

综上，“交通肇事逃逸致死”并非属于结果加重犯。关于其性质，笔者比较倾向于情节加重犯的主张，由于情节加重犯中的情节是综合性概念，情节也可以包括结果，因此死亡结果就有视为情节的可能，同时“逃逸”也可看做是一种情节，“因逃逸致人死亡”即是“逃逸”＋“死亡”的复合情节，具备此一情节，适用加重法定刑。事实上，将《刑法》第133条的交通肇事罪理解为情节加重犯的立法例，行为人交通肇事构成犯罪的，适用3年以下有期徒刑或者拘役的普通刑罚；具有逃逸或其他特别恶劣情节的，适用3年以上7年以下有期徒刑的加重刑罚；逃逸致死的，适用7年以上有期徒刑的更重刑罚，是能够保持理论上的一致性的。

（三）故意伤害（致人重伤）罪

故意伤害致人重伤是否是结果加重犯，在理论界同样极具争议，与国外对故意伤害分立条文的立法方式不同，[①] 我国《刑法》第234条是用一个条文一个罪名来统制故意轻伤与故意重伤的情形，[②] 也正因为如此，学界对故意伤害致人重伤是否可以归入结果加重犯一直难有定论。就目前而言，大致有以下三种观点：第一种观点肯定故意伤害致人重伤是故意伤害致人轻伤的结果加重犯。例如，有学者认为，“故意伤害致人重伤并不是独立的犯罪，而只是法定刑的升格，从立法体例上看，属于故意轻伤的结果加重犯”。[③] “将故意伤害致人重伤视为结果加重犯，把重伤结果视为加重结果，是妥当的。”[④] 还有学者通过与国外规定的比较分析明确提出：在我国故意伤害（致人重伤）罪是故意伤害（致人轻伤）罪的结果加重犯，故意伤害（致死）罪是故意伤害（致人重伤）罪的结果加重犯，故意伤害（致死）罪是故意伤害（致人轻伤）罪的二

---

① 譬如，《德国刑法典》第223条规定了一般身体伤害罪、第224条规定重伤害罪、第226条规定伤害致死罪；日本刑法是以第208条暴行罪、第204条伤害罪、第205条伤害致死罪三个条文规定故意伤害罪；我国台湾地区“刑法”则在其二十三章伤害罪中规定有普通伤害罪（第277条）、重伤罪（第278条）和义愤伤害罪（第279条）等。

② 《刑法》第234条规定：“故意伤害他人身体的，处三年以下有期徒刑、拘役或者管制。犯前款罪，致人重伤的，处三年以上十年以下有期徒刑；致人死亡或者以特别残忍手段致人重伤造成严重残疾的，处十年以上有期徒刑、无期徒刑或者死刑。本法另有规定的，依照规定。”即是将故意轻伤与故意重伤一并规定为故意伤害罪。

③ 张明楷：《故意伤害罪探疑》，载《中国法学》2001年第3期，第125页。

④ 王志祥：《故意伤害罪理论研究六十年》，载《山东警察学院学报》2009年第3期，第16页。相同观点见姜伟：《犯罪形态通论》，法律出版社1994年版，第365页；张青：《故意伤害罪若干问题研究》，华东政法大学2008年硕士学位论文，第23~24页。

重结果加重犯。①

与第一种观点不同，第二种观点认为《刑法》第234条第2款的故意伤害致人重伤是否属于结果加重犯，不可一概而论，应当区别不同情况分别判断，在有的场合属于结果加重犯有的场合则不属于结果加重犯。具体而言，当行为人以轻伤的故意过失造成被害人重伤的，属于结果加重犯；当行为人以重伤的故意，实施重伤行为，造成或未造成重伤结果的，不属于结果加重犯，直接构成故意重伤罪的既遂或者未遂。② 第三种观点则主张故意伤害致人重伤不是结果加重犯。理由在于结果加重犯的加重结果是他罪之结果，而重伤害本来就在故意伤害罪的法益损害范围之内，因此，尽管刑法针对重伤害规定了比轻伤害更重的法定刑，但故意伤害致人重伤的还是不属于结果加重犯。③ 而且结果加重犯不存在既、未遂问题，将故意伤害致人重伤解释为加重结果，不仅存在观念上（结果加重犯没有既、未遂之分）的障碍，同时也混淆了结果犯和结果加重犯的界限。④

以上三种观点中，第二种观点只在行为人出于轻伤故意却过失造成重伤结果的场合下，承认故意伤害致人重伤是结果加重犯，除此之外，其与第三种观点一样均否认故意伤害致人重伤系轻伤的加重结果。但是，由于我国的立法模式并未区分轻伤罪和重伤罪，故

---

① 杜文俊：《故意伤害罪的二重的结果加重犯性质探究——以故意伤害罪的比较法为视角》，载《政治与法律》2008年第9期，第93页。

② 段立文：《我国刑法故意伤害罪立法精神探讨》，载《法学》1996年第8期，第34页；肖中华：《侵犯公民人身权利罪疑难解析》，上海人民出版社2007年版，第102页。

③ 田宏杰：《故意伤害罪若干疑难问题探讨》，载《法学家》2001年第4期，第103页；刘之雄：《犯罪既遂论》，中国人民公安大学出版社2003年版，第147页。

④ 许发民：《结果加重犯的构成结构新析》，载《法律科学》2006年第2期，第72页。

意伤害罪的行为人对重伤也只能出于故意，因此行为人以轻伤的故意实施伤害行为过失发生重结果的，应当分别构成故意伤害罪（适用基本法定刑）和过失致人重伤罪，并依想象竞合的规则从重处罚。[①] 由此，关于故意伤害致人重伤可否构成结果加重犯的争议其实就剩下第一种（肯定）与第三种（否定）的主张。其中，肯定论的理由大致有：第一，某种结果能否成为加重结果，关键在于对基本犯的构成要件及罪质范围有无超越。故意伤害罪基本犯的构成要件是故意非法损害他人身体健康造成他人轻伤，在故意伤害致人重伤时重伤结果即已超出基本犯的构成要件范围，成为加重构成的组成要素，属于加重处罚的根据。反之，如果将故意重伤视为结果犯，则意味着把故意轻伤与故意重伤的犯罪构成视为同一个犯罪构成，从而抹杀了故意伤害罪的基本罪与派生罪之间的界限，并且导致惩罚失去必要的限度。[②] 第二，故意伤害的重伤结果与轻伤之间存在质的差异，《刑法》第234条第2款的规定完全符合“基本犯罪+加重结果+加重法定刑+因果关系”的结构，因此故意伤害致人重伤是轻伤的结果加重犯。[③] 第三，将故意伤害致人重伤理解为结果加重犯，符合刑法有关既、未遂犯的理论，同时也方便特殊情形下的定罪处刑。譬如当行为人意图重伤却只造成了轻伤以下后果时，由于行为人的客观行为还不符合第234条第1款即造成轻伤的情形，因此只能认定为故意轻伤的未遂；行为人意图重伤而造成了轻伤害的结果时，应认定为故意伤害（轻伤）罪，适用基本

---

① 但也有学者认为在行为人明确地出于轻伤故意而过失地造成重伤结果的情形下，应该认定为过失致人重伤罪。见赵秉志：《故意伤害罪的未遂初探》，载《法学》1986年第8期，第25页。

② 王志祥：《论结果加重犯的构造》，载《北方法学》2009年第1期，第57页。

③ 王屹萱：《论故意伤害罪的立法完善》，吉林大学2007年硕士学位论文，第26页。

犯的法定刑。[①]

对此问题，笔者认为与国外区分轻伤罪和重伤罪的立法模式不同，我国刑法对故意伤害罪采取的是统一规定的立法方式，故意伤害罪本身便包含故意轻伤和重伤两种情形，亦即故意伤害罪的构成要件并非如肯定论者所言乃故意伤害他人身体致人轻伤的行为，而应当是故意伤害他人致使伤害（轻伤和重伤）的行为。既然如此，故意伤害致人重伤就很难说是对基本犯罪构成要件的超越，而重伤结果也并非是其他具体罪刑规范阻止的结果，因此笔者基本上赞同否定说的意见，认为故意伤害致人重伤并非故意伤害致轻伤的结果加重犯。从该条的结构形式看，是在同一犯罪构成内部出现了重结果，刑法规定了更重的刑罚，从而比较符合前文所述情节加重犯的形态。

除此之外，需要特别提及的是，尽管笔者支持否定论的主张，但对否定论中所谓结果加重犯不存在犯罪未遂，肯定论系混淆结果犯与结果加重犯的理由并不表示认同。从理论研究的脉络看，早期的见解普遍不承认结果加重犯有未遂形态，[②] 不过最近的倾向则是赞同结果加重犯也有既、未遂之分。[③] 事实上，结果加重犯的未遂问题与其构成要件所要求的“直接性”是强调加重结果与基本犯

---

① 张明楷：《法益初论》，中国政法大学出版社 2000 年版，第 325 页；李晋：《故意伤害罪疑难问题研究》，郑州大学 2006 年硕士学位论文，第21～22 页；吴尽：《故意伤害罪有关疑难问题研究》，吉林大学 2007 年硕士学位论文，第 9～10 页；李华庆：《故意伤害罪的认定》，吉林大学 2007 年硕士学位论文，第 26～27 页。

② 高铭暄主编：《刑法学原理》（第 2 卷），中国人民大学出版社 1995 年版，第 276 页；吴振兴：《罪数形态论》，中国检察出版社 1996 年版，第 80 页；赵秉志主编：《侵犯财产罪研究》，中国法制出版社 1998 年版，第 87 页。

③ 王志祥：《结果加重犯的未遂问题新论》，载《法商研究》2007 年第 3 期，第 127～128 页；石启龙：《论结果加重犯的未遂形态》，载《云南警官学院学报》2008 年第 2 期，第 53～55 页。

罪结果间特有危险实现关系，还是加重结果与基本犯罪行为间之特有危险实现关系有关，如果某个结果加重犯构成要件的加重结果不需要是由基本犯罪结果进一步发展而成，则有可能存在未遂形态；但如果经过解释确认了结果加重犯之加重结果必须是来自基本犯罪结果，由于此结果没有发生，就无法呈现结果加重犯所需的特有危险，则不可能成立结果加重犯的未遂犯。由此，在将故意伤害致人重伤认定为伤害轻伤结果加重犯的情形下，由于重伤系由轻伤结果进一步发展而来，因此当行为人意欲重伤却未发生重伤结果时，就不可能构成故意重伤罪的未遂。[①] 当然，若站在笔者故意伤害致人重伤系情节加重犯的立场，行为人出于重伤故意结果只造成轻伤或轻伤以下损害的，因为没有出现加重刑罚的情节，所以只能对行为人论以故意伤害（轻伤）的既遂或未遂，从结论看这反倒与肯定论的主张相一致。

---

① 相反意见则认为此种情形应当按照故意伤害（重伤）的未遂论处，而实际造成的伤害结果包括轻伤、轻微伤及未有任何损伤可作为具体量刑的依据。具体阐述见赵秉志：《犯罪未遂的理论与实践》，中国人民大学出版社1987年版，第258页；肖中华：《侵犯公民人身权利罪疑难解析》，上海人民出版社2007年版，第102页；王湛：《故意伤害罪疑难问题研究》，苏州大学2006年硕士学位论文，第19~21页。

附：我国刑法中的结果加重犯总整理

加重结果	条款	罪名	法定刑	基本犯法定刑
致人重伤、死亡或者财产遭受重大损失	第一百一十五条	放火罪、决水罪、爆炸罪、投放危险物质罪、以危险方法危害公共安全罪	十年以上有期徒刑、无期徒刑或者死刑	三年以上十年以下有期徒刑
	第一百二十一条	劫持航空器罪	死刑	十年以上有期徒刑或者无期徒刑
致人死亡或者重伤	第一百四十一条	生产、销售假药罪	十年以上有期徒刑、无期徒刑或者死刑，并处销售金额百分之五十以上二倍以下罚金或者没收财产	三年以下有期徒刑或者拘役，并处或者单处销售金额百分之五十以上二倍以下罚金
	第一百四十四条	生产、销售有毒、有害食品罪	十年以上有期徒刑、无期徒刑或者死刑，并处销售金额百分之五十以上二倍以下罚金或者没收财产	五年以下有期徒刑或者拘役，并处或者单处销售金额百分之五十以上二倍以下罚金

续表

加重结果	条款	罪名	法定刑	基本犯法定刑
致人死亡或者重伤	第二百三十六条	强奸罪	十年以上有期徒刑、无期徒刑或者死刑	三年以上十年以下有期徒刑
	第二百四十条	拐卖妇女、儿童罪	十年以上有期徒刑或者无期徒刑，并处罚金或者没收财产	五年以上十年以下有期徒刑，并处罚金
	第二百六十条	虐待罪	二年以上七年以下有期徒刑	二年以下有期徒刑、拘役或者管制
	第二百六十三条	抢劫罪	十年以上有期徒刑、无期徒刑或者死刑，并处罚金或者没收财产	三年以上十年以下有期徒刑，并处罚金
	第三百一十八条	组织他人偷越国（边）境罪	七年以上有期徒刑或者无期徒刑，并处罚金或者没收财产	二年以上七年以下有期徒刑，并处罚金
	第三百二十一条	运送他人偷越国（边）境罪	七年以上有期徒刑，并处罚金	五年以下有期徒刑、拘役或者管制，并处罚金
	第三百五十八条	组织卖淫罪；强迫卖淫罪	十年以上有期徒刑或者无期徒刑，并处罚金或者没收财产	五年以上十年以下有期徒刑，并处罚金
	第四百二十六条	阻碍执行军事职务罪	无期徒刑或者死刑	五年以下有期徒刑或者拘役

续表

加重结果	条款	罪名	法定刑	基本犯法定刑
致人死亡或者重伤	第四百四十五条	战时拒不救治伤病军人罪	五年以上十年以下有期徒刑	五年以下有期徒刑或者拘役
致人死亡	第二百三十四条	故意伤害罪	十年以上有期徒刑、无期徒刑或者死刑	三年以下有期徒刑、拘役或者管制
	第二百三十八条	非法拘禁罪	十年以上有期徒刑	三年以下有期徒刑、拘役、管制或者剥夺政治权利
	第二百三十九条	绑架罪	死刑并处没收财产	十年以上有期徒刑或者无期徒刑，并处罚金或者没收财产
	第二百五十七条	暴力干涉婚姻自由罪	二年以上七年以下有期徒刑	二年以下有期徒刑或者拘役
	第三百三十六条	非法行医罪；非法进行节育手术罪	十年以上有期徒刑，并处罚金	三年以下有期徒刑、拘役或者管制，并处或者单处罚金
	第四百四十三条	虐待部属罪	五年以上有期徒刑	五年以下有期徒刑或者拘役
致人重伤	第二百三十八条	非法拘禁罪	三年以上十年以下有期徒刑	三年以下有期徒刑、拘役、管制或者剥夺政治权利

续表

加重结果	条款	罪名	法定刑	基本犯法定刑
造成财产重大损失	第一百四十七条	生产、销售伪劣农药、兽药、化肥、种子罪	七年以上有期徒刑或者无期徒刑，并处销售金额百分之五十以上二倍以下罚金或者没收财产	三年以下有期徒刑或者拘役，并处或者单处销售金额百分之五十以上二倍以下罚金
	第三百二十八条	盗掘古文化遗址、古墓葬罪；盗掘古人类化石、古脊椎动物化石罪	十年以上有期徒刑、无期徒刑或者死刑，并处罚金或者没收财产	三年以上十年以下有期徒刑，并处罚金
造成严重后果	第一百一十九条	破坏交通工具罪、破坏交通设施罪、破坏电力设备罪、破坏易燃易爆设备罪	十年以上有期徒刑、无期徒刑或者死刑	三年以上十年以下有期徒刑
	第一百二十二条	劫持船只、汽车罪	十年以上有期徒刑或者无期徒刑	五年以上十年以下有期徒刑
	第一百二十三条	暴力危及飞行安全罪	五年以上有期徒刑	五年以下有期徒刑或者拘役
	第一百二十四条	破坏广播电视设施、公用电信设施罪	七年以上有期徒刑	三年以上七年以下有期徒刑
	第二百七十八条	煽动暴力抗拒法律实施罪	三年以上七年以下有期徒刑	三年以下有期徒刑、拘役、管制或者剥夺政治权利

续表

加重结果	条款	罪名	法定刑	基本犯法定刑
造成严重后果	第二百九十一条之一	投放虚假危险物质罪；编造、故意传播虚假恐怖信息罪	五年以上有期徒刑	五年以下有期徒刑、拘役或者管制
	第三百八十条	战时拒绝、故意延误军事订货罪	五年以上有期徒刑	五年以下有期徒刑或者拘役
	第四百一十二条	商检徇私舞弊罪	五年以上十年以下有期徒刑	五年以下有期徒刑或者拘役
	第四百一十三条	动植物检疫徇私舞弊罪	五年以上十年以下有期徒刑	五年以下有期徒刑或者拘役
造成特别严重后果	第一百四十二条	生产、销售劣药罪	十年以上有期徒刑或者无期徒刑，并处销售金额百分之五十以上二倍以下罚金或者没收财产	三年以上十年以下有期徒刑，并处销售金额百分之五十以上二倍以下罚金
	第一百四十三条	生产、销售不符合卫生标准的食品罪	七年以上有期徒刑或者无期徒刑，并处销售金额百分之五十以上二倍以下罚金或者没收财产	三年以下有期徒刑或者拘役，并处或者单处销售金额百分之五十以上二倍以下罚金

续表

加重结果	条款	罪名	法定刑	基本犯法定刑
造成特别严重后果	第一百四十五条	生产、销售不符合标准的医用器材罪	十年以上有期徒刑或者无期徒刑，并处销售金额百分之五十以上二倍以下罚金或者没收财产	三年以下有期徒刑或者拘役，并处销售金额百分之五十以上二倍以下罚金
	第一百四十六条	生产、销售不符合安全标准的产品罪	五年以上有期徒刑，并处销售金额百分之五十以上二倍以下罚金	五年以下有期徒刑，并处销售金额百分之五十以上二倍以下罚金
	第三百三十条	妨害传染病防治罪	三年以上七年以下有期徒刑	三年以下有期徒刑或者拘役
	第三百三十一条	传染病菌种、毒种扩散罪	三年以上七年以下有期徒刑	三年以下有期徒刑或者拘役
	第三百三十四条	非法采集、供应血液、制作、供应血液制品罪	十年以上有期徒刑或者无期徒刑，并处罚金或者没收财产	五年以下有期徒刑或者拘役，并处罚金
	第三百三十九条	非法处置进口的固体废物罪	十年以上有期徒刑，并处罚金	五年以下有期徒刑或者拘役，并处罚金
	第三百七十七条	战时故意提供虚假敌情罪	十年以上有期徒刑或者无期徒刑	三年以上十年以下有期徒刑
	第四百三十七条	擅自改变武器装备编配用途罪	三年以上七年以下有期徒刑	三年以下有期徒刑或者拘役

续表

加重结果	条款	罪名	法定刑	基本犯法定刑
情节严重	第一百二十五条	非法制造、买卖、运输、邮寄、储存枪支、弹药、爆炸物罪；非法制造、买卖、运输、储存危险物质罪	十年以上有期徒刑、无期徒刑或者死刑	三年以上十年以下有期徒刑
	第一百二十七条	盗窃、抢夺枪支、弹药、爆炸物、危险物质罪	十年以上有期徒刑、无期徒刑或者死刑	三年以上十年以下有期徒刑
	第一百二十八条	非法持有、私藏枪支、弹药罪	三年以上七年以下有期徒刑	三年以下有期徒刑、拘役或者管制
	第二百零二条	抗税罪	三年以上七年以下有期徒刑，并处拒缴税款一倍以上五倍以下罚金	三年以下有期徒刑或者拘役，并处拒缴税款一倍以上五倍以下罚金
	第二百六十二条之一	组织残疾人、儿童乞讨罪	三年以上七年以下有期徒刑，并处罚金	三年以下有期徒刑或者拘役，并处罚金
	第二百七十四条	敲诈勒索罪	三年以上十年以下有期徒刑	三年以下有期徒刑、拘役或者管制
	第三百零七条	妨害作证罪	三年以上七年以下有期徒刑	三年以下有期徒刑或者拘役

续表

加重结果	条款	罪名	法定刑	基本犯法定刑
情节特别严重	第一百三十九条之一	不报、谎报安全事故罪	三年以上七年以下有期徒刑	三年以下有期徒刑或者拘役
	第二百四十四条之一	雇用童工从事危重劳动罪	三年以上七年以下有期徒刑，并处罚金	三年以下有期徒刑或者拘役，并处罚金
	第二百六十八条	聚众哄抢罪	三年以上十年以下有期徒刑，并处罚金	三年以下有期徒刑、拘役或者管制，并处罚金
	第三百条	组织、利用会道门、邪教组织、利用迷信破坏法律实施罪	七年以上有期徒刑	三年以上七年以下有期徒刑
	第三百一十七条	暴动越狱罪；聚众持械越狱罪	死刑	十年以上有期徒刑或者无期徒刑
	第三百六十九条	破坏武器装备、军事设施、军事通信罪	十年以上有期徒刑，无期徒刑或者死刑	三年以下有期徒刑、拘役或者管制
	第三百七十条	故意提供不合格武器装备、军事设施罪	十年以上有期徒刑，无期徒刑或者死刑	五年以下有期徒刑或者拘役
	第四百三十八条	盗窃、抢夺武器装备、军用物资罪	十年以上有期徒刑，无期徒刑或者死刑	五年以下有期徒刑或者拘役
	第四百四十六条	战时残害居民、掠夺居民财物罪	十年以上有期徒刑，无期徒刑或者死刑	五年以下有期徒刑

续表

加重结果	条款	罪名	法定刑	基本犯法定刑
致使战斗、战役遭受重大损失	第四百二十一条	战时违抗命令罪	十年以上有期徒刑，无期徒刑或者死刑	三年以上十年以下有期徒刑
	第四百二十二条	隐瞒、谎报军情罪、拒传、假传军令罪	十年以上有期徒刑，无期徒刑或者死刑	三年以上十年以下有期徒刑

参考文献

中文参考文献

（一）中文著作

1. 高铭暄：《刑法总则要义》，天津人民出版社 1988 年版。
2. 高铭暄主编：《中国刑法学》，中国人民大学出版社 1989 年版。
3. 高铭暄主编：《刑法学原理》（第 2 卷），中国人民大学出版社 1995 年版。
4. 高铭暄主编：《刑法专论》（第 2 版），高等教育出版社 2006 年版。
5. 高铭暄、马克昌主编：《刑法学》（第 3 版），北京大学出版社、高等教育出版社 2007 年版。
6. 高铭暄、赵秉志主编：《犯罪总论比较研究》，北京大学出版社 2008 年版。
7. 马克昌：《刑法理论探索》，法律出版社 1995 年版。
8. 马克昌主编：《犯罪通论》，武汉大学出版社 2003 年版。
9. 马克昌：《马克昌文集》，武汉大学出版社 2005 年版。
10. 王作富：《中国刑法研究》，中国人民大学出版社 1988 年版。
11. 王作富、黄京平主编：《刑法》（第 4 版），中国人民大学出版社 2009 年版。
12. 何秉松：《犯罪构成系统论》，中国法制出版社 1995 年版。
13. 苏惠渔主编：《刑法学》，法律出版社 2001 年版。
14. 储槐植：《刑事一体化》，法律出版社 2004 年版。

15. 赵秉志:《犯罪未遂的理论与实践》，中国人民大学出版社1987年版。
16. 赵秉志主编:《侵犯财产罪研究》，中国法制出版社1998年版。
17. 赵秉志主编:《中国内地与澳门刑法总论之比较研究》，澳门基金会2000年版。
18. 赵秉志主编:《刑法新教程》，中国人民大学出版社2001年版。
19. 陈兴良:《本体刑法学》，商务印书馆2001年版。
20. 陈兴良:《刑法哲学》（修订3版），中国政法大学出版社2004年版。
21. 张明楷:《未遂犯论》，法律出版社、日本成文堂1997年版。
22. 张明楷:《法益初论》，中国政法大学出版社2000年版。
23. 张明楷:《刑法分则的解释原理》，中国人民大学出版社2004年版。
24. 张明楷:《外国刑法纲要》，清华大学出版社2007年版。
25. 张明楷:《刑法学》（第3版），法律出版社2007年版。
26. 赵廷光主编:《中国刑法原理》，武汉大学出版社1992年版。
27. 曹子丹主编:《中华人民共和国刑法教程》，中国政法大学出版社1988年版。
28. 陈明华主编:《刑法学》，中国政法大学出版社1999年版。
29. 吴振兴:《罪数形态论》，中国检察出版社1996年版。
30. 李洁:《犯罪结果论》，吉林大学出版社1994年版。
31. 姜伟:《犯罪形态通论》，法律出版社1994年版。
32. 李邦友:《结果加重犯基本理论研究》，武汉大学出版社2001年版。
33. 周光权:《刑法总论》，中国人民大学出版社2008年版。
34. 何勤华:《20世纪日本法学》，商务印书馆2003年版。
35. 张小虎:《犯罪论的比较与建构》，北京大学出版社2006年版。
36. 张小虎:《罪刑分析》（上），北京大学出版社2002年版。
37. 肖中华:《犯罪构成及形态若干问题研究》，2004年度国家社科基金青年项目。
38. 肖中华：《侵犯公民人身权利罪疑难解析》，上海人民出版社2007年版。
39. 侯国云：《过失犯罪》，人民出版社1996年版。
40. 侯国云、白岫云：《新刑法疑难问题解析与适用》，中国检察出版社1998年版。
41. 林亚刚：《危害公共安全罪新论》，武汉大学出版社2001年版。
42. 胡康生、郎胜主编：《中华人民共和国刑法释义》（第3版），法律出版社2006年版。
43. 鲜铁可：《新刑法中的危险犯》，中国检察出版社1998年版。
44. 叶高峰主编：《危害公共安全罪的定罪与量刑》，人民法院出版社2000年版。
45. 刘之雄：《犯罪既遂论》，中国人民公安大学出版社2003年版。
46. 张绍谦：《刑法因果关系研究》，中国检察出版社2004年版。
47. 蔡兴教：《财产贪贿犯罪的疑难和辨症》，中国人民公安大学出版社1999年版。
48. 童德华：《规范刑法原理》，中国人民公安大学出版社2005年版。
49. 马松建、史卫忠：《刑法理论与司法认定问题研究》，中国检察出版社2001年版。
50. 最高人民法院审判监督庭：《最后的裁判》，中国长安出版社2007年版。
51. 舒慧明主编：《中国金融刑法学》，中国人民公安大学出版社1997年版。
52. 龚培华主编：《刑法适用热点问题研究》，上海交通大学出版社2008年版。
53. 金泽刚：《犯罪既遂的理论与实践》，人民法院出版社2001年版。
54. 卢宇蓉：《加重构成犯罪研究》，中国人民公安大学出版社

2004 年版。
55. 李立众、吴学斌主编:《刑法新思潮》,北京大学出版社 2008 年版。
56. 唐世月:《数额犯论》,法律出版社 2005 年版。
57. 楼伯坤:《刑法发展新思域》,人民法院出版社 2006 年版。
58. 赵丙贵:《想象竞合犯研究》,中国检察出版社 2007 年版。
59. 李文峰:《交通肇事罪研究》,中国检察出版社 2008 年版。
60. 舒洪水:《危险犯研究》,法律出版社 2009 年版。
61. 卢方主编:《刑事案例精选》,上海人民出版社 2004 年版。
62. 张耕主编:《刑事案例诉辩审评——杀人罪 伤害罪》,中国检察出版社 2005 年版。
63. 北京市高级人民法院编:《北京法院指导案例》(第 4 卷),知识产权出版社 2008 年版。
64. 国家法官学院、中国人民大学法学院编:《中国审判案例要览》(1998 年刑事审判案例卷),中国人民大学出版社 1999 年版。
65. 国家法官学院、中国人民大学法学院编:《中国审判案例要览》(1999 年刑事审判案例卷),中国人民大学出版社 2000 年版。
66. 国家法官学院、中国人民大学法学院编:《中国审判案例要览》(2002 年刑事审判案例卷),中国人民大学出版社 2003 年版。
67. 《现代汉语词典》(第 5 版),商务印书馆 2005 年版。
68. 陈朴生:《刑法总论》,正中书局 1969 年版。
69. 陈朴生:《实用刑法》,三民书局 1985 年版。
70. 陈朴生:《政大刑法专题研究(十九)》,三民书局 1985 年版。
71. 陈朴生:《刑法专题研究》,三民书局 1988 年版。
72. 陈朴生、洪福增:《刑法总则》,五南图书出版公司 1982 年版。
73. 洪福增:《刑法之理论与实践》,五南图书出版公司 1988 年版。
74. 周冶平:《刑法总论》,自版 1972 年。
75. 郑健才:《刑法总则》,三民书局 1985 年版。
76. 杨建华:《刑法总则之比较与检讨》,自版 1988 年。

77. 蔡墩铭:《刑法总则争议问题研究》,五南图书出版公司 1988 年版。
78. 蔡墩铭:《刑法精义》,翰芦图书出版公司 2005 年版。
79. 杨大器:《刑法总则释论》,大中国图书公司 1992 年版。
80. 甘添贵:《刑法总论讲义》,瑞兴图书股份有限公司 1992 年版。
81. 褚剑鸿:《刑法总则论》,三民书局 1995 年版。
82. 苏俊雄:《刑法总论Ⅲ》,元照出版公司 2000 年版。
83. 韩忠谟:《刑法原理》,北京大学出版社 2009 年版。
84. 黄常仁:《刑法总论》,汉兴出版公司 2001 年版。
85. 林山田:《刑法通论》(上、下册),自版 2006 年。
86. 廖正豪:《过失犯论》,三民书局 1993 年版。
87. 陈志龙:《人性尊严与刑法体系入门》,自版 1998 年。
88. 陈志龙主持:《法律发展研究报告——刑法第十五条至第十七条之评释研究》,"台湾行政院国家科学委员会"专题研究计划成果报告(1995 年 10 月)。
89. 柯耀程:《变动中的刑法思想》,中国政法大学出版社 2003 年版。
90. 郑逸哲:《法学三段论法下的刑法与刑法基本句型(二)刑法进阶》,瑞兴图书股份有限公司 2006 年版。
91. 许玉秀:《当代刑法思潮》,中国民主法制出版社 2005 年版。
92. 许玉秀:《主观与客观之间——主观理论与客观归责》,法律出版社 2008 年版。
93. 黄荣坚:《刑法问题与利益思考》,中国人民大学出版社 2009 年版。
94. 黄荣坚:《基础刑法学》(上、下),中国人民大学出版社 2009 年版。
95. 林东茂:《刑法综览》,一品文化出版社 2007 年版。
96. 陈子平:《刑法总论》,元照出版公司 2008 年版。
97. 张丽卿:《刑法总则理论与运用》,五南图书出版公司 2007

年版。
98. 黄惠婷：《刑法案例研习（一）》，新学林出版社 2006 年版。
99. 林钰雄：《新刑法总则》，元照出版公司 2006 年版。
100. 蔡圣伟：《刑法问题研究》（一），元照出版公司 2008 年版。

（二）中文译著

1. ［德］克劳斯·罗克辛：《客观归责理论》，许玉秀译，载《政大法学评论》1994 年第 50 期。
2. ［德］克劳斯·罗克辛：《德国刑法学总论——犯罪原理的基础构造》，王世洲译，法律出版社 2005 年版。
3. ［德］汉斯·海因里希·耶赛克、托马斯·魏根特：《德国刑法教科书》，徐久生译，中国法制出版社 2001 年版。
4. ［日］大塚仁：《犯罪论的基本问题》，冯军译，中国政法大学出版社 1993 年版。
5. ［日］大塚仁：《刑法概说》（总论），冯军译，中国人民大学出版社 2003 年版。
6. ［日］前田雅英：《日本刑法各论》，董璠舆译，刘俊麟校，五南图书出版公司 2000 年版。
7. ［日］野村稔：《刑法总论》，全理其等译，法律出版社 2001 年版。
8. ［日］川端博：《刑法总论二十五讲》，余振华译，中国政法大学出版社 2003 年版。
9. ［日］大谷实：《刑法讲义总论》（新版第 2 版），黎宏译，中国人民大学出版社 2008 年版。
10. ［韩］李在祥：《韩国刑法总论》，［韩］韩相敦译，中国人民大学出版社 2005 年版。
11. ［意］杜里奥·帕多瓦尼：《意大利刑法学原理》，陈忠林译，法律出版社 1998 年版。
12. ［美］道格拉斯·N. 胡萨克：《刑法哲学》，谢望原等译，中国人民公安大学出版社 2004 年版。

13.《奥地利联邦共和国刑法典》，徐久生译，中国方正出版社2004年版。
14.《德国刑法典》，徐久生、庄敬华译，中国方正出版社2004年版。
15.《日本刑法典》，张明楷译，法律出版社1998年版。
16.《俄罗斯联邦刑法典》，黄道秀译，中国法制出版社2004年版。
17.《丹麦刑法典与丹麦刑事执行法》，谢望原译，北京大学出版社2005年版。
18.《挪威一般公民刑法典》，马松建译，北京大学出版社2005年版。

（三）中文论文

1. 马克昌：《结果加重犯比较研究》，载《武汉大学学报》1993年第6期。
2. 王作富、党剑军：《论我国刑法中结果加重犯的结构》，载《政法论坛》1995年第2期。
3. 杨旺年：《转化犯探析》，载《法律科学》1992年第6期。
4. 何秉松：《论刑法因果关系——兼论刑法必然、偶然因果关系争论的终结》，载《法学研究》1994年第2期。
5. 储槐植、汪永乐：《刑法因果关系研究》，载《中国法学》2001年第2期。
6. 段立文：《犯罪“未得逞”含义辨析》，载《法学评论》1991年第3期。
7. 段立文：《我国刑法故意伤害罪立法精神探讨》，载《法学》1996年第8期。
8. 陈兴良：《转化犯与包容犯：两种立法例之比较》，载《中国法学》1993年第4期。
9. 张明楷：《故意伤害罪探疑》，载《中国法学》2001年第3期。
10. 张明楷：《严格限制结果加重犯的范围与刑罚》，载《法学研究》2005年第1期。

11. 张明楷：《结果加重犯的认定——评北京市高级人民法院〔2006〕京高刑终字第451号判决》，载《中国法律评论》（第1卷），法律出版社2007年版。
12. 赵秉志：《故意伤害罪的未遂初探》，载《法学》1986年第8期。
13. 赵秉志、许成磊：《刑讯逼供致人伤残、死亡的定性》，载《法制日报》2004年1月29日第6版。
14. 刘明祥：《论抢劫罪的加重犯》，载《法律科学》2003年第1期。
15. 刘明祥：《论危险犯的既遂、未遂与中止》，载《中国法学》2005年第6期。
16. 黎宏：《论交通肇事罪的若干问题》，载《法律科学》2003年第4期。
17. 黎宏：《刑法因果关系论反思》，载《中国刑事法杂志》2004年第5期。
18. 黎宏：《论放火罪的若干问题》，载《法商研究》2005年第3期。
19. 吴振兴：《结果加重犯罪过形式研究》，载《当代法学》1992年第2期。
20. 吴振兴：《我国刑法中的结果加重犯》，载《当代法学》1994年第2期。
21. 李洁：《析交通肇事罪的罪过形式》，载《人民检察》1998年第11期。
22. 顾肖荣：《试论结果加重犯》，载《法学研究》1984年第4期。
23. 李邦友：《结果加重犯理论研究综述》，载《法学评论》1999年第2期。
24. 周光权、卢宇蓉：《犯罪加重构成基本问题研究》，载《法律科学》2001年第5期。
25. 王虎华：《试论我国刑法中结果加重犯的特征》，载《法学家》

1989 年第 1 期。
26. 王虎华：《论结果加重犯》，载赵秉志等编：《全国刑法硕士论文荟萃（1981 ~ 1988 届）》，中国人民公安大学出版社 1989 年版。
27. 王虎华：《试论结果加重犯的概念及其构成形态》，载《当代法学》1992 年第 2 期。
28. 张小虎：《转化犯基本问题探究》，载《现代法学》2003 年第 6 期。
29. 张小虎：《不纯正不作为犯先行行为犯罪及其处置的法理分析——兼论交通肇事逃逸致人死亡》，载《河南省政法管理干部学院学报》2007 年第 1 期。
30. 肖中华：《论转化犯》，载《浙江社会科学》2000 年第 3 期。
31. 王世洲：《刑法的辅助原则与谦抑原则的概念》，载《河北法学》2008 年第 10 期。
32. 李希慧：《略论与交通肇事罪相关的几个问题》，载中国人民大学刑事法律科学研究中心组织编写：《刑事法学的当代展开》，中国检察出版社 2008 年版。
33. 林亚刚：《论结果加重犯的若干争议问题》，载《法学评论》2004 年第 6 期。
34. 王志祥、贾政：《行为犯、结果犯二分法之提倡》，载《河北大学学报》2006 年第 2 期。
35. 王志祥：《结果加重犯的未遂问题新论》，载《法商研究》2007 年第 3 期。
36. 王志祥：《情节加重犯基本问题研究》，载《政法论丛》2007 年第 5 期。
37. 王志祥：《结果加重犯概念之辨正》，载《福建警察学院学报》2008 年第 1 期。
38. 王志祥：《论结果加重犯的构造》，载《北方法学》2009 年第 1 期。

39. 王志祥：《故意伤害罪理论研究六十年》，载《山东警察学院学报》2009 年第 3 期。
40. 许发民：《结果加重犯的构成结构新析》，载《法律科学》2006 年第 2 期。
41. 熊赞研：《结果加重犯的构成透析》，载《中国刑事法杂志》2001 年第 6 期。
42. 金泽刚：《结果加重犯的结构及其未遂形态问题》，载《上海交通大学学报》2001 年第 2 期。
43. 齐文远、李晓龙：《论不作为犯中的先行行为》，载《法律科学》1999 年第 5 期。
44. 李晓龙、李立众：《试析交通肇事罪中的“因逃逸致人死亡”》，载《法学》1999 年第 8 期。
45. 田宏杰：《故意伤害罪若干疑难问题探讨》，载《法学家》2001 年第 4 期。
46. 于改之：《不作为犯罪中“先行行为”的本质及其产生作为义务的条件——兼论刑法第 133 条“因逃逸致人死亡”的立法意蕴》，载《中国刑事法杂志》2000 年第 5 期。
47. 刘艳红：《论交通肇事罪中“因逃逸致人死亡”的法律性质》，载《当代法学》2000 年第 3 期。
48. 刘艳红：《情节犯新论》，载《现代法学》2002 年第 5 期。
49. 林维：《交通肇事逃逸行为研究》，载陈兴良主编：《刑事法判解》（第 1 卷），法律出版社 1999 年版。
50. 霍庭：《结果加重犯探析》，载鲍遂献主编：《刑法学研究新视野》，中国人民公安大学出版社 1995 年版。
51. 童德华：《必然性因果关系的流与变》，载赵秉志主编：《刑法评论》（第 10 卷），法律出版社 2006 年版。
52. 苏彩霞：《危险犯及其相关概念之辨析——兼评刑法分则第 116 条与第 119 条第 1 款之关系》，载《法学评论》2001 年第 3 期。

53. 吴学斌、王声：《浅析交通肇事罪中“因逃逸致人死亡”的含义》，载《法律科学》1998 年第 6 期
54. 黄祥青：《浅析新刑法中的交通肇事罪》，载《政治与法律》1998 年第 4 期。
55. 张波：《交通肇事罪“逃逸”的定性分析》，载《中国刑事法杂志》1999 年第 5 期。
56. 周少华：《现行刑法中的转化犯之立法检讨——兼论刑法规范的内部协调》，载《法律科学》2000 年第 5 期。
57. 李晓明、杨俊：《结果加重犯之构成要件探析》，载《时代法学》2007 年第 3 期。
58. 赵嵬、吴峻：《论加重结果犯》，载《吉林大学社会科学学报》1998 年第 4 期。
59. 薛进展：《转化犯基本问题新论》，载《法学》2004 年第 10 期。
60. 张正新：《刑法中结果加重犯构成新探》，载《法学杂志》1999 年第 6 期。
61. 李小涛、樊洪：《再议结果加重犯的构造》，载《中国石油大学学报（社会科学版）》2009 年第 1 期。
62. 李小涛：《对结果加重犯构成的再认识》，载《中南大学学报》2008 年第 6 期。
63. 陆诗忠：《结果加重犯之基本问题再研究》，载《学术论坛》2007 年第 11 期。
64. 陆诗忠：《刍议结果加重犯中的若干问题》，载《河南司法警官职业学院学报》2005 年第 1 期。
65. 周铭川：《结果加重犯争议问题探究》，载《中国刑事法杂志》2007 年第 5 期。
66. 姚军、汤媛媛：《结果加重犯中的未遂形态》，载《人民法院报》2008 年 5 月 7 日第 6 版。
67. 王文华、孟庆华：《质疑刑法第二百四十七条转化犯的立法价

值》，载《人民检察》2004年第6期。
68. 钱叶六、钱格祥：《情节加重犯基本问题探究》，载《宁夏大学学报》2005年第6期。
69. 杜文俊：《故意伤害罪的二重的结果加重犯性质探究——以故意伤害罪的比较法为视角》，载《政治与法律》2008年第9期。
70. 杨彩霞：《刑法因果关系论之危机、反思与出路》，载《国家检察官学院学报》2004年第4期。
71. 李居全：《关于犯罪既遂与未遂的探讨》，载《法商研究》1997年第1期。
72. 庄劲：《想象的数罪还是实质的数罪——论想象竞合应当数罪并罚》，载《现代法学》2006年第2期。
73. 何荣功、黄丽：《论想象竞合犯的处罚原则及其适用》，载《武汉大学学报》2005年第3期。
74. 蒋兰香：《想象竞合犯处罚原则的重构》，载《中南林学院学报》2003年第3期。
75. 于同志：《结果加重犯基本问题研究——王某某强奸案法律适用问题探讨》，载谢望原、赫兴旺主编：《中国刑法案例评论》（第1辑），中国法制出版社2007年版。
76. 于同志：《结果加重犯的认定与处罚》，载《人民法院报》2007年3月5日第6版。
77. 赵炳贵：《转化犯与结果加重犯——兼谈刑讯逼供罪的立法完善》，载《中国刑事法杂志》2001年第1期。
78. 周国良：《刑法因果关系的定型性——从条件说到客观归责理论的考察》，载《检察实践》2005年第3期。
79. 侯斌：《刑法因果关系研究》，载《西南民族大学学报（人文社科版）》2004年第10期。
80. 陈朴生：《加重结果犯之责任要素》，载《法令月刊》1977年第3期。

81. 黄荣坚：《论保证人地位》，载《法令月刊》1994 年第 2 期。
82. 纪俊干：《从实务观点论加重结果犯之运用》，载《政大法学评论》1994 年第 50 期。
83. 龚癸艺：《结果加重犯的立法限制》，载《军法专刊》1996 年第 12 期。
84. 苏俊雄：《从刑法因果关系学说到新客观归责理论之巡历》，载《法学家》1997 年第 3 期。
85. 蔡墩铭：《加重结果犯与共同正犯》，载《台湾本土法学杂志》2002 年第 40 期。
86. 陈子平：《结果加重犯之主观要件》，载《月旦法学教室》2002 年第 1 期。
87. 陈子平：《结果加重犯——以最高法院九十年度台上字第四五九四号判决为主轴对近年相关判例判决之评释》，载《台湾本土法学杂志》2002 年第 35 期。
88. 蔡慧芳：《英美法上重罪谋杀罪原则的介绍与评析》，载《刑事法学之理想与探索——甘添贵教授六秩祝寿论文集》（第 2 卷　刑法各论），元照出版有限公司 2002 年版。
89. 蔡慧芳：《伤害致死罪之适用——最高法院判例与判决之评释》，载《台湾本土法学杂志》2004 年第 61 期。
90. 蔡慧芳：《德国法上结果加重犯归责理论之研究——以伤害致死罪为例》，载《刑事法学新趋势——Lothar Philipps 教授七秩祝寿论文集》，神州出版社 2004 年版。
91. 蔡慧芳：《结果加重犯之未遂问题》，载《苏俊雄教授七秩华诞祝寿论文集——自由·责任·法》，元照出版公司 2005 年版。
92. 黄惠婷：《结果加重犯之直接关连性》，载《台湾本土法学杂志》2005 年第 69 期。
93. 霍庭：《论结果加重犯》，武汉大学 1989 年硕士学位论文。
94. 王佳：《结果加重犯基本问题探析》，中国政法大学 2005 年硕士学位论文。
95. 殷学厚:《论结果加重犯论》,山东大学 2005 年硕士学位论文。
96. 钱格祥:《情节加重犯的立法问题研究》,中国政法大学 2006 年硕士学位论文。
97. 李晋:《故意伤害罪疑难问题研究》,郑州大学 2006 年硕士学位论文。
98. 王湛:《故意伤害罪疑难问题研究》,苏州大学 2006 年硕士学位论文。
99. 李华庆:《故意伤害罪的认定》,吉林大学 2007 年硕士学位论文。
100. 吴尽:《故意伤害罪有关疑难问题研究》,吉林大学 2007 年硕士学位论文。
101. 王屹萱:《论故意伤害罪的立法完善》,吉林大学 2007 年硕士学位论文。
102. 张青:《故意伤害罪若干问题研究》,华东政法大学 2008 年硕士学位论文。
103. 孙筱彦:《论结果加重犯》,山东大学 2009 年硕士学位论文。
104. 张成:《探析交通肇事罪中疑难问题》,中国政法大学 2010 年硕士学位论文。
105. 赵威:《数额犯研究》,吉林大学 2005 年博士学位论文。
106. 徐德华:《犯罪结果研究》,西南政法大学 2009 年博士学位论文。
107. 俞青松:《加重结果犯之研究》,"国立"政治大学法律研究所 1980 年硕士学位论文。
108. 吴秋宏:《加重结果犯之未遂》,中国文化大学法律研究所 1997 年硕士学位论文。
109. 叶静屏:《加重结果犯》,"国立"台湾大学法律研究所 1997 年硕士学位论文。
110. 赵彦清:《结果加重犯的归责基础》,台湾政大法研所 1998 年硕士学位论文。
111. 林怡秋：《加重结果犯中基本行为与加重结果间关系之研究》，“国立”成功大学法律研究所2008年硕士学位论文。
112. 蔡慧芳：《从危险理论论不能安全驾驶罪》，“国立”台湾大学法律研究所2000年博士学位论文。

（四）网络参考资料

1. 非法拘禁期间被害人逃跑坠楼身亡如何定性?
http://www.chinacourt.org/html/article/200904/29/355074.shtml。
2. 该案对被告人不能按“致人死亡”追究刑事责任
http://hnfy.chinacourt.org/public/detail.php? id=6180。
3. 澳门刑法典
http://bo.io.gov.mo/bo/i/95/46/codpencn/codpen0001.asp。
4. 吴尚霖抢劫案
http://www.panjueshu.com/guangdong/zhuhai/zhongyuan/wushanglin.html。
5. 刑事附带民事纠纷　被告人杨基培故意伤害致人死亡案
http://www.newcq.com/cpws/xs/121055.html。
6. 因琐事发生纠纷 故意伤害致人死亡
http://www.dffy.com/sifashijian/ws/200711/20071105101934.htm。
7. 王天鹏故意伤害致人死亡无期徒刑刑事附带民事判决书
http://www.scxsls.com/article_26644.htm。
8. 被告人谢良辉犯故意伤害罪刑事判决书
http://www.gdjyfy.cn/viewNews.asp? flowNo=815。
9. 陈宾等故意伤害致人死亡有期徒刑六年刑事判决书
http://www.scxsls.com/article_29442.htm。
10. 李建贵故意伤害（致人死亡）案
http://liuweiguo.66law.cn/lawyer_viewgoodcase.aspx? id=1251#comment。

11. 徐晓英故意伤害（致人死亡）案
http://www.110.com/panli/panli_93216.html。
12. 福建省龙海市人民检察院诉杨逸章故意伤害案载最高人民法院网，http://www.court.gov.cn/qwfb/cpws/cpwsjc/201002/t20100223_1652.htm。

外文参考文献

（一）外文著作

1. Model Penal Code (Official Draft and Revised Comments 1985).
2. Jay Livingston, Crime and Criminology(2th ed. 1996).
3. George Fletcher, Rethinking Criminal Law(2000).
4. Joshua Dressler, Understanding Criminal Law(3th ed. 2001).
5. Joshua Dressler, Understanding Criminal Law(5th ed. 2009).
6. Arnold H. Loewy, Criminal Law in a Nutshell(5th ed. 2009).

（二）外文期刊论文

1. George P. Fletcher, Reflections on Felony – Murder, 12 Sw. U. L. Rev(1980).
2. Nelson E. Roth &Scott E. Sundby, The Felony – murder Rule: A Doctrine at Constitutional Crossroads, 70 Cornell L. Rev(1985).
3. Note, Felony Murder: A Tort Law Reconceptualization, 99 Harv. L. Rev(1986).
4. Martin R. Gardner, The Mens Rea Enigma: Observations on the Role of Motive in the Criminal Law Past and Present, Utah L. Rev(1993).
5. Tomkovicz, The Endurance of the Felony – Murder Rule: A Study of the Forces that Shape Our Criminal Law, 51 Wash. & Lee L. Rev (1994).
6. James J. Tomkovicz, The Endurance of the Felony – Murder Rule: A Study of the Forces that Shape Our Criminal Law, 51 Wash. & Lee L. Rev(1994).

7. John S. Huster, The California Courts Stray From the Felony in Felony Murder: What is "in Perpetration" of the Crime?, 28 U. S. F. L. Rev(1994).

8. Rudolf J. Gerber, The Felony Murder Rule: Conundrum Without Principle, 31 Arzi. St. L. J(1999).

9. Guyora Binder, The Origins of American Felony Murder Rules, 57 Stan. L. Rev(2004).

10. Michael C. Gregerson, Recent Decisions of the Minnesota Supreme Court: Case Note: Criminal Law - Dangerous, Not Deadly: Possession of A Firearm Distinguished From Use Under the Felony - Murder Rule - State v. Anderson, 31 Wm. Mitchell L. Rev(2004).

11. Leonard Birdsong, Felony Murder: A Historical Perspective by Which to Understand Today's Modern Felony Murder Rule Statutes, 32 T. Marshall L. Rev(2006).

12. Guyora Binder, The Culpability of Felony Murder, 83 Notre Dame. L. Rev(2008).

13. David Crump, Reconsidering the Felony Murder Rule in light of Modern Criticisms: Doesn't the Conclusion Depend Upon the Particular Rule At Issue? 32 Harv. &Pub. Pol'y(2009).

后　记

本书是在我博士论文的基础上整理完善形成，我本无意在毕业后不长的时间就将博士论文拿来出版，原因之一是自觉文章的漏洞太多，需要认真斟酌修改；二是我将读书时养成的隔段时间复读的习惯带入文章的修改中，以为搁置一定时间再改可能会有不同的思路。但随后与数位同仁好友谈及此事，他们均告诫我说论文成型后还是应当及早出版为好。思虑再三，回忆论文写作时囿于知识的局限和语言的贫乏，常常无法以满意的文字表达我的想法，而修改的过程又必定重复此番痛苦历程，心中着实畏惧，再加上工作后各种繁杂的事务及自身的问题每每使我力不从心，当然，最重要的还在于对此文的思考愈多，怀疑也因之愈甚，我怕长久的拖沓终使我丧失出版的勇气，因此，我在对原文做了简单修订之后便提交出版了。

论文的选题最初源自我对司法实务中故意伤害致死案件的兴趣，我在积累自己学术研究案例库的时候，搜集到一些有代表性的伤害致死案例，发现实践中即使是同类案件裁判结论仍不一致，被害人具有特异体质的案件即是如此。行为人虽然实施了基本犯罪的行为，但被害人的死亡、重伤等加重结果却是与其自身的特异体质有关，也即如果行为人作用的对象不是该被害人而是其他人，加重结果就未必发生，对此，我国实务上就有过失致人死亡罪、故意伤害（致死）罪和宣告无罪几种判决。由于大部分判决在说理部分语焉不详，结论如何做出不免令人疑惑，这使我产生系统梳理有关问题并为实务部门提供明确判断依据的念头，于是读博伊始，我便以结果加重犯为方向做了初步的研究，也陆续在一些期刊上发表了小文，到毕业开题时，我自然地将此作为论文的题目。

我对写作开始的期待是很高的，就是想从法理的角度阐明结果加重犯的结构，并为司法实务具体判定结果加重犯提供可操作性的方法，但现在看来这个期望没有完全实现。比如关于“直接性”的判断，虽然我在文中一直试图将其表述清楚，并对实务中常见的四种结果加重犯：故意伤害致人死亡、抢劫致人重伤（死亡）、强奸致人重伤（死亡）以及放火致人重伤（死亡）在哪些情况下可以认定具备“直接性”进行了逐一的分析与示例，但由于概括能力有限，且“直接性”的检验本身就需结合具体案情的解说才能展开，故对此问题的解答终究力有未逮。诸如此类的遗憾在文中还有不少，我当然期盼未来的研究能够完善。

本书的付梓需要感谢很多人，我的导师张小虎教授人品高尚、学养深厚，对我的帮助与指导已不能用语言尽述；中国人民大学法学院刑法教研室诸位老师的教导我并不敢忘记；最高人民检察院检察理论研究所的但伟研究员、中国人民公安大学的莫开勤教授作为我论文的评审专家，对我的写作也提出了很多中肯意见，在此一并感谢。最后，特别需要提及的是我的工作单位国家检察官学院的诸位领导及同事所给予我的极大关心和支持，我在这里寻找到了精神的归属。

需要感谢的人还有很多，原谅我不能一一列明，我愿意把这尚不成熟的写作呈现给大家，权当献礼。

郭莉

2012年10月27日于学院沙河校区